# THE KING'S SPEECH

## THE KING'S SPEECH 킹스스피치

초판 1쇄 2011년 7월 14일
초판 3쇄 2013년 8월 26일

**번역・해설** | 이일범
**펴낸이** | 조치영
**기획** | ALI (Asiana Licensing, Inc.)
**편집** | 김동혁
**디자인** | 이수정, 남다희
**경영지원** | 정연희
**인쇄** | 삼성인쇄사
**펴낸곳** | 스크린영어사

서울특별시 관악구 대학동 1514번지
TEL (02) 887-8416
FAX (02) 887-8591
http://www.screenplay.co.kr

등록일자 1997년 7월 9일
등록번호 제16-1495

ISBN 978-89-6415-068-9   18740
ISBN 978-89-87915-11-1   18740 (세트)

✱ 잘못 만들어진 책은 구입하신 서점에서 교환해드립니다.

The Weinstein Company and UK Film Council present in association with Momentum Pictures Aegis Film Fund Molinare, London FilmNation Entertainment a See Saw Films / Bedlam Production a film by Tom Hooper Colin Firth Geoffrey Rush "The Kings Speech" Helena Bonham Carter Guy Pearce Timothy Spall Derek Jacobi Jennifer Ehle and Michael Gambon Casting Director Nina Gold Music Supervisor Maggie Rodford Make-up & Hair Designer Frances Hannon Costume Designer Jenny Beavan Production Designer Eve Stewart Film Editor Tariq Anwar Composer Alexandre Desplat Director of Photography Danny Cohen BSC Co-Producers Peter Heslop Simon Egan Executive Producers Geoffrey Rush Tim Smith Paul Brett Mark Foligno Harvey Weinstein Bob Weinstein Screenplay by David Seidler Produced by Iain Canning Emile Sherman Gareth Unwin Directed by Tom Hooper

© UK Film Council / Speaking Film Productions Limited 2010

이 책의 한국어판 저작권은 Asiana Licensing, Inc.을 통한
저작권자와의 독점 계약으로 스크린영어사에 있습니다.
저작권법에 의해 한국 내에서 보호를 받는 저작물이므로 무단 전재와 복제를 금합니다.

# THE KING'S SPEECH

# 〈킹스스피치〉를 시작하며

　우리나라 영어교육 시장을 선도해온 스크린 영어사가 이번에는 영화 작품성은 물론 영어재료에서도 값지고 훌륭한 명작 〈킹스 스피치〉를 내놓는다. 그 동안 거의 일년 여에 걸쳐 극영화보다는 디즈니 걸작 애니메이션 시리즈를 발표하면서 영어 교육에 새 지평을 펼친 스크린 영어사가 보다 상급의 영어 학습을 원하는 독자들의 요구에 부응하기 위해 어려움을 극복하고 양질의 작품을 선보이게 되어 무척 기쁘다. 현재 상영되고 있는 고품격의 감동을 선사하는 작품을 출판하여 독자들의 곁으로 달려간다는 흥분으로, 그간 영화사와의 어려웠던 계약과정을 모두 망각한 채 설레임 반 호기심 반으로 정신 없이 작품에 매달린 보람이 있어, 모든 면에서 거의 완벽한 책을 출간하게 되었다. 바로 얼마 전에 아카데미를 석권했던 걸작 영화를 독자들 앞에 선보이게 된 것이다. DVD도 출시되지 않은 상태에서 지문과 대사를 재구성한다는 어려움 따윈 문제도 되지 않았다. 더구나 고품격의 영국 영어를 다룬다는 일을 결코 쉽지 않은 일이었다. 하지만 이것은 스크린 영어사만이 할 수 있는 작업이라는 자부심으로 심혈을 기울였다. 정말 멋지고 감동적인 영화이고 훌륭한 영어 자료로 가득한 작품이기에 여러분의 지적 욕구를 충분히 만족시킬 것이라 확신한다.

　실제로 영화 속 영어만큼 다양하고 실생활과 가까우며 그래서 살아 있는 영어는 없다. 보통 사람들의 표준 발음이 있는가 하면 특정 지역 사람들의 사투리도 있고 속어나 비어도 있다. 사회 구성원 각계각층의 어휘와 표현이 있는가 하면 영국 영어, 미국 영어, 호주 영어, 인도 영어 등 전세계의 영어권 영어도 있다. 또 내용에 따라 쉬운 영어가 사용된 영화뿐 아니라 중간 정도의 난이도를 가진 영화, 어려운 영어로 구성된 영화 등도 있다. 품위가 없는 영어가 있는가 하면 고품격의 영어도 있다. 한마디로 영어 자료의 보고인 셈이다. 따라서 학습자의 성향이나 입장에 따라 맞는 영화를 선택하여 맞춤 학습을 할 수 있는 것이 스크린 영어다. 언제나 어디서나 손쉽게 말이다. 실제로 언어 습득은 귀와 눈과 입을 통해 이루어진다. 무조건 보고, 듣고, 말해 야 한다. 보면서 즐기고, 들으면서 이해하고, 말하면서 익혀야 한다. 그것이 스크린 영어의 매력인 통합 학습 방법이다. 어떤 학원과도 비교할 수 없고, 어떤 교사보다도 훌륭하며, 어떤 원어민보다도 뛰어난 영어학습을 할 수 있는 곳이 바로 스크린 영어다. 특히 그 언어 자료가 걸작 영화인 〈킹스 스피치〉라면 어떤 학습 재료와도 비교할 수 없다. 누구든 즐기면서 고급 영어를 만끽할 수 있을 것이며 영어 실력의 범위를 넓힐 수 있다. 어디서 이런 기쁨과 이런 학습효과를 얻을 것인가?

누가 뭐라고 해도 스크린 영어사가 우리나라의 영어 교육에 미친 영향은 지대하다고 할 수 있다. 갖가지 검정되지 않은 영어와 영어교사가 판을 치고 있을 무렵 갖은 어려움을 극복하면서 진정한 현지 영어를 소개하고자 영화사에 매달려 온지 벌써 15년…. 그 동안 주옥 같은 명작들을 접한 많은 교사와 학부모, 그리고 무수한 독자들의 격려와 자극은 오늘날 스크린 영어사가 건재하게 된 밑거름이요 자산이 되고 있다. 앞으로도 더욱 훌륭한 작품, 더욱 귀중한 영어자료로 독자 여러분의 성원에 보답할 것을 다짐한다. 여러분의 건투를 빈다.

이 일 범

# Contents

머리말 • **4**

**1.** Stammerer, the Duke of York
말더듬이, 요크 공작 • **9**
Movie Talk 영어의 특징 • **38**

**2.** Bertie Meets Lionel
버티가 라이널을 만나다 • **43**

**3.** King George V's Christmas Broadcast
조지 5세의 성탄 담화 • **77**
Movie Talk 잔잔하게 감동을 주는 로얄 휴먼 코미디, 영화사의 새 지평을 열다! • **108**

**4.** The Conflict between The King and David
왕과 데이빗 사이의 갈등 • **113**

**5.** The King's Death and Bertie's Complex
왕의 죽음과 버티의 콤플렉스 • **147**
Movie Talk 왕과 평민 사이의 화학작용이 빚어내는 색다른 버디 영화 • **176**

6. The New King Loves a Divorced Woman
새 왕이 이혼녀를 사랑하다 · **181**

7. Bertie Accedes to the Thone
버티 왕위를 계승하다 · **217**

8. The Coronation and Lionel, speech therapist
대관식과 언어치료사 라이널 · **253**

9. England Is at War with Germany
영국, 독일과 전쟁을 하다 · **285**

10. George VI Becomes a Symbol of Resistance
조지 6세 저항의 상징이 되다 · **313**

## 콜론(:)의 용법

한국어에는 거의 없는 용법이지만 영어에서는 많이 사용되는 중요한 용법이니 잘 알아두자.
1. 콜론 앞은 붙이고 (한 칸 띄우면 안 됨) 콜론 뒤는 반드시 한 칸 띄워야 한다.
2. 보통 3개 이상을 나열할(list) 때 콜론을 사용한다.
3. 콜론 앞의 문장이 완벽한 문장(complete sentence)이어야 한다.
    (1) 콜론 앞이 명사로 끝나거나
    (2) 콜론 앞이 the following 또는 as follows로 끝나야 한다.
4. 나열되는 명사들은 콤마(,) 또는 세미콜론(;)으로 구분해준다.
    예: I have three favorite actors: Paul Newman, Woody Allen, and Harrison Ford.
        We took the following: a tent; two sleeping bags; and a lantern.

Chapter 01

# Stammerer, the Duke of York
말더듬이, 요크 공작

영국 국왕인 조지 5세의 둘째 아들인 요크 공작은 어릴 때부터 엄격한 아버지와 왕족으로서의 기대에 억눌려 말더듬이가 된다. 대영제국 박람회의 폐막식 연설에서 남편의 언어장애를 목격한 공작부인 엘리자베스는 신분을 아랑곳하지 않고 호주 출신의 평민 언어치료사를 만나 남편의 치료를 부탁하게 된다.

## Chapter 1 말더듬이, 요크 공작

# Stammerer, the Duke of York

CAPTION: 1925
King George V reigns over a quarter of the world's population.
He asks his second son, the Duke of York, to give the closing speech at the Empire Exhibition in Wembley, London.

**INT. BBC BROADCASTING HOUSE, STUDIO - DAY**
News reader's desk. BBC microphone of the 1920's. A formidable piece of machinery suspended on springs.

**INT. WEMBLEY STADIUM, CORRIDOR - DAY**
A gloved hand clutching a speech. Bertie - the Duke of York, second son of the King. He looks down at the speech, mouths. Elizabeth - his young wife, truly an English rose. She clutches his arm, standing at the foot of the stairs.
Cosmo Lang, Equerry, dignitaries behind – they look at Bertie with worried look.

**INT. BBC BROADCASTING HOUSE, STUDIO - DAY**
A news reader and a steward enter, step to each other. The reader lifts a glass of mouthwash from the steward's tray – takes mouthful. He gargles, spits out the mouthwash. He takes a napkin from the steward's arm – dabs his mouth with it, places it on to the tray.

**INT. WEMBLEY STADIUM, CORRIDOR - DAY**
Bertie turns, looks up at Wood.

자막: 1925년
영국왕 조지 5세는 전 세계의 4분의 1을 통치하고 있었다. 그는 둘째 아들인 요크 공작에게 런던 웸블리에서 열린 대영제국 박람회의 폐막 연설문 낭독을 맡겼다.

### 내부. BBC 방송실, 스튜디오 - 낮
뉴스 방송자의 책상. 1920년대의 BBC 마이크. 무시무시한 장치 하나가 스프링에 매달려 있다.

### 내부. 웸블리 스테디엄, 복도 - 낮
장갑을 낀 손 하나가 연설문을 움켜쥐고 있다. 왕의 둘째 아들인 요크 공작 버티. 그는 연설문을 내려다보고는 입을 실룩거린다. 그의 젊은 아내인 엘리자베스는 진정한 영국의 가장 아름다운 여인이다. 그녀는 중계 발치에서 남편의 팔을 잡고 있다. 코스모 랭, 왕실의 시종무관, 고위인사들이 뒤에 서 있다. 그들은 근심스런 표정으로 버티를 본다.

### 내부. BBC 방송국 스튜디오 - 낮
뉴스 앵커와 집사가 들어와 서로에게 간다. 앵커는 집사의 쟁반에서 구강 청결제를 들고는 한 입 마신다. 그는 입안을 헹구고 물약을 뱉는다. 집사의 팔에서 냅킨을 집어 입을 가볍게 두드리고는 쟁반 위에다 놓는다.

### 내부. 웸블리 스테디엄, 복도 - 낮
버티는 돌아서서 우드를 본다.

- **formidable**
  무시무시한, 만만찮은, 얕잡을 수 없는
  feeling fear

- **speech**
  연설문, 연설사
  a formal talk that a person gives to an audience

- **rose**
  가장 아름다운(인기 있는) 여인

- **equerry**
  영국 왕실의 시종무관
  a male officer who acts as an assistant to a member of a royal family

- **dignitary**
  고위인사, 고관, 고위 성직자
  a person who has an important official position

- **steward**
  집사, 청지기, 안내원

- **dab**
  가볍게 두드리다, 살짝 갖다 대다

01. Stammerer, the Duke of York

**WOOD :** (O.S.) You are live in two minutes, Your Royal Highness.

Bertie looks down, frozen.

**WOOD :** (pressing) Sir?

Elizabeth and Bertie look at him. Robert Wood, the chief BBC engineer on the location.

**INT. BBC BROADCASTING HOUSE, STUDIO - DAY**
The reader squeezes the rubber bulb of an atomizer, sprays his inner throat.

**BBC NEWS READER :** Thank you.

**INT. WEMBLEY STADIUM, CORRIDOR - DAY**
Wood walks down the stairs to Bertie.

**WOOD :** Let the microphone do the work, sir.

Bertie stares at Wood, nods. Cosmo Lang steps towards.

**COSMO LANG :** I am sure you will be splendid. Just take your time.

**INT. BBC BROADCASTING HOUSE, STUDIO - DAY**
The reader seated at the desk – measures the distance between his mouth and the microphone.

**BBC NEWS READER :** Pa-pa-pa-pa-pa... Ta-ta-ta-ta-ta... Kaka- ka-ka-ka...

He pushes his lips.

우 드 :　　(목소리) 생방송 2분 전입니다, 전하.

버티는 얼어붙은 채 내려다 본다.

우 드 :　　(재촉하며) 전하?

엘리자베스와 버티는 그를 본다. 로버트 우드는 야외촬영 BBC 기사 주임이다.

**내부. BBC 방송국, 스튜디오 - 낮**
뉴스 앵커는 분무기의 고무 벌브를 짜며 목 안쪽에 뿌린다.

BBC 뉴스 앵커 :　고마워요.

**내부. 웸블리 스테디엄, 복도 - 낮**
우드는 층계를 내려와 버티에게 간다.

우 드 :　　마이크 앞에서 연설하시면 됩니다, 전하.

버티는 우드를 보고는 고개를 끄덕인다. 코스모 랭이 나선다.

코스모 랭 :　　멋진 연설을 해내실 겁니다. 마음 편히 하십시오.

**내부. BBC 방송국, 스튜디오 - 낮**
뉴스 앵커는 책상에 앉아 자신의 입과 마이크 사이의 거리를 측정한다.

BBC 뉴스 앵커 :　파-파-파-파-파…. 타-타-타-타-타…. 카카-카-카-카…

그는 입술을 내민다.

- **pressing**
  간청하는, 귀찮게 조르는
  demanding immediate attention; urgent; very earnest or persistent; insistent

- **location**
  야외촬영
  a place outside a film studio where scenes of a film/movie are made

- **atomizer**
  분무기
  a kind of rotating nozzle for producing a fine spray of a liquid based on the Venturi effect

**Your Royal Highness.**

highness는 '높은 위치, 높음, 고가' 등의 뜻인데 His(Her, Your) (Royal, Serene, Imperial) Highness, Their Highness(es)로 써서 '전하'라는 뜻으로 왕족에 대한 경칭을 나타낸다. 동사는 3인칭 단수를 쓴다. 물론 왕과 여왕 이외의 왕가의 구성원들 이름 앞에 쓰인다. 여기서는 왕자나 공주를 지칭한다.

**Your Royal Highness.**
전하.

01. Stammerer, the Duke of York

INT. WEMBLEY STADIUM, CORRIDOR - DAY
Elizabeth leans to Bertie, kisses his cheek.

**ELIZABETH :** (softly) Time to go.

Her gloved hand touches Bertie's arm.

INT. BBC BROADCASTING HOUSE, STUDIO - DAY
The news reader wearing headphones – seated at the desk. A light on the desk flashes – 'ON AIR' sign illuminates. He speaks in flawless pear-shaped tones.

**BBC NEWS READER :** (into mic) Good afternoon. This is the BBC National Programme and Empire Services... taking you to Wembley Stadium for the Closing Ceremony of the Empire Exhibition...

INT. WEMBLEY STADIUM STAIRWELL - DAY
Bertie clutching his speech walks towards followed by Elizabeth, Cosmo Lang and others.

**BBC NEWS READER :** (V.O.) ...where His Royal Highness, the Duke of York, will read a message from his father... His Majesty King George the Fifth. Fifty-eight British colonies and dominions have taken part... making this the largest exhibition staged anywhere in the world.

In front of the control room, Bertie stops by Wood.

**WOOD :** Remember, sir, three flashes, then steady red means you're live.

**BBC NEWS READER :** (V.O.) Using the new invention of radio, the opening ceremony was the first time His Majesty the King...

14

**내부. 웸블리 스테디엄, 복도 - 낮**
엘리자베스가 버티에게 몸을 숙여 볼에 키스를 한다.

**엘리자베스 :** (부드럽게) 갈 시간이에요.

그녀의 장갑 낀 손이 버티의 팔을 잡는다.

**내부. BBC 방송국, 스튜디오 - 낮**
헤드폰을 쓴 뉴스 앵커는 책상 위에 앉아 있다. 책상 위의 불이 반짝인다. '방송중'을 알리는 불빛이 반짝인다. 그는 완벽한 낭랑한 목소리로 말한다.

**BBC 뉴스 앵커 :** (마이크에다) 안녕하십니까? BBC 대영제국 방송입니다. 여기는 대영제국 박람회의 폐막식이 진행되는 웸블리 스테디엄입니다.

**내부. 웸블리 스테디엄, 계단통 - 낮**
연설문을 움켜쥔 버티가 앞서 걸어가고 엘리자베스, 코스코 랭과 다른 사람들이 뒤를 따른다.

**BBC 뉴스 앵커 :** (목소리) 잠시 후 왕자님이신 요크 공작 전하께서 국왕 폐하이신 조지 5세의 폐막 연설을 낭독하시겠습니다. 전 세계에 걸친 58개의 영연방은 이번 박람회를 역대 최고 규모로 개최했습니다.

조정실 앞에서 버티가 우드 옆에 선다.

**우 드 :** 빨간 불이 세 번 깜박이고 나서 계속 켜져 있으면 방송 중이란 뜻입니다.

**BBC 뉴스 앵커 :** (목소리) 신기술인 라디오 방송을 통해 국왕 폐하께서 최초로 개막 연설을…

- **illuminate**
  조명하다, 비추다, 밝게 하다
  to shine light on something

- **flawless**
  완전한, 완벽한, 흠 없는
  without flaws and therefore perfect

- **pear-shaped**
  (성량이) 풍부한, 낭랑한, 부드러운

- **dominion**
  영토, 지배력, 자치령
  any of the countries of the British Commonwealth that had their own government

> **Steady red means you're live.**
> 계속 빨간 불이면 방송 중이란 뜻이다.
> live는 방송이나 연주 등이 '녹음(녹화)'이 아닌, 생방송의'란 뜻이다. 즉 you're on air, you're on the air란 의미이다. live concert, live satellite telecast(위성 생중계), live recording(실황녹음) 등으로 잘 쓰인다.

## Steady red means you're live.
계속 빨간 불이면 방송 중이란 뜻이다.

01. Stammerer, the Duke of York

**INT. BBC BROADCASTING HOUSE, STUDIO - DAY**
The news reader seated at the desk.

BBC NEWS READER : (into mic) ...addressed his subjects on the wireless.

**INT. BBC BROADCASTING HOUSE, CONTROL ROOM - DAY**
The technicians stand at the equipment, wearing bulky headphones.

BBC NEWS READER : (thru radio) At the close of the first season, the heir to the throne... His Royal Highness the Prince of Wales, made his first broadcast... and today, his younger brother...

**INT. BBC BROADCASTING HOUSE, STUDIO - DAY**

BBC NEWS READER : (into mic) ...His Royal Highness the Duke of York... will give his inaugural broadcast to the nation and the world.

**INT. WEMBLEY STADIUM STAIRWELL - DAY**
Bertie climbs the stairs towards followed by Elizabeth, Cosmo Lang and others. Bertie braces his shoulders manfully, but without an ounce of confidence, closes his eyes, nods, opens them, and reluctantly goes through the tunnel towards the light, like a prize-fighter entering the arena. A football pitch - the crowd stand, greet him.

**INT. WEMBLEY STADIUM ROYAL PODIUM - DAY**
Silence falls over the stadium. Overhead, thick roiling clouds.
Bertie's eyes widen in terror as he reaches the microphone. Bertie clutching the speech – looks down at the microphone. A flashing light illuminates constantly. He looks down at the light – glances down at the speech.

**EXT. SPECTATOR STAND, EMPIRE STADIUM -DAY**
Tense silence. Bertie stares straight ahead, frozen. Just then he hears a horse neighing from the ground.
(Bertie's P.O.V.) The guards on the horseback by the edge of the pitch – soldiers line up. He looks down at his speech.

내부. BBC 방송국, 스튜디오 - 낮
뉴스 앵커가 데스크에 앉아 있다.

BBC 뉴스 앵커 : (마이크에다) 백성들에게 하셨으며…

내부. BBC 방송국, 조정실 - 낮
방송 기술자들이 커다란 헤드폰을 착용하고 방송장비 앞에 서 있다.

BBC 뉴스 앵커 : (라디오를 통해) 첫 번째 시즌 마무리에서는 왕위 계승자이신 웨일즈 왕자 전하께서 첫 방송 연설을 해주셨습니다. 그리고 오늘 동생이신…

내부. BBC 방송국, 스튜디오 - 낮

BBC 뉴스 앵커 : (마이크에다) 요크 공작 전하께서 대영제국과 전 세계를 향해 공식 연설을 해주시겠습니다.

내부. 웸블리 스테디엄, 계단통 - 낮
버티가 계단을 오르고 엘리자베스와 코스모 랭 그리고 다른 사람들이 뒤를 따른다. 버티의 어깨를 남자답게 긴장시키지만 약간의 자신도 없어 눈을 감고 고개를 끄덕이고 다시 눈을 뜨고는 마지못해 불빛을 향해 터널을 지나간다. 마치 투기장에 들어가는 권투 선수 같다. 축구 경기장 - 군중이 일어나 그를 맞는다.

내부. 웸블리 스테디엄, 왕족 연단 - 낮
침묵이 스테디엄을 덮는다. 머리 위로 짙게 흘러가는 구름. 버티의 눈이 마이크에 다다르자 공포로 커진다. 연설문을 움켜쥔 버티는 마이크를 내려다본다. 번쩍이는 불이 계속 비춘다. 그는 불빛을 내려다보고는 연설문을 응시한다.

외부. 관중석, 엠파이어 스테디엄 - 낮
긴장한 침묵. 버티는 얼어붙은 채로 똑바로 전면을 응시한다. 그 때 그는 운동장에서 말이 우는 소리를 듣는다.
(버티의 시점) 말을 탄 경비병들이 운동장 언저리에 서 있다. 병사들이 줄지어 서 있다. 그는 연설문을 내려다본다.

- **inaugural**
  취임(식)의

- **brace**
  긴장시키다, 떠받치다
  to prepare somebody/yourself for something difficult or unpleasant that is going to happen

- **arena**
  투기장, 경기장, 씨름판

- **pitch**
  (크리켓, 하키 등의) 경기장
  an area of ground specially prepared and marked for playing a game such as football

- **podium**
  연단, 연설대, 지휘대
  a small platform that a person stands on when giving a speech or conducting an orchestra, etc.

- **neigh**
  말이 울다

At the close of the first season.
close는 '끝, 종결, 마침, 닫음, 폐쇄' 등의 뜻이 있어 at the close of는 '~의 끝 무렵, 마무리될 때, 끝날 즈음에' 등의 뜻이다. at the end of와 유사한 표현이다.

## At the close of the first season.
첫 시즌이 마무리될 때에.

01. Stammerer, the Duke of York

**EXT. ROYAL PODIUM - DAY**
Bertie's neck and jaw muscles contract and quiver.

**INT. BBC BROADCASTING HOUSE, STUDIO - DAY**
The news reader waits nervously.

**INT. BBC BROADCASTING HOUSE, CONTROL ROOM - DAY**
Technicians stare at dials and listen to the hiss of silence. The floor manager wearing headphones stands at the control desk.

**EXT. WEMBLEY STADIUM TERRACES - DAY**
The crowds look up at Bertie.

**EXT. ROYAL PODIUM - DAY**
Bertie looks down at the speech.

**BERTIE :**     (into mic – echoes) I have received… (stammers) …from his Majesty…. t' ek

The stammer careens back at him, amplified and distorted by the stadium PA system.
Elizabeth looks at Bertie. He glances down at Elizabeth.

**BERTIE :**     (into mic – echoes) …the King… (mumbles)

He swallows. A man amongst the crowd looks down. A woman amongst the crowd turns away, looks down. Cosmo Lang glances down. Bertie stammers. Elizabeth looks at Bertie, looks down.

**EXT. 145 PICADILLY - DAY**
An imposing Georgian edifice, opposite Hyde Park Corner. A car pulls up alongside the kerb.
Caption: 145 Piccadilly, London 1934

**DR BLANDINE-BENTHAM :** (V.O.) Inhale deep into your lungs, Your Royal Highness.

18

외부. 왕족 연단 - 낮
버티의 목과 턱 근육이 수축하고 떨린다.

내부. BBC 방송국, 스튜디오 - 낮
뉴스 앵커가 초조하게 기다린다.

내부. BBC 방송국, 조정실 - 낮
기술자들이 지침반을 응시하며 침묵의 소리에 귀를 기울인다. 헤드폰을 착용한 무대감독이 조정실 앞에 서 있다.

외부. 웸블리 스테디엄, 테라스 - 낮
군중이 버티를 쳐다본다.

외부. 왕족연단 - 낮
버티가 연설문을 내려다 본다.

버 티 :   (마이크에다 - 반향한다) 저는 오늘… (더듬는
        다) 친애하는 국왕 폐… 폐…

그 말더듬은 스테디엄 확성기를 통해 증폭되고 부정확하게 재생된 채 그에게로 흔들리며 돌아온다.
엘리자베스가 버티를 본다. 그는 엘리자베스를 내려다본다.

버 티 :   (마이크에다 - 반향한다) …폐하의… (옹얼거린다)

그는 침을·삼킨다. 군중 속의 한 남자가 고개를 숙인다. 군중 속의 한 여자가 고개를 돌리며 고개를 숙인다. 코스모 랭은 고개를 떨군다. 버티는 더듬거린다. 엘리자베스는 버티를 보고 고개를 떨군다.

외부. 145 피카딜리 - 낮
하이드 공원 모서리 반대편에 있는 당당한 조지 왕조 시대의 건축물. 자동차가 연석을 따라 다가와 선다.
자막: 피카딜리 145번지, 런던 1934년

블란딘-벤담 의사 :   (목소리) 깊이 들이 마십시오, 전하.

■ contract
수축하다, 줄어들다
to become less or smaller; to make something become less or smaller

■ careen
흔들리면서 질주하다, 기울다
to move forward very quickly especially in a way that is dangerous or uncontrolled

■ amplify
증폭하다, 확대하다
to increase something in strength, especially sound

■ distort
부정확하게 재생하다, 일그러뜨리다
to change the shape, appearance or sound of something so that it is strange or not clear

■ imposing
당당한, 인상적인
impressive to look at; making a strong impression

■ edifice
건물, 대건축물
a large impressive building

■ kerb
(인도와 차도 사이의) 연석
(= curb) the edge of the raised path at the side of a road, usually made of long pieces of stone

Inhale deep into your lungs.
inhale은 공기나 가스 등을 '들이쉬다, 흡입하다, 숨을 들이쉬다, 담배연기를 깊이 들이마시다'의 뜻이다. 그 반대의 뜻으로는 exhale'숨을 내쉬다, 방출하다' 이 있는데 원래 '세게 당기다, 끌어내다' 의 뜻인 hake에서 나온 단어들이다.

## Inhale deep into your lungs.
폐 속 깊이 숨을 들이 마셔라.

01. Stammerer, the Duke of York

**INT. 145 PICCADILLY YORK HOUSE, DRAWING ROOM - DAY**
Bertie draws deeply on his cigarette.

DR BLANDINE-BENTHAM : (O.S.) Relaxes your larynx, does it not?

Bertie is seated nervously on the edge of a couch. Doctor Blandine-Bentham, an elderly, unctuous, studiedly-distinguished physician, leans against the table.

DR BLANDINE-BENTHAM : Cigarette smoking calms the nerves and, er, gives you confidence.

Smiling ingratiatingly, the doctor steps to the table. Elizabeth looks towards from across the room – a corgi by her.

DR BLANDINE-BENTHAM : Now if Your Royal Highness would be so kind as to open your hand, hmm...

He lifts some marbles from antiseptic solution. He places the marbles on to the tray, carries the marbles to Bertie. He lifts a marble from the tray with tongs.

DR BLANDINE-BENTHAM : Sterilised.

Bertie looks down.

DR BLANDINE-BENTHAM : (O.S.) One...

He places a marble on Bertie's open hand one by one.

DR BLANDINE-BENTHAM : ...Two... Three...

Elizabeth looks towards.

DR BLANDINE-BENTHAM : ...Four... Five...

Elizabeth watches as the marbles are placed into Bertie's hand.

KING'S SPEECH

내부. 145 피카딜리 요크 가, 응접실 - 낮
버티가 담배를 깊이 빨아들인다.

블란딘-벤담 의사 : (목소리) 후두가 편안해지실 겁니다. 그렇지요?

버티는 소파의 가장자리에 초조하게 앉아 있다. 나이 지긋하고 살살 녹이며, 박학하기로 유명한 의사인 블란딘-벤담 의사가 테이블에 기대어 서 있다.

블란딘-벤담 의사 : 흡연은 신경을 안정시키고 또… 자신감을 키워줍니다.

싹싹하게 웃으면서 의사는 테이블로 다가간다. 엘리자베스가 쳐다본다. 그녀 옆에는 코기견이 있다.

블란딘-벤담 의사 : 전하, 이제 손바닥을 펴보시지요.

그는 살균 용액에서 구슬 몇 개를 집어 들고 쟁반에다 놓고는 구슬을 버티에게 가져온다. 그는 집게로 쟁반에서 구슬 하나를 집어 든다.

블란딘-벤담 의사 : 방금 살균했습니다.

버티는 내려다본다.

블란딘-벤담 의사 : (목소리) 하나…

그는 버티의 열린 손에 구슬을 하나씩 올려놓는다.

블란딘-벤담 의사 : …둘… 셋…

엘리자베스가 바라본다.

블란딘-벤담 의사 : …넷… 다섯…

엘리자베스는 구슬들이 버티의 손에 놓여질 때 지켜본다.

■ larynx
(해부) 후두
the area at the top of the throat that contains the vocalcords

■ unctuous
아주 감동한 체하는, 살살 녹이는
friendly or giving praise in a way that is not sincere and which is therefore unpleasant

■ ingratiatingly
알랑거리며, 애교부리며, 매력 있게

■ corgi
코기견, 웨일스산의 작은 개

■ antiseptic
살균의, 멸균의, 청결한
able to prevent infection: very clean and free from bacteria

■ solution
용액, 용해제
a liquid in which something is dissolved

■ tongs
부젓가락, 집게

■ sterilize
살균(소독, 멸균)하다, 단종하다
to kill the bacteria in something

If Your Royal Highness would be so kind as to open your hand~
윗사람에게 매우 정중하게 요청하는 표현이다. 여기서 would는 정중한 의뢰나 권유를 나타낸다. 따라서 Would you please be so kind as to open your hand?나 같은 문장이다.

if Your Royal Highness would be so kind as to open your hand~
전하께서 손을 좀 펴주신다면…

1. Stammerer, the Duke of York

**DR BLANDINE-BENTHAM :** ...six... seven. Now if I may take the liberty, insert them into your mouth. Hmm?

Bertie looks towards. Elizabeth watches with growing discomfort.

**ELIZABETH :** Excuse me, Doctor. What is the purpose of this?

**DR BLANDINE-BENTHAM :** Er, it's the classic approach. It, it cured Demosthenes.

Mortified, Bertie lifts a marble from his hand, pops it into his mouth.

**ELIZABETH :** That was in Ancient Greece. Er, has it worked since?

Doctor Blandine-Bentham chuckles. Bertie forces the marbles into his mouth.

**DR BLANDINE-BENTHAM :** Now if you would be so kind as to read...

He steps to Bertie, hands him a book. Bertie mumbles.

**DR BLANDINE-BENTHAM :** (softly) "A wealth of words." Hmm?

Bertie blanches, gags.

**DR BLANDINE-BENTHAM :** Fight against those marbles, Your Royal Highness.

Bertie tries to speak. It is excruciating.

**BERTIE :** (mouth full) A wealth of...
**DR BLANDINE-BENTHAM :** Enunciate!

블란딘-벤담 의사 : …여섯… 일곱. 자 이제 입안에 넣으십시오. 흠?

버티는 앞을 본다. 엘리자베스는 점차 불안해지면서 바라본다.

엘리자베스 : 의사선생님, 죄송합니다만 어떤 효과가 있나요?

블란딘-벤담 의사 : 데모스테네스를 치료한 전통적인 방법입니다.

버티는 손에서 구슬 하나를 집어 입에다 넣는다.

엘리자베스 : 그건 고대 그리스 때였고… 이후에도 어떤 효과를 본 경험이 있나요?

블란딘-벤담 의사는 킬킬 웃는다. 버티는 구슬들을 입에다 억지로 넣는다.

블란딘-벤담 의사 : 자, 그러면… 이 책을 읽어보시지요.

그는 버티에게 다가서며 책 한 권을 건넨다. 버티는 웅얼거린다.

블란딘-벤담 의사 : (부드럽게) "수많은 말들"을. 네?

버티는 창백해지며, 구역질이 난다.

블란딘-벤담 의사 : 구슬에 대고 힘을 더 주십시오, 전하.

버티는 말하려고 애를 쓴다. 그것이 몹시 괴롭힌다.

버 티 : (입이 가득한 채로) 수많은…

블란딘-벤담 의사 : 발음을 하십시오!

■ mortify
(감정 등을) 억제하다. ~에게 굴욕을 느끼게 하다
to make somebody feel very ashamed or embarrassed

■ blanch
창백해지다, 희어지다
to become pale because you are shocked or frightened

■ gag
목이 막히다, 구역질이 나다
to prevent somebody from speaking freely or expressing their opinion; to have the unpleasant feeling in your mouth and stomach as if you are going to vomit

■ excruciate
(육체적, 정신적으로) 고문하다, 몹시 괴롭히다

■ enunciate
(단어를) 똑바로 발음하다, 명확히 진술하다
to say or pronounce words clearly; to express an idea clearly and exactly

If I may take the liberty.
take the liberty, take liberties는 '버릇없이 굴다, 마음대로 바꾸다, 무모한 짓을 하다, 스스럼없이 대하다'의 뜻이다.
· You shouldn't take liberties with your teacher. 선생님께 너무 버릇없이 굴어서는 안 됩니다.

**If I may take the liberty.**
버릇없이 굴어서 죄송하지만.

01. Stammerer, the Duke of York

Bertie glances at Elizabeth. He mumbles.

**DR BLANDINE-BENTHAM :** A little more concentration, Your Royal Highness.

Bertie grimaces, spits out the marbles. He quickly stands, chokes.

**BERTIE :** (angry) I nearly swallowed the bloody things!

He drops the marbles on to the tray and exits.
Elizabeth walks towards. She tries to placate the doctor.

**ELIZABETH :** Thank you so much, Doctor. It's been most, um...

She stops by him – offers her hand.

**ELIZABETH :** ...interesting.

They shake hands.

**DR BLANDINE-BENTHAM :** Your Royal Highness.

**INT. YORK HOUSE, BERTIE'S STUDY - DAY**
Bertie repeatedly flicks his cigarette lighter. Elizabeth walks to him.

**BERTIE :** Insert -- marbles. He can... insert his own bloody marbles.

He continues to flick his lighter. Elizabeth stops by him, takes it from him. Bertie breathes heavily.

**ELIZABETH :** Tick, tock. Tick, tock.

She operates the lighter, lights it for him.

버티는 엘리자베스를 바라본다. 그는 웅얼거린다.

블란딘-벤담 의사 : 조금 더 집중하십시오, 전하!

버티는 얼굴을 찡그리며 구슬을 뱉아 낸다. 그는 급히 일어서며 숨이 막힌다.

버 티 : (화를 내며) 젠장, 삼킬 뻔 했다고!

그는 쟁반 위에다 구슬들을 떨어뜨리며 나간다.
엘리자베스가 걸어온다. 그녀는 의사를 위로하려고 한다.

엘리자베스 : 수고하셨습니다, 선생님. 치료법이 참…

그녀는 그 옆에 서서 손을 내민다.

엘리자베스 : …흥미롭네요.

그들은 악수를 한다.

블란딘-벤담 의사 : 전하.

내부. 요크 가 버티의 서재 - 낮
버티는 담배 라이터를 반복해서 손가락으로 튀긴다. 엘리자베스가 다가온다.

버 티 : 구슬을 넣으라니. 자기나 집어넣으라고 해.

그는 계속 라이터를 키려고 한다. 엘리자베스가 옆에 서서 그의 라이터를 잡는다. 버티는 힘겹게 호흡한다.

엘리자베스 : 틱, 톡, 틱 톡.

그녀는 라이터를 켜서 그의 담배에 불을 붙여준다.

- **grimace**
  얼굴을 찌푸리다(찡그리다)
  to make an ugly expression with your face to show pain, disgust, etc

- **choke**
  숨이 막히다, 말을 못하게 되다
  to be unable to breathe because the passage to your lungs is blocked or you cannot get enough air

- **placate**
  (사람을) 달래다, 위로하다, 진정시키다
  to make somebody feel less angry about something

- **flick**
  (손가락 끝 등으로) 튀기다, 탁 켜다
  to hit something with a sudden quick movement, especially using your finger and thumb together, or your hand

A little more concentration.

Have a little more concentration.의 뜻이다. have 동사 이외에도, keep, improve, break, sustain, reduce, affect 등이 잘 쓰인다.
· His talking kept breaking my concentration. 그의 말로 인해 내 집중력이 계속 흐트러졌다.

## A little more concentration.
좀 더 집중하십시오.

25

1. Stammerer, the Duke of York

**ELIZABETH :**   You know you can't keep doing this, **Bertie**.

She moves to put the lighter down.

**BERTIE :**   I know. Promise me... promise me: no more.

Elizabeth looks at Bertie feeling sorry.

### EXT. HARLEY STREET - DAY
Through a thick fog – a house detective appears, walks along the street towards followed by Elizabeth's car.

### INT. ELIZABETH'S CAR - DAY
Elizabeth determinedly glances out. The vehicle noses thru a pea-soup fog. The house detective is walking a few feet in front of the car, finding the way. A horse-drawn cart passes.

### EXT. HARLEY STREET - DAY
The cart passes, exits to reveal a woman pushing her pram on to the pavement.

### INT. ELIZABETH'S CAR - DAY
Elizabeth turns, looks through the rear window. She looks at a piece of paper in her hand. Through the window a street sign on the railing – reads: HARLEY STREET W.

### EXT. HARLEY STREET - DAY
Through the fog, the house detective steps towards, gestures. The car pulls up.

### INT. ELIZABETH'S CAR - DAY
Elizabeth peers towards. She looks disappointed and dubious.

### INT. APARTMENT BUILDING, GROUND FLOOR ENTRANCE - DAY
Elizabeth enters, glances around.

### INT. APARTMENT BUILDING LIFT - DAY
Elizabeth inside the cramped elevator. She surveys the buttons and nameplates. The bottom one reads: Basement: L. Logue, Speech Defects. The lift door closes. Elizabeth presses a lift button. She glances around.

엘리자베스 :   이런 일을 계속 할 수는 없어요, 버티.

그녀는 움직여 라이터를 내려놓는다.

버 티 :   나도 알고 있소. 약속해줘요. 이 방법은 그만한다고.

엘리자베스는 버티를 안쓰럽게 바라본다.

### 외부. 할리 가 - 낮
짙은 안개를 통해 - 경비원이 나타나 거리를 따라 걷는다. 엘리자베스의 차가 뒤를 따른다.

### 내부. 엘리자베스의 자동차 - 낮
엘리자베스가 결연히 밖을 내다본다. 자동차는 짙은 안개속을 천천히 전진한다. 경비원은 차 앞쪽 몇 미터 떨어져 걸으며 길을 찾고 있다. 마차 한 대가 지나간다.

### 외부. 할리 가 - 낮
마차가 지나가 사라지자 한 여자가 보도 위로 유모차를 밀고 있는 모습이 나타난다.

### 내부. 엘리자베스의 자동차 - 낮
엘리자베스가 몸을 돌려 뒷 창문을 통해 바라본다. 그녀는 손에 든 종이 쪽지를 바라본다. 창문을 통해 울타리 위에 도로 간판이 보인다: 할리 가 서부

### 외부. 할리 가 - 낮
안개를 통해 경비원이 앞으로 나서서 몸짓을 한다. 자동차가 멈춘다.

### 내부. 엘리자베스의 자동차 - 낮
엘리자베스가 앞을 엿본다. 실망스럽고 반신반의하는 모습이다.

### 내부. 아파트 건물, 1층 입구 - 낮
엘리자베스가 들어와 주위를 둘러본다.

### 내부. 아파트 건물 엘리베이터 - 낮
비좁은 엘리베이터 안의 엘리자베스. 그녀는 층 표시 버튼과 명찰을 살핀다. 아래쪽 문패에 '지하층: L. 로그 언어치료사'란 글자가 보인다. 엘리베이터 문이 닫힌다. 엘리자베스는 조종 버튼을 누르고 주위를 살핀다.

- **house detective**
(호텔, 백화점, 회사 등의) 경비원

- **nose**
천천히 전진하다
to move forward slowly and carefully

- **pea-soup**
(안개가) 노랗고 짙은 (특히 런던 안개의) 짙은

- **pram**
(구) 유모차, 우유배달용 손수레
= perambulator : a small vehicle on four wheels for a baby to go out in, pushed by a person on foot

- **dubious**
의심스러운, 반신반의하는
not certain and slightly suspicious about something; not knowing whether something is good or bad

- **cramped**
비좁은, 갑갑한
not having room to move freely

---

**You can't keep doing this.**

keep + ~ing는 '계속해서 ~하다' 의 뜻이고 keep + 목적어 + ~ing는 '계속 ~하게 하다'의 뜻이다. 따라서 keep doing은 동작이나 상태의 계속을 나타낸다.
· The woman kept crying all day long. 그녀는 하루 종일 계속 울었다.

---

## You can't keep doing this.
이런 일을 계속 할 수는 없어요.

01. Stammerer, the Duke of York

ELIZABETH : Ah!

She reaches for the lift door. She opens the inner door – closes the outer and inner doors. She presses the lift button – lift descends and stops.

**INT. APARTMENT BUILDING, LIONEL'S WAITING ROOM - DAY**
Across sparsely furnished room – Elizabeth enters through the doorway.
A framed picture on the wall - reads: AUSTRALIA IS CALLING SYDNEY BRIDGE CELEBRATIONS MARCH 1932
Elizabeth glances around. The area is devoid of life.

ELIZABETH : (calls) Hello? Is anyone there?

LIONEL : (O.S.) I'm just in the loo.

She turns, looks towards. She's further appalled by the loud gurgling of a toilet being flushed. Through the doorway, Lionel, a tall, middle-aged man with strong features, steps from the bathroom – dries his hands. His demeanor is friendly, yet professional.

LIONEL : Ah, Mrs Johnson, there you are.

Elizabeth turns, looks towards.

LIONEL : I'm sorry, I don't have a receptionist. I like to keep things simple.

He closes the bathroom door – strides towards.

LIONEL : "Poor and content is rich and rich enough."

ELIZABETH : I'm sorry?

LIONEL : Shakespeare. How are you?

Lionel offers his hand. Elizabeth shakes it, a little gingerly.

ELIZABETH : How do you do?

엘리자베스 : 아!

그녀는 엘리베이터 문에 손을 내밀어 안쪽 문을 열고는 바깥쪽 문을 닫고 나서 안쪽 문을 닫는다. 그녀가 버튼을 누르자 엘리베이터는 내려가 멈춘다.

### 내부. 아파트 건물, 라이널의 대기실 - 낮

빈약하게 가구가 비치된 방을 가로질러 엘리자베스가 출입구를 통해 들어온다.
벽 위의 한 액자 그림에 글자가 보인다: 호주로 오세요 1932년 3월, 시드니 하버브리지 완공 기념
엘리자베스는 주위를 살핀다. 그곳은 생명이 없는 듯하다.

엘리자베스 : (부른다) 안녕하세요? 아무도 안 계세요?

라이널 : (목소리) 잠깐 화장실에 왔습니다.

그녀는 돌아서 바라본다. 그녀는 화장실 물이 콸콸하며 내려가는 큰소리에 더욱 놀란다. 현관을 통해 강한 모습을 한 키 큰 중년 남자, 라이널이 화장실에서 나와 손을 닦는다. 그의 태도는 다정하지만 직업적이다.

라이널 : 존슨 부인이신가 보군요.

엘리자베스는 몸을 돌려 바라본다.

라이널 : 죄송합니다. 저희는 안내직원이 없어요. 제가 간소한 걸 좋아해서요.

그는 화장실 문을 닫고 성큼 걸어나온다.

라이널 : "비록 가난해도 마음이 부자라면 그것이 부자 중에 알부자라네."

엘리자베스 : 무슨 말씀인지

라이널 : 셰익스피어 대사죠. 반갑습니다.

라이널이 손을 내민다. 엘리자베스는 손을 바라보고는 다소 신중하게 악수를 한다.

엘리자베스 : 안녕하세요?

- **sparsely**
빈약하게, 산재하여, 드문드문

- **devoid**
결여된, ~이 없는
completely lacking in something

- **loo**
(구) 변소, 화장실
a toilet

- **appall**
질겁하게 하다, 질리게 하다
to shock somebody very much

- **gurgle**
콸콸 흘러나오다(소리 나다)
to make a sound like water flowing quickly through a narrow space

- **demeanor**
품행, 처신, 행동, 태도
the way that somebody looks or behaves

- **gingerly**
몹시 조심스럽게, 아주 신중하게
in a careful way, because you are afraid of being hurt, of making a noise, etc

---

**Poor and content is rich and rich enough.**

셰익스피어의 4대 비극 중 '오셀로'의 제3막 제3장, 173행에 나오는 명대사이다. But riches fineless is as poor as winter / To him that ever fears he shall be poor;(아무리 부자라 한들 가난뱅이가 되면 어떡하나 하고 걱정만 한다면, 엄동설한 같이 쓸쓸하기 그지 없다)로 이어진다.

---

## Poor and content is rich and rich enough.
가난해도 족함을 알면 백만장자가 부럽지 않네.

01. Stammerer, the Duke of York

**LIONEL :** Oh, chuffing along. Um, now this is slightly awkward, but I'm afraid you're late.

Lionel walks around her.

**ELIZABETH :** Yes. I'm afraid I am.
**LIONEL :** (turns to her) Where's Mr Johnson?
**ELIZABETH :** Ah. Er, he doesn't know I'm here.
**LIONEL :** Well, that's not a very promising start.
**ELIZABETH :** No. No, look, um… my husband has seen everyone. To no avail. Er… I'm awfully afraid he's given up hope.
**LIONEL :** He hasn't seen me.
**ELIZABETH :** Awfully sure of yourself.
**LIONEL :** Well, I'm sure of anyone who wants to be cured.
**ELIZABETH :** Of course he wants to be cured. My husband is, um… well, he's required to speak publicly.
**LIONEL :** Perhaps he should change jobs.
**ELIZABETH :** He can't.
**LIONEL :** (shakes his head) Indentured servitude?
**ELIZABETH :** Something of that nature, yes.
**LIONEL :** (turns, strides) Well, we need to have your hubby pop by.

He exits through the doorway.

**LIONEL :** (O.S.) Er, Tuesday would be good. If you can give me his personal details…

라이널 : 요즘 평온 무사하게 지내죠. 말씀 드리기가 좀 그렇긴 한데… 지각하셨네요.

라이널이 그녀 주위를 걷는다.

엘리자베스 : 네, 그랬네요.
라이널 : (그녀에게 돌아선다) 존슨씨는 어디 계시죠?
엘리자베스 : 아, 남편은 제가 여기 온 걸 몰라요.
라이널 : 그건 별로 바람직한 출발이 아니군요.
엘리자베스 : 아뇨, 아닙니다. 저… 유능하다는 사람들 다 만나봤지만 보람이 없었죠. 남편은 이제 포기상태인 것 같아요.
라이널 : 아직 저를 만나보진 않았죠.
엘리자베스 : 상당히 자신감이 넘치시네요.
라이널 : 환자가 의지만 있다면 치료야 늘 성공하니까요.
엘리자베스 : 당연히 남편도 낫길 원하죠. 제 남편은… 대중 연설을 해야 되는 사람이에요.
라이널 : 직업을 바꾸셔야겠네요.
엘리자베스 : 그럴 수가 없어요.
라이널 : (고개를 흔든다) 노예 계약이라도 하셨나요?
엘리자베스 : 뭐 일종의 그런 계약인 셈이죠.
라이널 : (돌아서서 걸어간다) 아무튼 남편을 데려오셔야 하구요…

그는 출입구를 통해 나간다.

라이널 : (목소리) 화요일이 좋겠네요. 남편분의 사적인 얘기를 해 주시면…

■ chuff
칙칙폭폭 소리 내다(소리 내며 나아가다), 물 속에서 천천히 나아가다

■ to no avail
무익하게, 보람없이
with no success

■ indenture
기한부 노예로 받아들이다, ~의 고용을 계약서로 정하다

■ servitude
노예 상태, 노역, 용역권
the condition of being a slave or being forced to obey another person

■ hubby
(구) 남편
the man that a woman is married to; a married man

■ pop
방문하다, 불쑥 나타나다
to suddenly appear especially when not expected

**Indentured servitude.**
1600년대에 미국의 버지니아 식민지의 담배 농장에서 흔했던 노동 계약으로 보통 외국에서 온 노동자를 대상으로 일정 기간 (보통 7~8년)동안 맺는 노동계약을 말하며 그 노동자들을 indentured servant(식민 시대에 미국으로 건너간) 연한 계약 노동자(무임 도항 이주자, 죄수, 빈민 등)라고 한다.

# Indentured servitude.
## 노동 계약.

Elizabeth glances towards. Through the doorway Lionel steps towards, leans on the door.

LIONEL :   ...I'll make a frank appraisal and then we'll take it from there.

ELIZABETH :   Doctor, forgive me, er, I don't have a "hubby". We don't "pop". And nor do we ever talk about our private lives. No, you must come to us.

LIONEL :   I'm sorry, Mrs Johnson, my game, my turf, my rules. You'll have to talk this over with your husband and then you can speak to me on the telephone. Thank you very much for dropping by. Good afternoon.

Lionel nods, exits. Elizabeth glances.

ELIZABETH :   And what if my husband were the Duke of York?

She looks down at her gloves – turns towards.

LIONEL :   (O.S.) The Duke of York?

ELIZABETH :   Yes. The Duke of York.

Through the doorway – Lionel enters from behind the door, slowly steps towards. He reacts, closes his eyes.

LIONEL :   I thought the appointment was for Johnson. Forgive me, Your...

ELIZABETH :   (nods) Royal Highness.

LIONEL :   ...Royal Highness.

엘리자베스는 전면을 바라본다. 문간을 통해 라이널이 나서며 문에 기댄다.

라이널 : …그것을 분석해서 치료를 시작하도록 하죠.

엘리자베스 : 박사님, 죄송합니다만… 제 남편은 좀 달라요. 이쪽으로 올 수도 없구요. 게다가 우린 사생활은 절대 이야기하지 않습니다. 그리고 박사님께서 저희 쪽으로 오셔야 합니다.

라이널 : 죄송합니다, 존슨 부인. 제 일이고 제 분야니까 제 방식을 따르셔야죠. 남편분과 상의해 보시고 다시 전화주십시오. 방문해주셔서 감사합니다. 안녕히 가십시오.

라이널은 고개를 끄덕이고는 나간다. 엘리자베스는 잠깐 바라본다.

엘리자베스 : 제 남편이 요크 공작이라면요?

그녀는 자기 장갑을 내려다보고는 앞쪽으로 몸을 돌린다.

라이널 : (목소리) 요크 공작이요?

엘리자베스 : 그래요, 요크 공작이에요.

문간을 통해 라이널이 문 뒤에서 들어와 천천히 발을 내딛는다. 그는 반응을 보이며 눈을 감는다.

라이널 : 저는 단순히 존슨 부인이라고 생각했습니다. 용서하십시오… 전…

엘리자베스 : (고개를 끄덕인다) 전하.

라이널 : …전하.

- **appraisal**
  감정, 견적, 평가
  a judgement of the value, performance or nature of somebody/something

- **make an appraisal**
  평가하다, 감정하다, 값을 매기다
  = appraise

- **turf**
  (구) (자기의) 전문 영역, 잘 아는 지역

- **turf war**
  영역 다툼

- **duke**
  공작(소국의) 군주, 공, 대공
  a nobleman of the highest rank; (in some parts of Europe, especially in the past) a male ruler of a small independent state

You'll have to talk this over with your husband.

talk over with는 '~와 ~에 관해 의논하다, ~을 설득하다'(to discuss something thoroughly, especially in order to reach an agreement or make a decision)의 뜻이다.

· You'll find it helpful to talk things over with a friend. 문제를 친구와 상의한다면 도움이 될 것이다.

## You'll have to talk this over with your husband.
### 남편과 이것을 상의해야 할 겁니다.

ELIZABETH :   Johnson was used during the Great War when the Navy didn't want the enemy to know 'he' was aboard.

LIONEL :   Am I considered the enemy?

ELIZABETH :   You will be... if you remain un-obliging. (smiles) You'll appreciate the need for absolute discretion.

LIONEL :   Of course. How did you find me, Your Royal Highness?

ELIZABETH :   The President of The Society For Speech Therapists.

LIONEL :   Eileen McCleod? (chuckles) She's a sport. (smiles)

ELIZABETH :   She warned me your Antipodean methods were both "unorthodox" and, er, "controversial". I warned her those are not my favourite words.

LIONEL :   I can cure your husband. But for my method to work, I need trust and total equality... here in the safety of my consultation room. No exceptions.

ELIZABETH :   (raises her eyebrows) Ah, well. In that case...

She moves to step towards. She walks to him, shakes his hand. He bows his head.

ELIZABETH :   When can you start?

| | |
|---|---|
| 엘리자베스 : | 존슨은 1차 대전 참전 때 쓰던 가명이죠. 적군이 그가 해군에 있는 걸 알면 안 되니까요. |
| 라이널 : | 제가… 그러면 적군인 셈인가요? |
| 엘리자베스 : | 그렇게 되겠죠. 처신을 잘 못하시면… (미소 짓는다) 철저하게 비밀을 지켜주셔야 합니다. |
| 라이널 : | 물론입니다. 저는 어떻게 알고 오셨습니까, 전하? |
| 엘리자베스 : | 언어치료사협회 회장이 알려줬습니다. |
| 라이널 : | 아일린 맥클러드? (킬킬 웃는다) 재미 있는 분이시죠. (미소 짓는다) |
| 엘리자베스 : | 맥클러드 박사가 당신의 호주식 방법을 경고하더군요. 전통적이지 않고 논란의 여지가 있다고. 그래서 제가 되받아쳤죠. 그런 차별하는 듯한 표현은 제가 싫어한다고. |
| 라이널 : | 저는 남편분을 고칠 수 있습니다. 하지만 제 방식을 전적으로 믿고 따르셔야 합니다. 이곳에서 안전하게 상담을 받으십시오. 예외는 없습니다. |
| 엘리자베스 : | (눈썹을 올린다) 아… 정 그러시다면야… |

그녀는 앞으로 움직여 그에게 다가가 악수를 한다. 그는 고개를 숙인다.

| | |
|---|---|
| 엘리자베스 : | 언제 시작하나요? |

- **un-obliging**
  불친절한, 무뚝뚝한, 협조적이 아닌

- **obliging**
  = very willing to help

- **discretion**
  분별, 신중, 사려
  care in what you say or do, in order to keep something secret or to avoid causing embarrassment or difficulty for somebody

- **Antipodean**
  호주(사람)의, 대척지의

- **unorthodox**
  정통이 아닌, 인습적이지 않은
  different from what is usual or accepted

# Key Expressions

**12 Just take your time.** 마음 편히 하십시오.

'take'에는 '시간을 갖다' 또는 '즐기다'의 의미가 있다. 따라서 Take your time.은 "네 시간을 가져라, 네 페이스대로 해라"의 뜻이 되어 "천천히 해라, 서두르지 마라, 여유 있게 해라"의 뜻이 되며 상황에 따라 "마음 편히 해라, 긴장하지 마라" 등으로 해석할 수도 있다. 뒤에 There's no rush.(서두를 것 없어) I'm in no hurry.(급하지 않아) It can wait.(천천히 해도 돼) 등의 말을 붙여 쓰기도 한다.

- Okay, sure. Take your time then. Let me know once you decide.
  알았어. 그럼 천천히 생각해. 결정하면 알려줘.

**28 Ah, Mrs Johnson, there you are.** 아, 존슨 부인이신가 보군요.

there you are는 상황에 따라 매우 다양하게 쓰이는 구어체 표현이다 "자 어서 드세요(가지세요), 거봐, 내 말대로지, 거봐, 그렇다니까, (진상은) 그런 형편이다(어쩔 수 없다)" 등의 뜻이 있지만 예문에서처럼 "오셨군요, 당신이군요" 등으로 사용되기도 한다.

- Oh, Junho, there you are. You've been ages. What kept you so long?
  아, 준호 너 왔구나.(너구나) 오랜만이네. 왜 안보인 거야?

**30 We need to have your hubby pop by.**

댁의 남편을 데려오셔야 합니다.

물론 have가 사역동사이기 때문에 목적어 뒤에 동사원형인 pop이 쓰였다. I want you to have your hubby pop by. I want your hubby to pop by. 등의 뜻이다. have는 make보다는 강하지 않은 사역을 나타낸다.

- He had them wait in the cab.  그는 그들을 택시 안에서 기다리게 했다.
- Had him come here at five.  그를 5시에 여기 오게 하시오.

### 32  Nor do we ever talk about our private lives.
게다가 우린 사생활은 절대 이야기하지 않습니다.

nor는 접속사로 neither나 not와 상관적으로 쓰여 '~도 또한 ~않다'의 뜻이다. 부정어가 문장 앞에 쓰였으므로 'nor + (조)동사 + 주어'의 어순이 된다. 긍정문 뒤에 또는 문두에서 '그리고 ~ 않다'로 쓰이기도 한다.

· I cannot go, nor do I want to.  나는 갈 수도 없고 또 가고 싶지도 않다.

### 32  What if my husband were the Duke of York?
제 남편이 요크 공작이라면 어떻게 하죠?

what if~?에는 두 가지 뜻이 있다. 즉 '~하면 어떻게 될까?'와 '~한들 상관없지 않은가? ~한다 하더라도 어쨌단 말인가?'로 쓰인다. 전자는 what will(would) happen if~?가 준 표현이고 후자는 what does it matter if~?가 준 표현이다.

· What if they should be in love?
　만일 두 사람이 서로 사랑하는 사이라면 어떻게 하지?
· What if I fail!  내가 실패한들 어때! (괜찮지 않은가?)

### 34  No exceptions.  예외는 없습니다.

이 표현은 There are no exceptions.가 준 말이다. 문맥에 따라 "예외가 아니다"로 해석될 때도 있다.

· No talking is allowed in the hallway, and that means for everybody. No exceptions.
　어떤 대화도 복도에서는 허락되지 않으며 모든 사람에 다 해당된다. 예외는 없다.

## Movie Talk
# 영어의 특징

　영국 왕실을 배경으로 벌어지는 영화이지만 잔잔하게 감동을 주는 작품이므로 당연히 고품격의 영국 영어가 대세를 이룬다. 역사 드라마에 흔히 등장하는 로맨스도 없고 왕을 둘러싼 모략이나 음모, 질투와 액션이 없는 독특한 소재의 작품이라 다른 영국 작품에서는 접하기 힘든 언어 자료가 많아 영어의 폭을 넓힐 수 있는 좋은 기회가 될 수도 있다. 게다가 호주 출신인 언어치료사인 라이널이 끼어들면서 보다 일상적인 평민들의 영어가 뒤섞이기 때문에 딱딱하지도 않다. 따라서 호주식 영어도 나오고 비어도 심심찮게 등장한다. 물론 비어 때문에 이 작품이 비록 R 등급을 받았지만 왕이 언어교정을 하는 과정에서 보여주는 표현이라 그 쓰임은 다양하지도 않고 정도도 지나치지 않다.

　한편 등장 인물들의 말 속도는 빠른 편이어서 듣고 파악하기가 쉽지 않다. 특히 엘리자베스의 말은 따라가기 힘들다. 연음 현상도 지나치다. 1920~30년대의 역사에 바탕을 둔 스토리답게 어휘도 딱딱하고 낯선 편이어서, 현대 미국 영어에 익숙한 사람에게는 그다지 익숙하지 않을 것이다. 영국 왕실이나 영국 정치에 관한 표현들은 낯설기만 하다. 표현은 특이한 점이 없는 편이나 아무래도 영국 영어가 갖는 특징을 나타낸다.

아무래도 연설 장면이 많아서 일상대화를 주축으로 한 영화보다는 격식적이고 딱딱하며 또 대사의 양이 긴 것들도 있어 이해하기가 힘들다. 따라서 영국 문화에 식견이 있다면 많은 도움을 받을 수 있는 작품이다. 오랜만에 정통 영국 영어를 대할 수 있는 좋은 자료의 영화라고 할 수 있겠다.

| 영어 난이도 The Degree of Difficulty | ★★★★☆ |
|---|---|
| 속도(speed) ★★★★☆ 　　 표현(Expression) ★★★☆ 　　 어휘(Vocabulary) ★★★★☆ | |

The crowds look up at Bertie.

I have received… (stammers) …from his Majesty…. t' ek

I want your hubby tohubby to

Chapter 02

# Bertie Meets Lionel
버티가 라이널을 만나다

두 딸에게는 막힘 없이 옛날 이야기를 들려주는 자상한 버티는 아내 엘리자베스의 권유에 못 이겨 마침내 라이널의 누추한 진료실을 찾는다. 하지만 아마츄어 배우를 지망하는 평민 신분의 라이널은 그를 일반 환자 다루듯이 대하면서 그들 사이에는 갈등이 시작된다. 그는 자신의 치료법에 확신을 갖고 있으며 요크 공작과 대등한 신분 관계를 요구하는 것이다.

# Chapter 2 버티가 라이널을 만나다
# Bertie Meets Lionel

**EXT. STREET KENSINGTON - DAY**
A car driven by Lionel's eldest son, Laurie, travels. A painted sign on the wall reads: BOVRIL NOURISHES YOU TO RESIST 'FLU
The car turns a corner, pulls up. Lionel climbs from the rear. Jamie pulls Anthony on the go-cart.

| | |
|---|---|
| ANTHONY : | Take your feet off the ground. |
| LIONEL : | She's still sounding a bit rough, mate. |
| LAURIE : | You make me drive too slowly, Dad. |

Laurie climbs out from the driver's door. They walk to the mansion block doorway.

| | |
|---|---|
| LIONEL : | Did you pick Mum up from bridge? |
| LAURIE : | Yeah, I've hardly been out of the car. |

**INT. LIONEL'S FLAT, DINING ROOM - EVENING**
Lionel is seated at the table clutching his fork and spoon – looks towards.

| | |
|---|---|
| LIONEL : | I had a special visitor this afternoon. |

**외부. 캔싱톤 거리 - 낮**
라이널의 장남인 로리가 모는 자동차가 달린다. 벽 위에 페인트로 칠한 글씨가 보인다: '보브릴을 드시면 독감에 저항력을 길러 줍니다'
자동차는 모퉁이를 돌아 선다. 라이널이 뒷문에서 내린다. 제이미가 손수레에 탄 앤소니를 당긴다.

앤소니 :   바닥에서 발을 들어.
라이널 :   아직도 차에서 소리가 나는구나.
로 리 :   너무 천천히 운전하라고 하시니까 그렇죠, 아버지.

로리는 운전석에서 내린다. 그들은 아파트 블록 현관으로 걸어간다.

라이널 :   카드 게임을 마친 엄마를 마중 나갔었니?
로 리 :   그럼요. 오늘은 종일 운전만 하는 것 같아요.

**내부. 라이널의 아파트, 식당 - 저녁**
라이널이 포크와 스푼을 들고 식탁에 앉아서 앞을 바라본다.

라이널 :   오늘 특별한 고객이 찾아왔어요.

■ **nourish**
기르다, ~에게 자양분을 주다, 조장하다
to keep a person, an animal or a plant alive and healthy with food, etc; to allow a feeling, an idea, etc. to develop or grow stronger

■ **flu**
= influenza an infectious disease like a very bad cold, that causes fever, pains and weakness

■ **go-cart**
접을 수 있는 유모차, 손수레, (유아의) 보행기
a vehicle like a small low car with no roof or doors, used for racing

■ **bridge**
브리지 (카드 놀이의 일종)
a card game for two pairs of players who have to predict how many cards they will win

45

| | |
|---|---|
| ANTHONY : | (O.S.) May I please leave the table? |
| MYRTLE : | (O.S.) How special's special? |

Lionel, Myrtle seated opposite each other. Laurie, Anthony, Valentine seated between them. Valentine's nose buried in a stack of science books.

| | |
|---|---|
| LIONEL : | No, you must stay, bored stupid, listening to your parents' inane conversation. |
| ANTHONY : | Thanks, Dad. |
| LIONEL : | And Mum. |
| ANTHONY : | (stands) And Mum. |

He turns, walks. Laurie stands.

| | |
|---|---|
| LAURIE : | Me too? |
| MYRTLE : | Take your plates. |
| LIONEL : | You meeting Jean? |
| LAURIE : | Er, no. Someone else. |

He lifts the plate from the table as Anthony hurries towards, lifts his plate from the table – they carry them. Lionel leans to Valentine.

| | |
|---|---|
| LIONEL : | Doctor? Doctor? |
| VALENTINE : | Mmm? |
| LIONEL : | Go and help your brother with the washing-up. |
| VALENTINE : | Er, I'm fine. |

He goes back to his book and scientific oblivion.

| | |
|---|---|
| MYRTLE : | Who is it, Lionel? |

Lionel looks at Myrtle.

KING'S SPEECH

앤소니 : (목소리) 저 먼저 일어나도 돼요?
머틀 : (목소리) 특별하다니요?

■ stack
더미, 다량, 서가, 낟가리
a pile of something, usually neatly arranged; a large number or amount of something; a lot of something

라이널, 머틀이 서로 마주보고 앉아 있다. 로리, 앤소니, 발렌타인이 그들 사이에 앉아 있다. 발렌타인의 코는 과학 책 더미에 파묻혀 있다.

■ inane
공허한, 알맹이 없는, 텅 빈
stupid or silly; with no meaning

라이널 : 안 돼, 그대로 있어. 지루하고 공허한 부모들의 대화를 계속 들어야지.
앤소니 : 감사합니다, 아버지.
라이널 : 엄마한테 인사하고.
앤소니 : (일어선다) 감사합니다, 엄마.

■ oblivion
망각, 무의식, 잊혀진 상태
a state in which you are not aware of what is happening around you, usually because you are unconscious or asleep

그는 돌아서 걸어간다. 로리가 일어선다.

로리 : 저도 가도 되죠?
머틀 : 네 접시 가져가.
라이널 : 진 만나러 가니?
로리 : 아뇨. 다른 애요.

그는 식탁에서 접시를 드는데 앤소니가 급히 다가와 식탁에서 접시를 든다. 그들은 접시를 나른다. 라이널이 발렌타인에게 몸을 기울인다.

라이널 : 박사님? 박사님?
발렌타인 : 음?
라이널 : 가서 동생 그릇 씻는 것 좀 도우지?
발렌타인 : 괜찮아요.

How special's special?

How special is special?에서 뒤의 special은 명사로 '특별한 사람, 특별한 일, 임시의 사람(것)'(something that is not usually available but is provided for a particular purpose or on one occasion) 등의 뜻이다. 따라서 TV 프로(선거일 날 밤 스페셜= an election-night special)에서나 식당에서 스페셜(오늘의 스페셜=daily specials)을 생각하면 된다.

그는 책으로 돌아가 과학적 망각에 빠진다.

머틀 : 어떤 사람인데요, 라이널?

라이널이 머틀을 바라본다.

## How special's special?
특별하다니 어떻게요?

**MYRTLE :** Why bring it up if you can't talk about it?

She lifts her teacup. Lionel gestures with cutlery.

**LIONEL :** Myrtle, it's just a woman looking to help her husband. (trying to make light of it) Oh, and I had a call... for an audition.

Myrtle nods, smiles.

**LIONEL :** One of my favourites.
**VALENTINE :** Aren't they all?
**LIONEL :** Could be a lot of fun.
**MYRTLE :** I'm sure you'll be splendid.
**LIONEL :** In the amateur scene, they're a highly regarded group. (eats) From Putney.

**INT. CORRIDOR, YORK HOUSE, 145 PICCADILLY - EVENING**
Bertie walks to the children's nursery.

**INT. YORK HOUSE, LANDING - EVENING**
Along cluttered landing Bertie walks to the children's nursery.

**ELIZABETH :** (O.S.) That's all, girls. Tomorrow, chapter four, 'The Flight'.
**MARGARET ROSE :** (O.S.) Oh, Mama, I long to know where they fly to.

Bertie stops by the doorway. Elizabeth is curled on a bearskin rug reading to a little girl - LILIBET, 10 and her younger sister – MARGARET ROSE, 5. Corgis seated on the floor by her.

**LILIBET :** I can't wait.
**BERTIE :** Oh, to fly away.

| 머 틀 : | 말 안 해줄 거면 얘길 꺼내지 말든가. |

그녀는 찻잔을 든다. 라이널은 포크를 들고 몸짓을 한다.

| 라이널 : | 머틀, 그냥 남편을 도우려는 어떤 부인이 왔었다는 얘기였소. (경시하려고 애를 쓰며) 아 참! 나 전화 받았소… 오디션 보러 오라고. |

머틀은 고개를 끄덕이고 미소를 짓는다.

| 라이널 : | 내가 정말 좋아하는 작품이지. |
| 발렌타인 : | 전부 좋아하시잖아요? |
| 라이널 : | 진짜 재미있을 것 같아. |
| 머 틀 : | 분명 잘 하실 거에요. |
| 라이널 : | 아마츄어 계에서는 굉장히 호평 받는 극단이에요. (먹는다) 퍼트니 지역에서는. |

**내부. 복도, 요크 가, 145 피카딜리 – 저녁**
버티가 육아실로 걸어간다.

**내부. 요크 가, 층계참 – 저녁**
어질러진 층계참을 따라 버티가 육아실로 걸어간다.

| 엘리자베스 : | (목소리) 오늘은 여기까지 읽자. 4장, '날기'는 내일 읽어줄게. |
| 마가렛 로즈 : | (목소리) 엄마, 어디로 날아갈 지 궁금해요. |

버티는 문간에 서 있다. 엘리자베스는 10살의 어린 딸 릴리벳과 5살의 막내딸 마가렛로즈에게 책을 읽어주면서 곰가죽 깔개위에 움크리고 앉아 있다. 그녀 옆에 바닥에는 개가 앉아 있다.

| 릴리벳 : | 너무 궁금해요. |
| 버 티 : | 음… 멀리 날아가겠지. |

- **cutlery**
(식탁용) 날붙이 (나이프, 포크, 스푼 등)
knives, forks and spoons, used for eating and serving food

- **audition**
(예능 지원자 등에 대한) 오디션, 시청
a short performance given by an actor, a singer, etc., so that somebody can decide whether they are suitable to act in a play, sing in a concert, etc

- **nursery**
육아실, 탁아소
a room in a house where young children can play

- **clutter**
(장소를) 어지르다, (마음을) 혼란스럽게 하다
to fill a place with too many things, so that it is untidy

- **curl**
둥글게 감다, 다리를 접어 포개다
to form or make something form into a curved shape

- **rug**
깔개, 까는 모피, 융단
a piece of thick material like a small carpet that is used for covering or decorating part of a floor

**Why bring it up if you can't talk about it?**

Why do you bring it up if you can't talk about it?에서 do you가 생략된 문장이다. bring up은 "(문제 등을) 꺼내다, (논거 등을) 내놓다"(to mention a subject or start to talk about it)의 뜻이다.
· Let's not bring up the past.
 지나간 얘긴 꺼내지 말자.

# Why bring it up if you can't talk about it?
말하고 싶지 않은데 왜 얘길 꺼내?

They look up at Bertie.

**INT. YORK HOUSE, CHILDREN'S NURSERY - EVENING**
Bertie, handsome in a tuxedo, comments.

**BERTIE :** Weren't they lucky?

Within his family Bertie's stammer is virtually absent.

**MARGARET ROSE :** Now Papa tell a story.

Bertie moves to step towards.

**BERTIE :** Can't I be a penguin instead?

Bertie drops his knees and waddles. Margaret Rose and Lilibet chuckle.

**MARGARET ROSE :** Well... no, I want a penguin story.

A maid sorts laundry in a room. Elizabeth and Bertie glance at each other.

**BERTIE :** Very quickly.

He stands, steps back – sits on to a stool. He clears his throat. The girls listen raptly, ignoring their father's minor impediment.

**BERTIE :** Once there were... (hesitates) two princesses, Princess Elizabeth and Princess Margaret... Whose papa was a penguin. This was because he'd been turned into one by a wicked witch. This was very inconvenient for him because he loved... to hold his princesses in his arms. But you can't if you're a penguin because you... you have wings like herrings.

그들은 버티를 쳐다본다.

**내부. 요크 가, 육아실 – 저녁**
턱시도를 차려 입은 잘 생긴 버티가 해설을 한다.

버 티 :　　운이 좋지 않았니?

가정 내에서는 버티의 말더듬 증세가 실제로 사라졌다.

마가렛 로즈 :　아빠가 얘기해 주세요.

버티는 앞으로 다가선다.

버 티 :　　음, 그 대신 펭귄 흉내만 내면 안될까?

버티는 무릎을 꿇고 어기적거리며 걷는다. 마가렛 로즈와 릴리벳이 웃는다.

마가렛 로즈 :　아뇨, 펭귄 이야기를 해주세요.

하녀가 방에서 세탁물을 선별한다. 엘리자베스와 버티는 서로 쳐다본다.

버 티 :　　그럼 굉장히 짧은 이야기를 해줄게.

그는 일어서 뒤로 물러가 의자에 앉는다. 헛기침을 한다.
딸들은 아빠의 사소한 언어장애를 무시한 채 넋을 빼앗긴 채 듣는다.

버 티 :　　옛… 옛날 옛적에 (주저한다) 두… 두 공주가 살고 있었어. 그… 그런데 엘리자베스 공주랑 마… 마가렛 공주의 아버지는 펭귄이었어. 못된 마녀의 마법 때문에 그렇게 변했던 거야. 펭귄이 되어버린 아빠는 마음이 아팠어. 왜냐면 아빠는 두 팔로 공주를 아… 안고 싶은데도 그럴 수 없었거든. 나… 나… 날개가 청어처럼 짧기 때문에

- **virtually**
  사실상, 실질적으로는, 거의
  almost or very nearly, so that any slight difference is not important

- **waddle**
  (오리나 다리가 짧은 뚱보 등이) 어기적(뒤뚱)거리며 걷다
  to walk with short steps, swinging from side to side, like a duck

- **sort**
  추려내다 가려내다, 분류하다
  to arrange things in groups or in a particular order according to their type, etc.; to separate things of one type from others

- **raptly**
  마음(넋)을 빼앗긴 채, 황홀해서

- **impediment**
  언어 장애, 신체 장애, 장애
  a physical problem that makes it difficult to speak normally

- **herring**
  (집합적) 청어
  a North Atlantic fish that swims in very large groups and is used for food

**Bertie, handsome in a tuxedo, comments.**

Bertie, who is handsome in a tuxedo, comments.와 같은 표현으로 전치사 in은 착용을 나타내어 '~을 입고, 끼고, 신고, 착용하여' 등의 뜻을 나타낸다. a woman in black(검은 옷을 입은 여인), a man in spectacles(안경을 쓴 남자), an old man in a red tie(빨간 넥타이를 맨 노인) 등으로 표현된다.

## Bertie, handsome in a tuxedo, comments.
턱시도를 입은 멋진 버티가 말을 한다.

**MARGARET ROSE :** Herrings don't have wings.

Elizabeth looks down at Margaret Rose.

**BERTIE :** Penguins have wings which are ...are shaped like herrings.

Margaret Rose looks at Bertie.

**BERTIE :** And what made matters worse is that she... she sent him to the South Pole, which is an, an awfully long walk back if you... if you... can't fly.

Bertie smiles. Elizabeth chuckles.

**BERTIE :** So when he reached the water he... he dived in, through the depths... so fast that he was in Southampton Waters by lunchtime.

Margaret Rose chuckles

**BERTIE :** And from there he took the two-thirty to Weybridge...

Elizabeth toys with her earring, looks at Bertie.

**BERTIE :** ...changed at Clapham Junction, asked a p... a p... a passing mallard the way to Buckingham Palace...

Margaret Rose and Lilibet chuckle.

마가렛 로즈 : 청어는 날개가 없잖아요.

엘리자베스는 마가렛 로즈를 내려다 본다.

버 티 : 펭귄의 날개가 처… 청어의 지느러미처럼 생겼지.

마가렛 로즈는 버티를 바라본다.

버 티 : 더 안타까운 사실은 마녀가 펭귄 아빠를 남극으로 보내버렸던 거야. 돌아오기 위해서 엄청 걸어야 했어. 페… 펭귄은 날지를 못하니까.

버티가 미소 짓는다. 엘리자베스는 싱글싱글 웃는다.

버 티 : 그러다가 해변에 도착한 펭귄 아빠는 물 속으로 엄청 깊이 들어가서 빠르게 헤엄쳤어. 점심 때쯤에는 사우스햄튼에 도착했지.

마가렛 로즈가 킬킬 웃는다.

버 티 : 거기서 웨이브리지행 2시30분 기차를 타고…

엘리자베스가 귀걸이를 만지작거리며 버티를 본다.

버 티 : 클래펌 정션에서 환승한 후에 지… 지나가는 청둥오리한테 버킹엄 궁정 가는 길을 물어어….

마가렛 로즈와 릴리벳이 킬킬 웃는다.

- **shape**
  형성하다, ~의 형체로 만들다, 모양 짓다
  to make something into a particular shape

- **water**
  영해, 근해, 바다, (바다, 강, 연못, 호수 등의) 해수, 하수, 유수
  an area of sea or ocean belonging to a particular country

- **junction**
  환승역, 연락역, 교차점
  the place where two or more roads or railway/railroad lines meet

- **mallard**
  (집합적) 청둥오리
  a common wild duck

What made matters worse is that she...

이 문장은 To make matters worse, she..., What was worse is that s..., Worse than all, she...(설상가상으로, 공교롭게도)로 표현할 수도 있다. 물론 what은 명사절(주절)을 이끄는 관계대명사이고 that이하는 동사 is의 보어절로 명사절이다. that은 생략할 수가 있다.

## What made matters worse is that she...
설상가상으로 그녀가…

BERTIE: ...swam up The Thames out through the plughole and gave... the cook, Mama and Mrs Whittaker quite a shock.

He turns, looks at Elizabeth. She raises her eyebrows.

BERTIE: Now when the girls heard all the commotion... they ran to the kitchen where they gave him a ...a good scrub, a mackerel and a kiss. And as they kissed him... guess what he turned into?
MARGARET ROSE/LILIBET: A handsome prince.
BERTIE: A short-tailed albatross.
MARGARET ROSE/LILIBET: (disappointed) Oh.
BERTIE: With wings so big...

Bertie holds out his arms, kneels.

BERTIE: ...that he could wrap them both around his two girls together.

He leans, embraces them, kisses them. Elizabeth glances at her watch.

ELIZABETH: Now, girls. Time for bed. Come on. (stands)
BERTIE: And take those horses to the stable.
ELIZABETH: Quickly now. You have exactly a minute.

Margaret Rose and Lilibet stand.

LILIBET: Goodnight.
ELIZABETH: (mumbles) Bed, bed.
BERTIE: (stands) Feed them, brush them and to bed.

| 버 티 : | …그리고 다시 템즈 강을 헤엄치고 하수구를 통과해서 요… 요리사를 찾아갔어. 엄마와 위태커 씨는 깜짝 놀랐지. |
|---|---|

그는 몸을 돌려 엘리자베스를 바라본다. 그녀는 눈썹을 치켜 올린다.

| 버 티 : | 그 소동 모두를 들은 공주들은 부엌으로 달려가서 펭귄 아빠를 깨… 깨끗하게 씻겨주고 먹을 생선도 주고 키스도 해줬어. 그런데 키… 키스를 하는 순간 무엇으로 변했을까? |
|---|---|
| 마가렛 로즈/릴리벳 : | 잘 생긴 왕자님이요! |
| 버 티 : | 꼬리가 짧은 알바트로스로 변해버렸어. |
| 마가렛 로즈/릴리벳 : | (실망해서) 저런… |
| 버 티 : | 그치만 날개가 엄청 컸기 때문에… |

버티는 두 팔을 내밀며, 무릎을 꿇는다.

| 버 티 : | 두 팔을 벌려 한꺼번에 두 딸을 안아줄 수 있었단다. |
|---|---|

그는 몸을 기울여 딸들을 안고 키스를 한다. 엘리자베스가 자기 시계를 바라본다.

| 엘리자베스 : | 자, 애들아, 그만 자야지. 어서. (일어선다) |
|---|---|
| 버 티 : | 저 말들은 마굿간에 치워지지. |
| 엘리자베스 : | 얼른 정리하자. 딱 1분이다. |

마가렛 로즈와 릴리벳이 일어선다.

| 릴리벳 : | 안녕히 주무세요. |
|---|---|
| 엘리자베스 : | (옹얼거린다) 어서, 어서. |
| 버 티 : | (일어선다) 먹이도 주고 솔질도 하고 자라. |

- **plughole**
(욕조, 싱크대 등의) 마개 구멍
a hole in a bath, sink, etc. where the water flows away and into which a plug fits

- **commotion**
소동, 소요, 동요, 폭동
sudden noisy confusion or excitement

- **scrub**
세척, 북북 문질러 닦기
cleaning something by rubbing it hard, perhaps with a brush and usually with soap and water

- **mackerel**
고등어
a sea fish with greenish-blue bands on its body, that is used for food

- **albatross**
(조류) 신천옹
a very large white seabird with long wings that lives in the Pacific and Southern Oceans

Time for bed.
이 표현은 Time to bed.와 같으며, It's time for bed. It's time to bed.가 준 표현이다. It's time that you were going to bed.로도 쓸 수 있는데, 이처럼 뒤에 that 절이 올 때에는 가정법 과거 시제를 택하는 것이 특징이다. Now is the time to go to bed.라고도 말할 수 있다.

# Time for bed.
잘 시간이다.

Margaret Rose and Lilibet move to lift the toy horses.

### INT. YORK HOUSE, STAIRCASE - EVENING

They leave for the night. Along the banister and past a butler Elizabeth walks through the doorway towards followed by Bertie.

| | |
|---|---|
| ELIZABETH : | Will Mrs Simpson be there? |
| BERTIE : | My brother's insisting. |
| ELIZABETH : | Is he serious? |
| BERTIE : | About her coming to dinner? |
| ELIZABETH : | No. About her! |

He pulls on his glove.

| | |
|---|---|
| BERTIE : | A married woman? He can't be. |
| ELIZABETH : | She can. By the way, I think I've found someone rather interesting. On Harley Street. Doctor. |
| BERTIE : | Out of the question. I'm not having this conversation again. Matter... matter's settled. |
| ELIZABETH : | Mmm. His approach seems rather different... |

They reach the foot of the stairs to reveal staff waiting.

### INT. HALL/STAGE - DAY

In a church or school hall, Director and two assistants are seated at the desk. Hushed chatter. Lionel gestures.

| | |
|---|---|
| LIONEL : | Now? |

Director and assistants turn and look towards.

| | |
|---|---|
| DIRECTOR : | Now! |

마가렛 로즈와 릴리벳은 움직여 장난감 말을 집어든다.

**내부. 요크 가, 층계 – 저녁**
그들은 자러 간다. 난간을 따라 집사를 지나 엘리자베스는 문간을 통해 걸어가고 버티가 뒤를 따른다.

| | |
|---|---|
| 엘리자베스: | 심슨 부인도 거기 와요? |
| 버 티: | 형이 고집을 부리니까… |
| 엘리자베스: | 진심인 거에요? |
| 버 티: | 그녀를 저녁 식사에 초대한 거 말이오? |
| 엘리자베스: | 아니… 그 부인과 진짜 사귀고 있는 거냐구요! |

그는 장갑을 낀다.

| | |
|---|---|
| 버 티: | 결혼한 여자인데? 형이 하고 싶어도 안 되지. |
| 엘리자베스: | 그 여자는 그럴 수 있을 거 같은 데요. 그건 그렇고. 꽤 괜찮은 사람을 찾은 거 같아요. 할리가에 사는 박사인데… |
| 버 티: | 됐소. 다신 그 얘긴 하지 말아요. 이미 끄… 끝난 얘기잖소. |
| 엘리자베스: | 음. 문제에 대한 그 사람의 접근방식이 좀 신선하던데… |

그들이 층계참 최하부에 도착하자 직원들이 기다리고 있다.

**내부. 홀/무대 – 낮**
교회나 학교의 홀 안. 감독과 두 사람의 보좌인들이 책상 앞에 앉아 있다. 소리를 죽인 잡담 소리. 라이널이 몸짓을 한다.

| | |
|---|---|
| 라이널: | 지금 시작할까요? |

감독과 보좌인들이 몸을 돌리며 쳐다본다.

| | |
|---|---|
| 감 독: | 시작하세요! |

■ **banister**
난간동자, 계단의 난간
the posts and rail at the side of a staircase

■ **pull on**
(장갑을) 끼다, (옷을) 급히 입다, (양말을) 신다
to put on easily, (esp. clothes, gloves without buttons, zippers, or other fasteners)

■ **out of the question**
문제가 안 되는, 전연 불가능한
impossible or not allowed and therefore not worth discussing

■ **staff**
직원, 부(국)직원, 참모, 간부
all the workers employed in an organization considered as a group

**About her coming to dinner?**
정식 문장은 Is he serious about her coming to dinner?이다. 이처럼 동명사의 의미상 주어는 동명사 앞에 소유격을 쓰는 것이 보통이다. serious about는 '~에 대해 진담인, 농담이 아닌, 진심인'의 뜻이므로 "그녀가 저녁 식사에 초대되는 것에 대해 그는 진담인 거냐?"의 의미가 된다.

### About her coming to dinner?
그녀가 저녁 식사에 오는 거에 대해서 말이오?

2. Bertie Meets Lionel

Lionel assumes pose, steps across the stage.

**LIONEL :** "Now…" (begins again) "Now is the winter of our discontent
Made glorious summer by this sun of York."

His elocution is flawless. The acting is unconvincing.

**LIONEL :** And all the clouds that lour'd upon our house/ In the deep bosom of the ocean buried./ Now are our brows bound with (mumbles) victorious wreaths…

Director looks up, raises his hand.

**DIRECTOR :** (interrupts) Thank you.

Lionel peers into the darkness, his eyes hoping.

**DIRECTOR :** Lovely diction, Mr…
**LIONEL :** Er… Logue. Lionel Logue.
**DIRECTOR :** Well, Mr. Logue. I'm not hearing the cries of a deformed creature yearning to be King.

Lionel nods.

**DIRECTOR :** Nor did I realize Richard the Third was King of the Colonies.
**LIONEL :** (smiles politely) I do know all the lines. I've played the role before.
**DIRECTOR :** (O.S.) Sydney?
**LIONEL :** Perth.

라이널은 자세를 취하며 무대로 걸어 나온다.

라이널 : "이제야…" (다시 시작한다) 이제야 우리를 짓누르던 불만의 겨울이 가고 태양도 요크 가문의 편이 되어 영광스러운 여름이 찾아왔구나."

그의 발성법은 흠이 없다. 연기는 설득력이 없다.

라이널 : 우리 가문을 내리 덮던 먹구름도 모두 저 광활한 바닷 속 깊이 묻혀버렸다. 이 마에는 (응얼거린다) 승리의 휘장인 월..월 계관이 찬란하고…

감독이 쳐다보며 손을 든다.

감 독 : (가로막는다) 감사합니다!

라이널은 어둠 속을 엿본다. 눈은 희망을 바란다.

감 독 : 어투가 멋지네요, 성함이?
라이널 : 저… 로그입니다. 라이널 로그요.
감 독 : 네, 로그씨. 그런데 왕위에 대한 야망으로 사로잡힌 꼽추의 처절한 감정이 느껴지질 않네요.

라이널은 고개를 끄덕인다.

감 독 : 리처드 3세다운 왕의 면모도 안 보이구요.
라이널 : (공손하게 웃는다) 대사에 대해선 잘 알고 있습니다. 예전에 이 역을 맡은 적이 있어요.
감 독 : (목소리) 시드니에서요?
라이널 : 퍼스에서요.

- **assume**
  가장하다, ~체하다, 꾸미다
  to think or accept that something is true but without having proof of it

- **elocution**
  연설법, 웅변술, 발성법
  the ability to speak clearly and correctly, especially in public and pronouncing the words in a way that is considered to be socially acceptable

- **lour'd**
  내리누르다, 낮추다, 꺾다
  = lowered

- **wreath**
  화관, 화환
  a circle of flowers or leaves worn on the head, and used in the past as a sign of honour

- **deformed**

---

**I do know all the lines.**

동사를 강조할 때에는 do 동사를 사용한다. 물론 이 경우 do, does, did 는 강조해서 똑똑히 발음을 해야 한다. lines는 보통 복수로 써서 '대사'의 뜻이다.
- I do think it's a pity. 정말 딱하게 생각한다.
- Do be quiet! 조용히 하라니까!

---

## I do know all the lines.
그 대사를 잘 알아요.

02. Bertie Meets Lionel

| | |
|---|---|
| **DIRECTOR :** | Major theater town, is it? |
| **LIONEL :** | Enthusiastic |
| **DIRECTOR :** | (O.S.) Ah. |
| **LIONEL :** | I was well reviewed |
| **DIRECTOR :** | (nods) Yes... well... Lionel, I think our dramatic society is looking for someone slightly younger and a... (gestures) little more regal |

**INT. APARTMENT BUILDING, LIFT -DAY**

Elizabeth slides open the lift door to reveal Bertie behind. She steps towards into the lift.

| | |
|---|---|
| **ELIZABETH :** | (mumbles) There you are. |
| **BERTIE :** | (mumbles) Thank you. |

Ground floor entrance, 146 HARLEY STREET. Bertie tries to shut the inner lift door.

| | |
|---|---|
| **ELIZABETH :** | (indicating outer gate) No, you have to... |

He pulls it open.

**INT. APARTMENT BUILDING, GROUND FLOOR ENTRANCE - DAY**

Bertie slides open the inner lift door.

| | |
|---|---|
| **ELIZABETH :** | (mumbles) Push at that one, darling. Close that one first. That's it. |

Bertie slides the lift door closed. The lift descends.

| | |
|---|---|
| **BERTIE :** | Where did you find this – physician? |
| **ELIZABETH :** | (poker-faced) Classified. Next to a "French model in Shepherd's Market". |

감 독 : 그곳에서는 꽤 큰 극단이었나 보군요.
라이널 : 열정적인 극단이었죠.
감 독 : (목소리) 그래요.
라이널 : 연기에 대한 평도 좋았어요.
감 독 : (고개를 끄덕인다) 그렇군요… 라이널씨. 우리 극단이 찾는 인물은 약간 더 젊고… (몸짓을 한다) 좀더 왕의 품위가 느껴지는 배우입니다.

**내부. 아파트 건물, 엘리베이터 - 낮**
엘리자베스가 엘리베이터 문을 옆으로 밀어 열자 버티가 뒤에 나타난다. 그녀는 엘리베이터 안으로 들어선다.

엘리자베스 : (웅얼거린다) 자요.
버 티 : (웅얼거린다) 고마워요.

1층 입구, 146 할리 가. 버티는 안쪽 문을 닫으려고 한다.

엘리자베스 : (바깥 쪽 문을 가리키며) 아뇨, 이렇게 해야만…

그는 그것을 당겨 연다.

**내부. 아파트 건물, 1층 입구 - 낮**
버티는 엘리베이터의 안쪽 문을 옆으로 밀어 연다.

엘리자베스 : (중얼거린다) 저걸 밀어요, 여보. 저걸 먼저 닫아요. 그렇죠.

버티는 문을 밀어 닫는다. 엘리베이터는 내려간다.

버 티 : 여길 어떻게 찾았소… 이… 이 선생을?
엘리자베스 : (무표정하게) 기밀사항이에요. 쉐퍼드 시장 골목에 있는 프랑스식 가게 옆집에서요.

■ **enthusiastic**
열렬한, 열광적인, 열중한
feeling or showing a lot of excitement and interest about somebody/something

■ **review**
(책, 영화, 연극 등을) 비평하다, 논평하다
to write a report of a book, play, film/movie, etc. in which you give your opinion of it

■ **regal**
제왕다운, 왕 같은, 당당한
typical of a king or queen, and therefore impressive

■ **poker-faced**
무표정한
with an expression on your face that does not show what you are thinking or feeling

Classified.
It is classified.가 준 표현이다. classify 는 '(군사 정보, 문서 따위를) 기밀 등급에 따라서 나누다, 기밀 취급하다'의 뜻으로 classified는 '기밀 취급의'란 형용사지만 보통 "기밀사항이야"라고 할 때에는 Classified, 한 단어로 표현할 때가 많다. classified ad의 의미로도 쓰이는데 이는 '안내 광고, 3행 광고(구직, 구인 등 항목별로 분류된 광고)'를 말한다.

### Classified.
기밀사항이다.

Bertie tries to smile despite his mood, but doesn't make a job of it.
The lift stops.

**ELIZABETH :** No, he comes highly recommended. Charges substantial fees to help the poor.

He pulls open the inner door.

**ELIZABETH :** Oh, dear. (whispers) Perhaps he's a Bolshevik.

He glances at her, slides open the outer door.

**INT. APARTMENT BUILDING, LIONEL'S WAITING ROOM - DAY**
Elizabeth walks through the doorway, followed by Bertie. She explains in a whisper.

**ELIZABETH :** Ah, there's no receptionist. Likes to keep things simple.

She glances nervously at the lavatory door.

**ELIZABETH :** (calls) Er... the Johnsons.

The consultation room door slowly opens and a young boy - Willie - comes out.

**WILLIE :** You can go in now, "Mr. Johnson". (then to Elizabeth) Lionel says... wait here if you wish, Mrs Johnson.

Elizabeth looks down at Willie.

**WILLIE :** Or, it being a... (hesitates) p-pleasant day...

Bertie looks down at Willie.

버티는 억지로 웃으려 하지만 요령 있게 잘 해내지를 못한다. 엘리베이터가 멈춘다.

**엘리자베스:** 칭찬이 자자하더군요. 교습비 비싸게 물리고 그 돈으로 불우이웃도 돕는 데요.

그는 안쪽 문을 당겨 연다.

**엘리자베스:** 어머나… (속삭인다) 아마 공산당원인가 봐요.

그는 그녀를 보면서 바깥 문을 밀어 연다.

**내부. 아파트 건물, 라이널의 대기실 - 낮**
엘리자베스는 출입구를 통해 들어가고 버티가 뒤를 따른다. 그녀는 속삭이며 설명한다.

**엘리자베스:** 안내 직원도 없어요. 간소한 걸 좋아한대요.

엘리자베스는 화장실 문을 초조하게 바라본다.

**엘리자베스:** (부른다) 아… 저희 왔습니다.

진찰실 문이 천천히 열리고 어린 소년인 윌리가 나온다.

**윌리:** 들어가시면 됩니다, 존슨씨. (그리고는 엘리자베스에게) 박사님께서 존슨 부인께서는 이곳에서 기다리시면 된다고 하셨습니다.

엘리자베스는 윌리를 내려다본다.

**윌리:** 아니시면… 나… 나… 날씨… (머뭇거린다) 날씨가 좋으니까…

버티가 윌리를 내려다본다.

■ **make a job**
일을 요령 있게 잘 해내다

■ **substantial**
상당한 양의, 많은
large in amount or value; important

■ **lavatory**
화장실, 변소, 세면장
a toilet, or a room with a toilet in it

■ **consultation**
진찰, 상담
a meeting with an expert, especially a doctor, to get advice or treatment

> **Charges substantial fees to help the poor.**
> He charges substantial fees to help the poor.의 뜻이다. the poor는 poor people을 의미한다. 즉 'the + 형용사'는 복수명사나 추상명사와 같다. the rich = rich people, the true = truth, the beautiful = beauty. charge는 '(대가, 요금을) 청구하다, 부담시키다, 값을 매기다'의 뜻이다.

## Charges substantial fees to help the poor.
가난한 자를 돕기 위해 많은 돈을 청구하죠.

02. Bertie Meets Lionel

WILLIE : …p-perhaps take a stroll. (turns to the consultation room)

**INT. LIONEL'S CONSULTATION ROOM - DAY**
Lionel looks in wall mirror and tidies his hair.

WILLIE : (O.S.) Was that all, all right, Lionel?

He turns and walks to the doorway.

**INT. LIONEL'S WAITING ROOM - DAY**
Lionel appears at the door.

LIONEL : Marvellous! Willy. You can stay and wait for your mum. Mrs Johnson…

Elizabeth touches Bertie's arm.

LIONEL : Mr. Johnson, do come in.

The Yorks look at each other. Bertie walks in. Lionel bows as Bertie enters, and steps aside. Lionel nods at "Mrs Johnson" and closes the door. Elizabeth takes a seat beside Willie.

ELIZABETH : Would you like a sweetie?

**INT. LIONEL'S CONSULTATION ROOM - DAY**
A different universe from the Spartan waiting area. Two slightly shabby, but comfortable armchairs. Well-worn Turkish rug. Hotplate and two chipped mugs. Recording apparatus. Model aeroplanes.

LIONEL : He's a good lad, Wilie. He could hardly make a sound, you know, when he first came to me.

Lionel gestures for Bertie to sit. Bertie slowly steps towards and looks at a hanging model aeroplane.

월리: 사… 산책하고 오셔도 되구요. (진찰실을 향해 돌아선다)

**내부. 라이널의 상담실 - 낮**
라이널이 벽 거울을 바라보며 머리를 단정히 한다.

월리: (목소리) 제… 제가 제대로 했나요, 박사님?

그는 몸을 돌려 문간으로 간다.

**내부. 라이널의 대기실 - 낮**
라이널이 문에 나타난다.

라이널: 잘 했어, 월리! 이제 엄마 오실 때까지 기다려라. 어서 오세요, 존슨 부인.

엘리자베스는 버티의 팔에 손을 댄다.

라이널: 존슨씨는… 들어오시지요.

요크 공작 내외는 서로 바라본다. 버티는 걸어 들어간다. 라이널은 버티가 들어올 때 고개 숙여 인사를 하고 옆으로 비켜 선다. 라이널은 존슨 부인에게 고개를 끄덕이고 문을 닫는다. 엘리자베스는 월리 옆에 앉는다.

엘리자베스: 사탕 좋아하니?

**내부. 라이널의 상담실 - 낮**
간소한 대기실과는 다른 세상이다. 약간 초라하지만 안락의자 두 개. 잘 닳은 터키 깔개. 요리용 철판과 얇은 머그잔 두 개. 녹음장치. 모형 비행기들.

라이널: 월리는 착한 아이죠. 예상하셨겠지만, 저한테 처음 왔을 때는 아예 소리 자체를 못 내는 아이였습니다.

라이널은 버티에게 앉으라고 손짓을 한다. 버티는 천천히 나서며 걸려 있는 모형 비행기를 바라본다.

■ **tidy**
(복장 등을) 정리하다, 바로하다, 정돈하다
to make something look neat by putting things in the place where they belong

■ **Spartan**
엄격하고 간소한, 용맹한
simple or harsh; lacking anything that makes life easier or more pleasant

■ **shabby**
초라한, 낡아빠진, 허름한
in poor condition because they have been used a lot; badly dressed in clothes that have been worn a lot

■ **hotplate**
요리용 철판, 전열기, 음식 보온기

■ **chip**
잘게 썰다, 자르다, 깎다, 깎아서 ~만들다
to cut or break small pieces off something with a tool

■ **apparatus**
(한 벌의) 기구, 장치, 기계

> **Would you like a sweetie?**
>
> Would you like to have a sweetie? 와 같은 표현으로, Would you like ~는 정중한 의뢰나 권유를 나타낸다. 보통 뒤에 to 부정사를 생략할 때가 많다. Would you like another cup of coffee? = Would you like to have another cup of coffee?(커피 한잔 더 드시겠어요?) sweetie는 sweet meat(사탕과자)를 말한다.

**Would you like a sweetie?**
사탕 먹을래?

02. Bertie Meets Lionel

LIONEL :   My boys make those. They're good, aren't they?

They glance at each other and smile. Lionel gestures.

LIONEL :   Please. M--make yourself comfortable.

Bertie glances around, steps to a sofa, places his hat on it, and sits uneasily on an armchair. Lionel lifts a chair and sets it down in front of Bertie. Then he moves the chair back and sits opposite him.

LIONEL :   I was told not to sit too close.

Bertie remains silent.

LIONEL :   Well, I believe when speaking with a prince, one waits for the prince to choose the topic.

BERTIE :   (hesitates) W... waiting for me to... commence a conversation, one can wa... wait rather a long wait.

Lionel smiles and nods.

LIONEL :   (smiles, mumbles) Ah, yes. Well...

Although Bertie's stammer in the consultation room will fade, it is a gradual process.
Silence.

LIONEL :   Do you know any jokes?
BERTIE :   Er... (hesitates)... timing isn't my strong suit.

Lionel chuckles.
Silence. They stare at each other.

| 라이넬: | 제 아이들이 만든 겁니다. 잘 만들었죠? |

그들은 서로를 바라보고 웃는다. 라이넬이 몸짓을 한다.

| 라이넬: | 편히 앉으세요. |

버티가 주위를 바라보며 소파로 걸어가 모자를 놓고는 불안하게 안락의자에 앉는다. 라이넬은 의자 하나를 들고 버티 앞에다 놓는다. 그리고는 의자를 뒤로 옮겨 그의 맞은 편에 앉는다.

| 라이넬: | 너무 가깝게 앉으면 안 된다고 알려주더군요. |

버티는 말없이 앉아 있다.

| 라이넬: | 왕자님이랑 대화할 때는 화제를 정하실 때까지 제가 기다려야 한다고 알고 있습니다. |
| 버 티: | (머뭇거린다) 내… 내가 이야기할 때까지 기… 기다리면 시간이 너무 많이 지체돼요. |

라이넬이 웃으며 고개를 끄덕인다.

| 라이넬: | (미소짓는다. 중얼거린다) 아, 네. 저… |

상담실에서 버티의 말더듬이 사라지겠지만, 그것은 점진적인 진행이다.
침묵.

| 라이넬: | 농담하는 건 좋아하시나요? |
| 버 티: | 더… (머뭇거린다)… 더..더듬으니까 농담할 타이밍을 놓치곤 하지. |

라이넬이 싱글싱글 웃는다.
침묵. 그들은 서로를 바라본다.

■ **commence**
시작하다, 개시하다, 착수하다
to begin to happen; to begin something

■ **stammer**
말더듬음, 응얼거림
a problem that somebody has in speaking in which they repeat sounds or words or often pause before saying things correctly

■ **fade**
사라지다, 약해지다, 시들다
to disappear gradually; to become or to make something become paler or less bright

> One can wait rather a long wait.
> One can wait for rather a long time. One can wait rather long. One can give oneself rather a long wait. One can have rather a long wait. 등의 뜻인데 wait a wait은 동족목적어를 취한 형태로 dream a dream, live a life, die a death, smile a smile 등이 그것이다. She bowed her thanks. (그녀는 고맙다고 인사했다)에서처럼 동사의 명사형이 쓰이지 않는 경우도 있다.

**One can wait rather a long wait.**
꽤 오래 기다리게 되죠.

02. Bertie Meets Lionel

| | |
|---|---|
| LIONEL: | Cup of tea? |
| BERTIE: | No. No, thank you. |
| LIONEL: | I think I'll have one. |

He walks to the fireplace and turns on the hotplate.
Bertie glances around. Lionel hums.

| | |
|---|---|
| BERTIE: | Aren't you going to start treating me, Dr Logue? |

Lionel tilts up as he walks towards.

| | |
|---|---|
| LIONEL: | Only if you're interested in being treated. Please, call me Lionel. |
| BERTIE: | No, I… prefer Doctor. |
| LIONEL: | I prefer Lionel. What'll I call you? |
| BERTIE: | Your Royal Highness. Then… it's 'Sir' after that. |
| LIONEL: | It's a bit formal for here. I prefer names. |
| BERTIE: | Hmm. Prince Albert Frederick… Arthur George? |
| LIONEL: | How about Bertie? |
| BERTIE: | (flushes) Only my family uses that. |
| LIONEL: | Perfect. In here, it's better if we're equals. |

Bertie looks down at his cigarette case in his hands as he toys with it.

| | |
|---|---|
| BERTIE: | If… if we were equals, I wouldn't… be here. I'd be… |

He takes a cigarette from the case.

| | |
|---|---|
| 라이널 : | 차 드시겠어요? |
| 버 티 : | 아뇨, 괜찮소. |
| 라이널 : | 저는 한 잔 마시겠습니다. |

그는 벽난로로 걸어가 전열기를 켠다.
버티는 주위를 살핀다. 라이널이 콧노래를 부른다.

| | |
|---|---|
| 버 티 : | 치료를 시작할 건가요? 로그 박사? |

라이널이 앞으로 걸으며 몸을 기울인다.

| | |
|---|---|
| 라이널 : | 원하시면 해야죠. 편하게… 그냥 라이 널이라 부르세요. |
| 버 티 : | 아뇨, 박… 박사가 편하오. |
| 라이널 : | 전 이름이 편한데… 전 뭐라고 부를까요? |
| 버 티 : | 첫 문장에서는 전하, 그 다음부턴 공작 님… |
| 라이널 : | 치료때 쓰기엔 좀 딱딱하군요. 성함이 더 편한데요. |
| 버 티 : | 흠. 그러시면 알버트 프… 프리드릭 아 서 조… 조지 왕자님이라고 부르시요. |
| 라이널 : | 버티는 어떻습니까? |
| 버 티 : | (얼굴이 붉어진다) 가족들만 그렇게 부를 수 있소. |
| 라이널 : | 잘됐네요. 여기서는 서로 동등하게 대 하는 것이 좋습니다. |

버티는 손에 든 담배 케이스를 내려다보며 만지작거린다.

| | |
|---|---|
| 버 티 : | 우리가 정말 동등한 사람들이면 난… 여기 안 왔을 거요. 난… |

그는 케이스에서 담배를 꺼낸다.

- **fireplace**
  (벽)난로, 노상, 노변
  an open space for a fire in the wall of a room

- **tilt**
  기울다, 상하로 움직이다, 돌진하다
  to move, or make something move, into a position with one side or end higher than the other

- **flush**
  (얼굴, 불이) 확 붉어지다, 홍조를 띠다
  (of a person or their face) to become red, especially because you are embarrassed, excited or hot

### How about Bertie?

How do you feel about Bertie?(버티 에 대해선 어떻게 생각하느냐?)의 뜻 이다. How about ~? = How do you feel about ~?(~은 어떻냐? ~에 대 해서 어떻게 생각하냐?)과 What about ~? = what do you think about~?(~ 은 어떻게 되냐? 어떻게 되고 있냐? ~하는 게 어떻겠냐?) 사이에는 약간의 차이가 있을 수도 있다.

## How about Bertie?
버티라면 어떤가요?

02. Bertie Meets Lionel

BERTIE : …at home with my wife and <u>no-one would give a damn.</u>

He reaches into a jacket pocket as he places a cigarette into his mouth.

LIONEL : (gestures) Oh, please, don't do that.

Bertie gives him an astonished look.

BERTIE : I'm sorry?
LIONEL : I believe sucking smoke into your lungs, well, it'll kill you.

Bertie quickly removes the cigarette from his mouth.

BERTIE : My physicians say it relaxes the… the throat.
LIONEL : They're idiots.
BERTIE : They've all been knighted.
LIONEL : Makes it official then. My 'castle', my rules.

Bertie places the cigarette into the case, closes it, and puts it back into inside his jacket pocket.

버 티 : …그냥 집에서 아내랑 쉬고 있을 거요. 아무도 내 문제에 신경 쓰지 않을 테니까.

그는 입에 담배를 물면서 재킷 주머니에 손을 넣는다.

라이널 : (몸짓을 한다) 저기, 담배는 안 됩니다.

버티는 그에게 놀라운 시선을 던진다.

버 티 : 안 된다니?
라이널 : 폐 속으로 담배를 빨아들이는 거 사람을 죽이는 행위라고 봅니다.

버티는 입에서 재빨리 담배를 뗀다.

버 티 : 제 주치의들은 흡연이 후… 후두를 편안하게 해준다고 했소.
라이널 : 멍청한 사람들이네요.
버 티 : 모두가 기사 작위를 받았소.
라이널 : 그럼 공식 멍청이들이군요. 제 '궁궐'에서는 제 법을 지키셔야 합니다.

버티는 담배를 케이스에 넣어 닫고는 재킷 주머니 안에다 그것을 넣는다.

■ astonished
(깜짝) 놀란
very surprised

■ lung
폐, 허파
either of the two organs in the chest that you use when breathing

■ physician
(일반적으로) 의사, 내과 의사
a doctor, especially one who is a specialist in general medicine and not surgery

# Key Expressions

### 62 It being a pleasant day, perhaps take a stroll.

날씨가 좋으니까 산책하고 오셔도 되구요.

As it is a pleasant day, you'd better take a stroll.의 뜻이므로 부사절의 주어(it)가 주절의 주어(you)와 다르기 때문에 분사구문의 주어를 분사 앞에 쓴 표현이다.

- It being fine, we went for a walk. 날씨가 좋아서 우리는 산책 나갔다.
- We shall start tomorrow, weather permitting.
  날씨가 허락한다면 우리는 내일 떠날 것이다.

### 66 Make yourself comfortable. 편히 앉으세요.

Make yourself at home.과 같은 표현으로 "편히 하세요, 편하게 앉으세요" 등의 의미이다. Feel at home, please. Please relax. Make yourself free and easy. Make yourself at ease. 등도 같은 의미이다.

- George will be home soon. Please make yourself comfortable.
  죠지가 곧 돌아올 테니 편히 앉아서 기다리십시오.

### 66 I was told not to sit too close.

너무 가깝게 앉으면 안 된다고 알려주더군요.

즉 They told me not to sit too close.가 수동태로 표현된 것이다. 부정사의 부정은 부정사 앞에 not을 써서 표현한다.

- She was told never to make a noise.
  그녀는 떠들지 말라는 말을 들었다.
- You had better not be idle. 게으름을 피우지 않는 게 낫다.

**66  When speaking with a prince.**  왕자님이랑 대화할 때는

When speaking with a prince는 speaking with a prince 분사구문에서 뜻을 분명히 하기 위해 접속사(when)를 생략하지 않고 그대로 사용한 것이다. When one speaks with a prince와 같은 뜻이다.

· While bathing in the river, he was drowned.
강에서 목욕하던 중 그는 익사했다.


**66  Timing isn't my strong suit.**

타이밍(시기 맞추기)은 내 장기가 아닐세.

strong suit은 카드 게임에서 '높은 끗수의 패'란 말에서 유래한 말로 '장점, 장기'의 뜻으로 보통 부정문에 쓰여 어떤 특별한 행동을 잘 못하는 상황을 강조하는 말이다.

· A: Wanna go dance?  춤 출래?
B: Dancing isn't my strong suit. How about we go bowling instead?
난 춤 잘 못 춰. 대신에 볼링은 어때?


**70  No one would give a damn.**  아무도 내 문제에 신경 쓰지 않을 겁니다.

give(care) a damn(darn)은 부정문으로 쓰여 '관심을 갖다, 상관하다'의 뜻이다. 그러니까 not give a damn은 not care even a little bit의 뜻이 된다. give a hoot, care a hang, give a hang, give a fuck, care a fuck, give a shit, give a damn shit 등 그 쓰임이 매우 다양하다.

· She doesn't give a damn about her job.
그녀는 직업에 대해 전혀 신경을 안 쓴다.

Aren't you going to start treating me, Dr Logue?

Chapter 03

# King George V's Christmas Broadcast
### 조지 5세의 성탄 담화

라이널의 진찰이 시작되지만 신뢰가 가지 않는 방법에 환자인 버티는 말다툼 끝에 치료를 포기한다. 마침 조지 5세는 버티에게 성탄 메시지를 방송하도록 강요를 한다. 그는 첫째 아들 데이빗을 못마땅하게 여겨 버티에게 왕위 계승을 할 꿈을 품고 있다. 스파르타식으로 밀어붙이는 아버지… 실망스럽게 방송을 할 수밖에 없는 버티는 궁지에 몰리자 할 수 없이 다시 라이널을 찾는데…

 조지 5세의 성탄 담화

# King George V's Christmas Broadcast

| | |
|---|---|
| LIONEL : | Thank you. What was your earliest memory? |
| BERTIE : | What an earth do you mean? |
| LIONEL : | Your first recollection. |
| BERTIE : | (stammer growing in intensity) I'm not... here to discuss personal matters. |
| LIONEL : | Well, why are you here, then? |
| BERTIE : | (exploding - stammer free) Because I bloody well stammer! |
| LIONEL : | You have a bit of a temper. |
| BERTIE : | One of my many faults. |
| LIONEL : | When did the defect start? |
| BERTIE : | I've always been this way! |
| LIONEL : | (shakes his head, quietly) I doubt that. |
| BERTIE : | (angry) Don't tell me, it's my stammer! |
| LIONEL : | (calmly) It's my field. I can assure you, no infant starts to speak with a stammer. (shakes his head) When did yours start? |

| | |
|---|---|
| 라이널 : | 감사합니다. 기억나는 가장 어린 시절이 언제 인가요? |
| 버 티 : | 대체 무… 무슨 말이오? |
| 라이널 : | 가장 오래된 기억 말이오. |
| 버 티 : | (말더듬의 강도가 점점 세진다) 나는… 여… 여기에 상담을 받으러 온 게 아니오. |
| 라이널 : | 그럼 왜 오셨나요? |
| 버 티 : | (폭발하자 말더듬이 없어진다) 빌어먹을… 말을 더듬으니까! |
| 라이널 : | 흥분을 잘 하는 타입이시군요. |
| 버 티 : | 내… 내 결점이 좀 많아야지. |
| 라이널 : | 언제 말을 더듬기 시작했죠? |
| 버 티 : | 나는 워… 원래 이랬소! |
| 라이널 : | (고개를 젓는다. 조용히) 아닐 걸요. |
| 버 티 : | (화를 내며) 함… 함부로 말하지 마시오! 말더듬인 나니까! |
| 라이널 : | (침착하게) 이건 제 전공분야입니다. 분명히 말씀드리지만 아기들은 말을 더듬지 않습니다. (고개를 젓는다) 언제 시작하셨는지 생각해 보세요. |

- **recollection**
  기억, 회상, 상기
  the ability to remember something;
  the act of remembering something

- **intensity**
  강렬, 격렬, 강도
  the state or quality of being intense;
  (usually technical) The strength of something, for example light, that can be measured

- **temper**
  화, 성마름, 노여움, 기질
  a short period of feeling very angry

- **have a temper**
  성미가 급하다
  to become angry very easily

| | |
|---|---|
| BERTIE : | (annoyed) Four or five. |
| LIONEL : | That's typical. |
| BERTIE : | So I've been told. (quickly adds) I… <u>I can't remember not doing it.</u> |
| LIONEL : | I can believe that. Do you hesitate when you think? |
| BERTIE : | Don't be ridiculous. |
| LIONEL : | How about when you talk to yourself? |

Bertie is silent.

| | |
|---|---|
| LIONEL : | Well, everyone natters to themselves occasionally, Bertie. |
| BERTIE : | Stop… stop calling me that! |
| LIONEL : | I'm not going to call you anything else. |
| BERTIE : | Then we shan't speak! |

Silence. The kettle boils. Lionel gestures for Bertie to remain and makes himself a cup of tea. He whistles.

| | |
|---|---|
| BERTIE : | Are you charging for this, Doctor? |

Lionel pours water into the teapot and turns.

| | |
|---|---|
| LIONEL : | A fortune. |

He bends to pour water and whistles. Then he strides towards.

| | |
|---|---|
| LIONEL : | I'll just let that brew. (sits) So, when you talk to yourself, do you stammer? |
| BERTIE : | No, of course not! |

| 버 티: | (성가시어) 네… 네 살인가 다섯 살 무렵일 거요. |
|---|---|
| 라이널: | 대부분 그렇습니다. |
| 버 티: | 그… 그랬다고 들었소. (조용히 추가한다) 내가 기… 기억하는 한은 늘 말을 더듬었고… |
| 라이널: | 그렇겠네요. 생각할 때도 더듬거리나요? |
| 버 티: | 그런 사람이 어딨소? |
| 라이널: | 혼잣말을 할 때는요? |

버티는 말이 없다.

| 라이널: | 모두가 때로는 혼자 중얼거리죠, 버티. |
|---|---|
| 버 티: | 그렇게 부르지 마시오! |
| 라이널: | 난 다른 호칭으로는 부르지 않을 겁니다. |
| 버 티: | 그렇다면 더 이상 대화를 할 수가 없겠군! |

침묵. 주전자가 끓는다. 라이널은 버티에게 그대로 있으라고 손짓을 하고는 자기 차 한잔을 탄다. 그는 휘파람을 분다.

| 버 티: | 이것도 청구할 거요, 박사? |

라이널은 차 주전자에 물을 붓고는 돌아선다.

| 라이널: | 엄청나게 해야죠. |

그는 허리를 숙여 물을 붓고는 휘파람을 분다. 그리고는 성큼성큼 걸어온다.

| 라이널: | 차가 우러나게 놔 둘 겁니다. (앉는다) 그래서… 혼자 중얼거릴 때 말을 더듬나요? |
|---|---|
| 버 티: | 다… 당연히 안 더듬소! |

■ **natter**
재잘거리다, 투덜거리다
to talk for a long time, especially about unimportant things

■ **stride**
큰 걸음으로 걷다, 성큼성큼 걷다
to walk with long steps in a particular direction

■ **brew**
(차 등이) 우러나다, 양조하다
to make a hot drink of tea or coffee; (of tea or coffee) to mix with hot water and become ready to drink

> **Don't be ridiculous.**
> 동사 ridicule은 '엉뚱하고 말도 안 되는 소리 또는 한심한 소리를 하다'의 뜻이다. 그러므로 Don't be ridiculous.라고 하면 정말 웃기지는 않지만 "실없는 소리를 해서 나로 하여금 웃음 짓게 하지마"라는 뜻이 된다. 상대방을 약간 비꼬며 자주 쓰는 표현이다. Don't be absurd. Don't be silly. None of that nonsense. Don't talk like a nut. 등도 같은 표현이다.

### Don't be ridiculous.
바보 같은 소리 하지 마쇼.

03. King George V's Christmas Broadcast

LIONEL: Well, that proves your impediment isn't a permanent part of you. What do you think was the cause?

BERTIE: I don't... I don't know! I, I don't, I don't care. I, I stammer. No-one can fix it.

LIONEL: I'll bet you that you can read flawlessly, right here, right now.

Bertie snorts dismissively. Lionel stands.

LIONEL: And if I win the bet, I get to ask you more questions.

BERTIE: And if I win?

LIONEL: Well, you don't have to answer.

Lionel shrugs, shakes his head. Bertie looks up at Lionel.

BERTIE: One usually... wagers money.

LIONEL: A bob each to keep it sweet? Let's see your shilling.

BERTIE: I don't... carry money.

LIONEL: (reaches into his trouser pocket) I had a funny feeling you mightn't.

He fishes two coins from his pocket and puts them on the table.

LIONEL: I'll stake you and you can pay me back next time.

BERTIE: Who says there is a next time?

라이널 : 그건 말 더듬는 것이 영구적인 문제가 아니란 뜻입니다. 원인이 뭐라고 생각하십니까?

버 티 : 모… 모… 모르겠소. 이… 이유는 상관 없소. 어… 어쨌든 난 말더듬이고… 그 누구도 날 고치지 못하오.

라이널 : 장담하건대 당신은 자연스럽게 글을 읽을 수 있는 사람이에요. 오늘 당장 말입니다.

버티는 부정적으로 콧방귀를 뀐다. 라이널이 일어선다.

라이널 : 제가 내기에 이기면 개인적인 질문을 좀더 드리는 걸로 하죠.

버 티 : 내가 이기면?

라이널 : 대답을 안 할 수 있는 거죠.

라이널은 어깨를 으쓱해 보이며 고개를 흔든다. 버티는 라이널을 쳐다본다.

버 티 : 보통은 돈… 돈을 걸어야 하는 거 아니오.

라이널 : 각자가 1실링이면 되겠소? 동전 꺼내보세요.

버 티 : 난 도… 동전을 들고 다니지 않소.

라이널 : (자기 바지 주머니에 손을 넣는다) 저한테는 남 다른 예감이 있어요.

그는 주머니에서 동전 두 개를 잡아 테이블 위에다 놓는다.

라이널 : 제가 밑천을 드릴 테니 다음 번에 갚으세요.

버 티 : 다음 번에 온다고 한 적 없소.

■ **impediment**
방해(물), 신체 장애, (특히) 언어 장애
a physical problem that makes it difficult to speak normally

■ **snort**
콧방귀 뀌다, 코웃음 치다, 큰 소리로 웃다
to make a loud sound by breathing air out noisily through your nose, especially to show that you are angry or amused

■ **dismissively**
부정적으로, 거부하며, 각하하며

■ **wager**
(돈 등을) 걸다, 보증하다
to bet money

■ **bob**
(구) 종전의 실링(shilling), 현재의 5펜스
an old British coin, the shilling, worth 12 old pence

■ **fish**
잡다, 낚다
to try to catch fish with a hook, nets, etc

■ **stake**
(돈, 생명 등을) 걸다, 주다, 제공하다
to risk money or something important on the result of something

> A bob each to keep it sweet?
> How about a bob each to keep it sweet? How about wagering a bob each to keep it sweet? What do you think about a bob each to keep it sweet?의 뜻이다. 즉 내기를 기분 좋게(순조롭게 나아가는, 느낌이 좋은) 하기 위해 각자가 1실링 씩 거는 게 어떠냐는 뜻이다. it은 내기를 말하거나 상황을 말하는 것으로 보면 된다.

## A bob each to keep it sweet?
각자 1실링 씩 걸면 되겠소?

03. King George V's Christmas Broadcast

**LIONEL :** (nods) I haven't agreed to take you on, yet.

He strides back, clutches a book and walks around the chair towards.

**LIONEL :** (hands the book to Bertie) So please stand. Er, and take a look at that. (gestures to the book) From there.

Bertie drops his gloves on to the sofa, takes the book from Lionel. He stands and sighs. Lionel opens the window.

**BERTIE :** Er... I, I can't read this.

**LIONEL :** Well, then, you owe me a shilling for not trying.

He stops opposite Bertie and looks at him.
Furious, Bertie opens the book and reads, stammers badly and gets worse.

**BERTIE :** (reads) "To... to be or not to be, that..."

He closes the book and holds it out to Lionel.

**BERTIE :** See, can't read it.

Lionel watches as Bertie tosses the book down.

**LIONEL :** Ah, ah, ah. I haven't finished yet.

Lionel returns the book to Bertie and turns to some recording apparatus on a nearby table.

**LIONEL :** I'm going to record your voice and then play it back to you on the same machine. This is brilliant. It's the latest thing from America. It's a Silvertone.

KING'S SPEECH

라이널: (고개를 끄덕인다) 저도 계속 치료를 맡을 지 아직 결정 안 했습니다.

그는 뒤로 걸어가 책 한 권을 들고 의자를 돌아 나온다.

라이널: (책을 버티에게 준다) 일어서십시오. 그리고… 이 부분을 한 번 보십시오. (책에 손짓을 한다) 거기부터요.

버티는 소파 위에다 장갑을 놓고 라이널에게서 책을 받는다. 그는 일어서며 한숨을 짓는다. 라이널은 창문을 연다.

버 티: 어… 난, 난 읽을 수 없소.
라이널: 아예 시도를 안 하셔도 내기에서 지는 겁니다.

그는 버티 반대편에 서서 그를 바라본다.
화를 내며 버티는 책을 열고 읽는데 몹시 더듬으며 더 악화된다.

버 티: (읽는다) "사… 사… 사느냐 죽느냐, 그 …"

그는 책을 덮고는 라이널에게 책을 내민다.

버 티: 봐요, 못하겠소.

라이널은 버티가 책을 던질 때 지켜본다.

라이널: 저기… 아직 끝난 게 아닙니다.

라이널은 책을 버티에게 돌려주며 근처 테이블에 있는 녹음 장치로 돌아선다.

라이널: 일단 목소리를 먼저 녹음한 후에 같은 기계에서 녹음된 걸 들어볼 겁니다. 이거 굉장히 좋은 기계에요. 미국에서 가져온 최신품이죠. 실버톤사 제품이에요.

■ take on
맡아서 경영하다, 고용하다
to decide to do something; to agree to be responsible for somebody/something; to allow somebody/something to enter

■ owe
빚지고 있다, 지불할 의무가 있다, ~의 은혜를 입고 있다
to have to pay somebody for something that you have already received or return money that you have borrowed

■ furious
노하여 펄펄 뛰는, 격노한, 화내어 날뛰는
very angry; with great energy, speed or anger

To be or not to be, that…
셰익스피어의 '햄릿' 3막 1장에 나오는 유명한 독백 대사다. ~is the question.(문제로다)
Whether 'tis nobler in the mind to suffer/The slings and arrows of outrageous fortune./
Or to take arms against a sea of troubles,/And by opposing end them?(어떤 것이 더 고결할까? 가혹한 운명의 돌팔매와 화살을 받으면서 그냥 참고 견딘다는 것과 하고많은 세상의 고통과 맞싸워 이겨 그것들을 끝장내 버리는 것 하고.)로 연결된다.

**To be or not to be, that…**
사느냐 죽느냐 그것이…

He lifts a stylus and leans to the gramophone, places the stylus on to record. Then he turns towards Bertie.

LIONEL :        Pop these on.

He hands Bertie a pair of heavily padded headphones. Bertie doesn't want to take them.

LIONEL :        There's a bob in this, mate. You can go home rich!

Bertie reluctantly puts them on. Lionel nods, turns to the equipment. He picks up a microphone. Loud music through the headphones is in. Bertie removes the headphones. The music fades.

BERTIE :        You're playing music!
LIONEL :        I know.
BERTIE :        So how can I hear what I'm saying?
LIONEL :        Well, surely a prince's brain knows what its mouth's doing?
BERTIE :        You're not well acquainted with royal princes, are you?

He puts on the headphones. Lionel holds the microphone in front of him and turns to the equipment. He looks at Bertie as he opens the book. Music through the headphones builds. Under music, his mouth moves as he reads, but all that can be heard is the music. Finished, Bertie angrily removes his headphones and the music ceases.

BERTIE :        Hopeless. Hopeless!

He tosses the headphones and the book on to the desk.

LIONEL :        You were sublime.

Bertie turns towards, clutching his gloves and hat.

그는 축음기 바늘을 들고 축음기에 몸을 기울여 그것을 레코드 위에다 놓는다. 그리고는 버티에게 돌아선다.

라이널 :  와서 써보세요.

그는 버티에게 쿠션이 많이 들어간 헤드폰을 건넨다. 버티는 그것을 받고 싶지 않다.

라이널 :  아까 돈 걸었잖아요. 일확천금을 벌어 귀가할 수도 있죠!

버티는 마지 못해서 그것을 착용한다. 라이널은 고개를 끄덕이며 장비쪽으로 돌아선다. 그는 마이크를 든다. 큰 소리의 음악이 헤드폰을 통해서 들어온다. 버티는 헤드폰을 벗는다. 음악이 사라진다.

버 티 :  음악이 나오잖소!
라이널 :  알고 있어요.
버 티 :  그러면 내가 뭘 읽는지 어떻게 확인하란 거요?
라이널 :  명색이 왕자님의 뇌인데 입이 뭘 하는지는 충분히 알겠죠?
버 티 :  왕실에 대해 잘 모르는군.

그는 헤드폰을 착용한다. 라이널은 그 앞쪽에 마이크를 잡고 장비쪽으로 돌아선다. 버티가 책을 열자 라이널은 그를 바라본다. 헤드폰을 통한 음악이 서서히 고조된다. 음악이 나오는데 그의 입이 읽으면서 움직인다. 하지만 들리는 거라곤 음악뿐이다. 끝나자 버티는 화를 내며 헤드폰을 벗고 음악은 꺼진다.

버 티 :  한심하군… 한심해!

그는 헤드폰과 책을 책상 위에 던진다.

라이널 :  굉장히 잘 읽으셨어요.

버티는 장갑과 모자를 움켜쥐고 앞쪽을 향해 몸을 돌린다.

- **stylus**
  축음기의 바늘, 자동기록계, 철필
  a device on a recordplayer that looks like a small needle and is placed on the record in order to play it

- **gramophone**
  축음기, 유성기
  record player

- **pad**
  ~에 속을 넣다, 심을 두다, 솜을 넣다
  to put a layer of soft material in or on something in order to protect it, make it thicker or change its shape

- **sublime**
  멋진, 최고의, 장엄한
  of very high quality and causing great admiration

You can go home rich!
보어의 성격은 반드시 동사와 연결되는 것이 아니다. 즉 동사와 상관없이 주어와 일치하면 주격보어, 목적어와 일치하면 목적격 보어가 된다. 예문에서 동사인 go에 상관없이 he is rich 이므로 주어, 보어의 관계가 성립된다.
· We parted the best of friends.
  우리는 친한 친구로 헤어졌다.
  (we = the best of friends)

## You can go home rich!
부자가 되어 귀가할 수 있잖소!

LIONEL :     Would I lie to a prince of the realm to win twelve pennies?

BERTIE :     I've no idea -- what an Australian might do for that sort of money.

Lionel turns, around and gestured to the equipment.

LIONEL :     (gestures to the equipment) Let me play it back to you.

BERTIE :     (shakes his head) No.

LIONEL :     All right, then, I get to ask you the questions.

BERTIE :     Thank you, Doctor. I don't... feel this is for me. (offers his hand) Thank you for your time.

They shake hands.

BERTIE :     Goodbye.

He heads for the door. Lionel leans to the equipment.

LIONEL :     Sir?

He puts the record in a brown paper dust jacket and hands it to Bertie.

LIONEL :     The recording is free. Please keep it as a souvenir.

Lionel opens the door for Bertie and closes it behind him.

**INT. LIONEL'S WAITING ROOM - DAY**
As Bertie enters, Elizabeth clutching newspaper closes it and looks up at him hopefully.

BERTIE :     (softly) No.

Elizabeth nods and rises.

| 라이널 : | 고작 12펜스 벌자고 제가 이 나라 왕자에게 거짓말을 하겠습니까? |
|---|---|
| 버 티 : | 나야 12펜스가 호… 호주에 가면… 어느 정도의 가치가 있는지 모르지… |

라이널은 돌아서며 장비를 가리킨다.

| 라이널 : | 제가 들려드리도록 하죠. |
|---|---|
| 버 티 : | (고개를 젓는다) 싫소. |
| 라이널 : | 그렇다면 제가 이겼으니 질문을 해야겠네요. |
| 버 티 : | 고마웠소, 박사. 내 새… 생각에는 이 방법은 아닌 것 같소. (손을 내민다) 시간 내주어 고맙소. |

그들은 악수를 한다.

| 버 티 : | 안녕히 계시오. |
|---|---|

그는 문을 향한다. 라이널은 장비쪽으로 몸을 기울인다.

| 라이널 : | 공작님? |
|---|---|

그는 갈색종이 책 커버에다 레코드를 넣고는 그것을 버티에게 건넨다.

| 라이널 : | 녹음은 공짜입니다. 기념으로 가져가세요. |
|---|---|

라이널은 버티를 위해 문을 열었다가 그가 나가자 닫는다.

**내부. 라이널의 대기실 - 낮**
버티가 들어오자 신문을 잡고 있던 엘리자베스가 그것을 접고는 희망적으로 그를 바라본다.

| 버 티 : | (부드럽게) 아뇨. |
|---|---|

엘리자베스는 고개를 끄덕이며 일어선다.

■ **realm**
왕국, 영토, 국토
a country ruled by a king or queen; an area of activity, interest, or knowledge

■ **dust jacket**
책 커버
a paper cover on a book that protects it but that can be removed = book jacket

■ **jacket**
(책 표지에 씌우는) 커버, 재킷
a loose paper cover for a book, usually with a design or picture on it

■ **souvenir**
기념품, 선물, 토산품
a thing that you buy and/or keep to remind yourself of a place, an occasion, or a holiday/vacation; something that you bring back for other people when you have been on holiday/vacation

I've no idea.
have no idea는 구어체로 '전혀 모르다, 짐작이 안 간다, (능력이) 전혀 없다'의 뜻이다. 여기서 idea는 '이해, 인식'의 뜻이므로 예문은 I don't know.와 같다. I don't have any idea, I have no clue, I don't have a clue.로 표현할 수도 있다. idea가 명사지만 뒤에는 절이 올 수도 있다. I've no idea what you're talking about.

## I've no idea.
모르겠다.

3. King George V's Christmas Broadcast

ELIZABETH: Ah, well.

She pats his arm as she passes him. They walk towards the door together.

**INT. LIONEL'S CONSULTATION ROOM**
Lionel walks up and down.

LIONEL: (to himself) Bugger.

**EXT. SANDRINGHAM ESTATE - DAY**
Snow-covered lawn to Sandringham.
CAPTION: King George V's Christmas Broadcast 1934
Sandringham, Norfolk
A cold and commanding voice is heard:

GEORGE V: (V.O. into mic) (reads) For the present, the work to which we are all equally bound...

**INT. SANDRINGHAM ANTEROOM -DAY**
Some radio technicians are seated and standing around the equipment.

GEORGE V: (V.O. into mic) (reads)... is to arrive at a reasoned tranquillity within our borders...

**INT. SANDRINGHAM KING'S STUDY - DAY**
The King's study, which resembles an orderly naval captain's cabin, has been converted into an ad hoc broadcasting studio. KING GEORGE V is a barrel-chested man with Naval beard and uniform. He is giving his Christmas address via the radio.

GEORGE V: (into mic) (reads) ...to regain prosperity at this time of depression... without self-seeking and to carry with us...

Bertie looks down uneasily.

엘리자베스 : 아, 그래요.

그녀는 그 옆을 지나가며 팔을 두드린다. 그들은 함께 문을 향해 걸어간다.

**내부. 라이널의 상담실**
라이널이 왔다 갔다 걷는다.

라이널 : (혼잣말로) 한심하긴…

**외부. 샌드링엄 영지 - 낮**
샌드링엄으로 가는 눈 덮인 잔디를 가로질러.
자막: 1934년 조지 5세의 성탄 담화
샌드링엄 하우스 노퍽
냉정하고 위엄 있는 목소리가 들린다.

조지 5세 : (목소리 마이크에다) (읽는다) 현재로서는 우리는 주어진 일에 최선을 다하며…

**내부. 샌드링엄 대기실 - 낮**
라디오 기술자들이 앉아 있거나 장비 주위에 서 있다.

조지 5세 : (목소리, 마이크에다)(읽는다) …조국의 품 안에서 편안함을 느끼고 있습니다.

**내부. 샌드링엄 왕의 서재 - 낮**
왕의 서재는 정연한 해군 장교의 선실과 닮은 모습으로 임시변통의 방송 스튜디오로 개조되었다. 왕 조지 5세는 해군 수염과 제복을 입은 가슴이 두툼한 남자다. 그는 라디오를 통해 크리스마스 연설을 하고 있다.

조지 5세 : (마이크에다) (읽는다) 이 절망의 시대에서 이 기적이지 않은 성공을 다시금 일구고…

버티는 불안하게 내려다본다.

- **anteroom**
  곁방, 대기실

- **tranquility**
  평온, 고요함, 평정

- **ad hoc**
  임시변통의, 특별한, 특히 그것을 위한
  arranged or happening when necessary and not planned in advance

- **barrel-chested**
  가슴이 두툼한

- **naval beard**
  해군 수염

- **prosperity**
  번영, 번창, 융성
  the state of being successful, especially financially

**Bugger.**
bugger는 속어로 '싫은(치사한) 녀석(일), 녀석, 놈, 남색쟁이'(used to refer to) a person, especially a man, that you like or feel sympathy for의 뜻이지만 실제로는 아주 다양하게 사용된다. fuck과 같은 감탄의 뜻으로 쓰이기도 한다. Bugger it!(제기랄!= Fuck you!) Bugger off! = Fuck off! (썩 꺼져!)

## Bugger.
안 땡기는 녀석이군.

3. King George V's Christmas Broadcast

GEORGE V :     (O.S. into mic) (reads)... those whom the burden of the past years has disheartened or overborne.

GEORGE V :     (into mic) (reads) To all -- to each...

George V sits in front of the microphone. Bertie stands behind him.

GEORGE V :     (into mic)... I wish a happy Christmas. God bless you.

The red light next to him goes out, indicating the broadcast is complete.

WOOD :     (O.S.) And off air.

Some technicians approach from the anteroom. George V places the speech on to the desk and sits back, looking up at Bertie.

GEORGE V :     Easy when you know how.

Bertie looks down.

WOOD :     (O.S) Sir?

Bertie glances over. Robert Wood, the BBC technician from Wembley, stands by as well as an official photographer and assistant. Bertie walks away as the photographer places cloth over his head and leans to the camera. The assistant holds up flash, and the flash flares.

GEORGE V :     (rises) Have a go yourself.
WOOD :     (O.S.) Congratulations, sir.
GEORGE V :     (O.S.) Ah, Mr Wood.

Bertie sits at the desk.

조지 5세 : (목소리, 마이크에다) (읽는다) 힘들고 억압받았던 지난 시간들을 기억하도록 합시다.

조지 5세 : (마이크에다) (읽는다) 여러분 모두에게… 우리들 각자에게…

조지 5세는 마이크 앞에 앉아 있다. 버티는 그 뒤에 서 있다.

조지 5세 : (마이크에다) …행복한 성탄이 되길 바랍니다. 신의 축복이 함께 하기를…

그 옆의 빨간 불이 꺼지며 방송이 끝났음을 알린다.

우 드 : (목소리) 방송 끝.

기술자 몇 사람이 대기실에서 다가온다. 조지 5세는 연설문을 책상 위에다 놓고 버티를 보며 뒤로 젖혀 앉는다.

조지 5세 : 방법만 터득하면 쉬운 일이다.

버티는 아래를 바라본다.

우 드 : (목소리) 전하?

버티는 쳐다본다. 웸블리의 BBC방송 기술자인 로버트 우드가 서 있다. 공식 사진사와 조수도 있다. 버티는 자리를 피하고 사진사가 머리 위에다 천을 덮고 카메라에 몸을 기울인다. 조수는 플래쉬를 들고 플래쉬가 터진다.

조지 5세 : (일어선다) 한 번 해봐라.
우 드 : (목소리) 성탄 축하드립니다, 폐하.
조지 5세 : (목소리) 아, 우드씨.

버티는 책상에 앉는다.

■ dishearten
낙담(심)시키다, 실망케 하다
to make somebody lose hope or confidence

■ overbear
위압하다, 압도하다, 제압하다
to bring down by superior weight or force; to domineer over; to surpass in importance or cogency

■ flare
(불이) 확 타오르다, 번쩍이다
to burn brightly, but usually for only a short time or not steadily

I wish a happy Christmas.
보통은 I wish you a merry Christmas, 로 쓴다. wish는 간접목적어와 직접목적어를 취할 수 있는 동사이기 때문이다. I wish you a Happy New Year.(새해 복 많이 받으세요) I wish you good luck.(행운을 빕니다.) I wish you success.(성공을 빕니다) 단순히 Merry Christmas and a Happy New Year.라고도 한다.

## I wish a happy Christmas.
행복한 성탄이 되길 바란다.

3. King George V's Christmas Broadcast

GEORGE V: (O.S.) Splendid fellow. Chap who taught me everything I know. Let the microphone do the work.
WOOD: (mutters) Sir.
GEORGE V: Thank you.

Wood and the photographer take that as their cue to leave.

WOOD: Gentlemen.
GEORGE V: Sit up. Straight back.

Wood turns to leave, the photographer and the assistant follow.

GEORGE V: Face boldly up to the bloody thing and stare it square in the eye... as would any decent Englishman. Show who's in command.

Bertie regards the BBC microphone as though it were an alien creature.

BERTIE: Papa, I don't... think I can read this.

In the presence of his father, Bertie's stammering returns in full form, his breathing short and shallow, the neck muscles in spasms.

GEORGE V: (gestures) This devilish device will change everything if you don't. In the past, all a King had to do was look respectable in uniform ...... and not fall off his horse. Now we must invade people's homes and ingratiate ourselves with them. This family's been reduced to those lowest, basest of all creatures. We've become actors.
BERTIE: We're not a family, we're a 'firm'.

조지 5세 : (목소리) 동료분이 아주 훌륭하게 저를 지도해줬습니다. 라디오가 다 알아서 할 거라고.

우 드 : (중얼거린다) 폐하.

조지 5세 : 수고들 하셨소..

우드와 사진사는 그것이 자기들더러 떠나라는 암시로 받아들인다.

우 드 : 여러분.

조지 5세 : 똑바로 앉아라. 허리 펴고.

우드는 돌아서 나가며 사진사와 조수도 뒤를 따른다.

조지 5세 : 얼굴은 대담하게 연설문을 대하고 똑바로 쳐다 보거라… 교양 있는 영국인답게. 네가 누구인지 보여줘야지.

버티는 마치 BBC 마이크가 외계생물인 것처럼 바라본다.

버 티 : 아버지, 저… 전 연설문 읽는 능력은 없… 없는 것 같습니다.

아버지 면전에서 버티의 말더듬이 완벽하게 돌아오며 그의 호흡은 짧아지고 얕아진다. 목 근육은 경련을 일으킨다.

조지 5세 : (몸짓을 한다) 이 사악한 기술이 네가 가진 모든 것을 뺏을 수도 있다. 옛날의 왕들은 제복 입고 말에서 안 떨어지고 멋진 위엄만 보여줘도 충분했지만 이제는 각 가정에 대고 비위도 맞추고 홍보도 해야 된다. 왕족 위상은 어떤 피조물보다도 낮고 비천하게 축소됐다. 우리는 이제 배우가 된 거야.

버 티 : 왕족은 가족이 아니에요. 기업이지.

■ square
정면으로, 똑바로
directly; not at an angle

■ spasm
경련, 발작
a sudden and often painful tightening of a muscle, which you cannot control

■ ingratiate
~의 비위를 맞추다, 환심을 사다
to do things in order to make somebody like you, especially somebody who will be useful to you

■ base
천한, 비열한, 치사한, 저질의
not having moral principles or rules

> We're not a family, we're a firm.
> not은 보통 but과 연결되어 잘 쓰여, not A but B = B and not A가 된다. 따라서 이 표현은 We're not a family, but we're a firm. We're not a family, but a firm. We're a firm, not a family. We're a firm, not a family. 등으로 표현할 수도 있다. firm은 '회사, 상사, 집단, 상회' 등의 뜻이다.

### We're not a family, we're a firm.
우린 가족이 아니라 기업이죠.

His father shoots Bertie a surprised look: does the lad have a brain after all?

**GEORGE V:** Yet at any moment, some of us may be out of work. Your darling brother and future King... the only wife he appears interested in is invariably the wife of another.

**BERTIE:** (tries to brighten things) He's broken off with, with Lady Furness.

**GEORGE V:** And taken up with Mrs Simpson. A woman with two husbands living.

George V steps forward and stops opposite him.

**GEORGE V:** I told him straight. No divorced person can ever be received at court. (looks down at Bertie) He said it made him sublimely happy. Huh. I imagine that was because she was sleeping with him. I give you my word this is what he said. "I give you my word we've never had immoral relations." Stared square into his father's face and lied.

Bertie groans.

**GEORGE V:** When I'm dead, that boy will ruin himself, this family and this nation within twelve months. Who'll pick up the pieces? Hmm? Herr Hitler intimidating half of Europe. Marshal Stalin the other half. Who will stand between us, the Jackboots... and the proletarian abyss? You?

그의 아버지는 버티에게 놀라운 눈초리를 보낸다. 이 녀석이 도대체 두뇌가 있는 거야?

조지 5세 : 상황이 이러한데 어떤 사람은 자기 본분을 망각하고 있더구나. 너의 사랑스런 형은 제 정신이야! 장차 왕이 될 사람이… 어떻게 된 게 매번 다른 남자의 아내한테만 관심을 쏟는 거냐.

버 티 : (상황을 밝게 하려고 애를 쓴다) 형이 퍼니스 부인과는 정리했어요.

조지 5세 : 그래서 이제 심슨 부인이냐? 이혼에 재혼까지 했던 여자를.

조지 5세는 앞으로 나서며 그 반대편에 선다.

조지 5세 : 내가 분명히 말을 했다. 이혼한 사람은 결코 왕실에 들일 수 없다고. (버티를 내려다본다) 그런데 고작 한다는 소리가 "저를 너무 행복하게 해줘요."라더군. 허 참. 분명 그 여자와 잠자리도 함께 하니 그런 말이 나오는 게지. "믿어주세요…" 그 녀석이 그러더라. "저흰 결코 부적절한 행동은 하지 않았어요." 아비의 눈을 똑바로 쳐다보면서 감히 거짓말을 하다니.

버티는 신음을 한다.

조지 5세 : 내가 죽으면 그 녀석이 열두 달 안에 가족도 나라도 말아먹을 거다. 그러면 평화는 누가 지킬 거냐? 음? 히틀러가 유럽의 반을 두려움에 떨게 하고 있고 스탈린 장군이 나머지를 차지하고 있는 상황에 독일의 군사력과 스탈린의 공산당 러시아 앞에서 누가 조국을 지킨단 말이냐. 네가?

■ **invariably**
변함없이, 늘, 일정불변하게
always

■ **intimidate**
겁주다, 협박하다
to frighten or threaten somebody so that they will do what you want

■ **Jackboots**
독일의 군사력, (무릎 위까지 닿는 17~18세기의 기병용) 군화
used to refer to cruel military rule, especially German military power; a tall boot that reaches up to the knee, worn by soldiers, especially in the past

■ **proletarian**
프롤레타리아의, 무산계급의, 노동계급의
connected with ordinary people who earn money by working, especially those who do not own any property

■ **abyss**
나락, 지옥, 혼돈, 심연
a very deep wide space or hole that seems to have no bottom

He's broken off with Lady Furness.
break off with는 '~와 절교하다, (습관 등을) 끊다, 중지하다'(to end communication with someone; to break up (with someone); to end a relationship with someone, especially a romantic relationship)의 뜻이다. end a relationship with, break it off with, cut off relations with, break up with 등으로 쓰기도 한다.

### He's broken off with Lady Furness.
그는 퍼니스 부인과 끝났다.

Bertie sighs.

**GEORGE V :** Well? With your older brother shirking his duties you're going to have to do a lot more of this. (nodding towards the microphone) Have a go yourself.

Bertie moves his chair towards, looks down at the speech.

**BERTIE :** (reads) Through the...

George V nods and gestures.

**BERTIE :** (reads)... wireless...
**GEORGE V :** Get it out, boy.
**BERTIE :** (reads) ...one of the... marvels of...
**GEORGE V :** (O.S.) "Modern!" Just take your time. Form your words carefully.
**BERTIE :** (reads) ...science, I am enabled...
**GEORGE V :** Relax.

Bertie stammers.

**GEORGE V :** (angry) Just try it!
**BERTIE :** (reads) This Christmas Day...

George V reacts, glancing away.

**BERTIE :** (reads) ...to speak to all my...
**GEORGE V :** (all patience lost) Do it!

**INT. BERTIE'S STUDY, YORK HOUSE - NEW NIGHT**
Music/song through a gramophone trumpet. Bertie lies on a chaise longue, a handkerchief over his eyes. He draws on the cigarette.

버티는 한 숨을 쉰다.

조지 5세 : 그래? 네 형이 자꾸 책임을 회피하고 있으니 네가 앞으로 더 많은 일을 하게 될 거다. (마이크를 향해 고개를 끄덕이며) 읽어 보거라.

버티는 의자를 앞으로 움직이며 연설문을 내려다본다.

버 티 : (읽는다) …통해서…

조지 5세는 고개를 끄덕이며 몸짓을 한다.

버 티 : (읽는다) 라디오를…
조지 5세 : 목소리를 내봐.
버 티 : (읽는다) …하나인… 겨… 경이적인…
조지 5세 : (목소리) "현대"! 마음을 가라앉히고 정성 들여 단어를 읽어 봐.
버 티 : (읽는다) 기술을 통해 저… 저는…
조지 5세 : 긴장하지 말고.

버티는 더듬거린다.

조지 5세 : (화를 내며) 내 뱉으라니까!
버 티 : (읽는다) 크리스마스를…

조지 5세는 반응을 보이며 시선을 돌린다.

버 티 : (읽는다) …모든 이에게 말하…
조지 5세 : (모든 인내심을 잃고) 읽어!

**내부. 버티의 서재, 요크 가 - 새로운 밤**
축음기 트럼펫을 통한 음악/노래. 버티는 눈 위에 손수건을 놓고 긴 의자 위에 누워 있다. 그는 담배를 빨아들인다.

■ shirk
(일, 의무, 책임 등을) 회피하다, 떠넘기다
to avoid doing something you should do, especially because you are too lazy

■ trumpet
(축음기 등의) 나팔 모양의 확성기(전성기)
a thing shaped like a trumpet

■ chaise longue
(뒤로 젖혀지는) 긴 의자
a long low seat with a back and one arm, on which the person sitting can stretch out their legs; a long chair with a back that can be upright for sitting on or flat for lying on outdoors

With your older brother shirking his duties…
전치사 with는 원인을 나타내어 '~의 탓으로, ~으로 인해, 때문에'(because of)의 뜻을 가진다.
따라서 예문은 because of your older brother shirking his duties, because your older brother shirks his duties 와 같은 뜻이 된다.

## With your older brother shirking his duties…
네 형이 책임을 회피하고 있으니…

03. King George V's Christmas Broadcast

**BERTIE :** (to himself) Lying... (removes handkerchief) ...bastard!

He quickly stands and retrieves the recording he made with Lionel. He pulls open the drawer, takes out a record, walks to a Victoria stand, lifts the gramophone stylus, lifts off the record and places the second record on to the turntable. He draws on his cigarette.

**BERTIE :** (thru gramophone) You're playing music.

**LIONEL :** (thru gramophone) I know.

Bertie sits on to the sofa.

**BERTIE :** (thru gramophone) So how can I... hear what I'm saying?

**LIONEL :** (thru gramophone) Well, surely a prince's brain knows what its mouth's doing.

**BERTIE :** (thru gramophone) You're not well acquainted with royal princes, are you?

He draws on the cigarette.

**BERTIE :** (thru gramophone) To be or not be, that is the question. Whether tis nobler in the mind to suffer/ The slings and arrows of outrageous fortune,

Elizabeth enters, unseen by Bertie and listens.

**BERTIE :** (thru gramophone) Or to take arms against a sea of troubles, And by opposing end them? To die, to sleep no more / And by a sleep to say the end...

Elizabeth reacts, stunned. Her husband speaks perfectly for the very first time.

KING'S SPEECH

버 티 : (혼잣말로) 거짓말이었어… (손수건을 치운다)
…나쁜 놈!

그는 재빨리 일어나 자신이 라이널과 만든 녹음 레코드를 생각해낸다. 그는 서랍을 열고는 레코드 하나를 꺼내 빅토리아 탁자로 걸어가 축음기 바늘을 들고는 턴테이블에서 레코드를 들어내고 두 번째 레코드를 올려놓는다. 그는 담배를 빤다.

버 티 : (축음기를 통해) 음악이 나오잖소!
라이널 : (축음기를 통해) 알고 있어요.

버티는 소파 위에 앉는다.

버 티 : (축음기를 통해) 그러면 내가 뭘 읽는지 어떻게 확인하란 말이오?
라이널 : (축음기를 통해) 명색이 왕자님의 뇌인테 입이 뭘 하는지는 충분히 알겠죠.
버 티 : (축음기를 통해) 왕실에 대해 잘 모르는군…

그는 담배를 빤다.

버 티 : (축음기를 통해) 죽느냐 사느냐 그것이 문제로다 가혹한 운명의 화살이 꽂힌 고통을 죽는 듯 참는 것이 과연 장한 일인가,

엘리자베스가 버티가 보지 못하는 사이에 들어와 귀를 기울인다.

버 티 : (축음기를 통해) 아니면 두 손으로 거친 파도처럼 밀려드는 재앙과 싸워 물리치는 것이 옳은 일인가? 죽는 것은 그저 잠드는 것일 뿐 / 그 뿐이 아니던가 잠들면 우리 마음의 고통과 육체에…

엘리자베스가 놀라 반응을 보인다. 그녀 남편은 처음으로 완벽하게 말을 한다.

■ **bastard**
(속) 새끼, 녀석, 개자식
used to insult somebody, especially a man, who has been rude, unpleasant or cruel

■ **retrieve**
생각해내다, 재발견하다
to find and get back data or information that has been stored in the memory of a computer

■ **turntable**
(레코드플레이어의) 회전반, 녹음 재생기
the round surface on a recordplayer that you place the record on to be played

■ **sling**
투석기, 돌을 쏨, 팔매질, 일격
a simple weapon made from a band of leather, etc., used for throwing stones

■ **outrageous**
난폭한, 잔인무도한, 사악한, 무법의 very shocking and unacceptable

You're not acquainted with royal princes.

be acquainted with, get acquainted with, become acquainted with, acquaint oneself with, have an intimate acquaintance with, make one's acquaintance with는 '(사물을) 잘 알고 있다, ~에 정통하다, (사람과) 아는 사이이다'의 뜻이다.

**You're not acquainted with royal princes.**
당신은 왕자들에 대해서 잘 모르오.

101

3. King George V's Christmas Broadcast

BERTIE : (thru gramophone) Is the heartache and the thousand natural shocks the flesh is heir to. Tis a consummation...

BERTIE : (thru gramophone) Hopeless. Hopeless!

**INT. APARTMENT BUILDING, LIONEL'S CONSULTATION ROOM -DAY**
Elizabeth and Bertie are seated on the sofa. They look up at Lionel.

BERTIE : Strictly business. No...

She turns and looks at him

BERTIE : ...personal nonsense.
ELIZABETH : Yes, I, I thought I'd made that clear in our interview.
LIONEL : Have you got the shilling you owe me?
BERTIE : No, I haven't.
LIONEL : Didn't think so.
BERTIE : Besides, you ... you, you tricked me.
LIONEL : Physical exercises and tricks are important ... but what you're asking will only deal with the surface of the problem.
ELIZABETH : (glances at him) That's sufficient. Er, no. As far as I see it, my husband has mechanical difficulties with his speech.
BERTIE : I...
ELIZABETH : Maybe just deal with that.
BERTIE : I ... I'm, I'm willing to work hard, Doctor Logue.
LIONEL : (raises his eyebrows) Lionel.

KING'S SPEECH

버 티 : (축음기를 통해) 끊임없이 따라붙는 무수한 고통이 모두 끝난다. 죽음이야말로 우리가 열렬히 바라는 삶의 결말이 아닌가…

버 티 : (축음기를 통해) 한심하군, 한심해!

**내부, 아파트 건물, 라이널의 상담실 - 낮**
엘리자베스와 버티가 소파에 앉아 있다. 그들은 라이널을 쳐다본다.

버 티 : 발성수업만 하는 겁니다. 어떤…

그녀가 몸을 돌려 그를 바라본다.

버 티 : 사생활에 대해 꽤… 괜한 언급은 빼고.
엘리자베스 : 네, 그 부분은 처음 만났을 때 이미 말씀 드렸었죠?
라이널 : 저한테 빚진 동전은 가져오셨나요?
버 티 : 아니, 안 가져왔소.
라이널 : 있을 것 같은데.
버 티 : 게다가… 나한테 속임수를 쓴 거잖소.
라이널 : 육체적인 운동과 속임수는 매우 중요합니다… 하지만 부탁하신 대로라면 지극히 표면적인 문제만 다루게 되는 겁니다.
엘리자베스 : (그를 본다) 그거면 충분해요. 제가 보기엔 제 남편이 연설을 힘들어하는 건 다분히 혀의 움직임 문제거든요.
버 티 : 난…
엘리자베스 : 그것만 훈련하면 될 것 같은데요.
버 티 : 난… 열심히 협조하겠소, 로그 박사.
라이널 : (눈썹을 올린다) 라이널이라고 부르라니까…

■ **flesh**
(영혼, 정신과 구별된) 육체, 신체(보통 the flesh로 쓰임)
the human body when considering its physical and sexual needs, rather than the mind or soul

■ **consummation**
완료, 종말, 죽음, 정점, 달성
the fact of making something complete or perfect

■ **mechanical**
마찰에 의한, 사소한, 물리적인 힘에 의한, 자동적인
(of people's behaviour and actions) done without thinking, like a machine; connected with the physical laws of movement and cause and effect

**I thought I'd made that clear in our interview.**
물론, 시제의 일치에 따라 I thought I had made that clear in our interview. 이다. make clear는 '분명하게 하다, 명백하게 하다'의 뜻이다. make oneself clear는 '자신의 말을 이해시키다'는 뜻으로 Do I make myself clear?(제 말 알겠습니까?)도 쓰이고 또 Am I clear?(내 말 알아들었나?)로도 잘 쓰인다.

**I thought I'd made that clear in our interview.**
인터뷰 때 그 점을 분명히 했다고 생각해요.

BERTIE : Are you... are you.... are you willing to do your part?

LIONEL : All right. You want mechanics? We need to relax your jaw muscles... strengthen your tongue, by repeating tongue-twisters. For example, "I'm a thistle-sifter. I have a sieve of sifted thistles and a sieve of unsifted thistles. Because I am a thistle-sifter."

BERTIE : Fine.

LIONEL : And you do have a flabby tummy, so we'll need to spend some time strengthening your diaphragm. Simple mechanics.

ELIZABETH : That's all we ask.

LIONEL : All that's about a shilling's worth.

BERTIE : (shouts) Forget about the blessed shilling!

She reacts, clutches his hand.
Silence. Bertie glances around and looks up at Lionel.

BERTIE : P... perhaps, upon occasions, you might be requested to assist... in coping with... with some minor event. Would that be agreeable?

LIONEL : (nods) Of course.

ELIZABETH : Yes, and that would be the full extent of your services.

BERTIE : Shall I see you next week?

LIONEL : I shall see you every day.

Bertie stares up at Lionel.

| | |
|---|---|
| 버티 : | 혀…혀…협조해 주시겠소? |
| 라이널 : | 좋습니다. 혀의 움직임이라… 목구멍의 근육을 이완시키고… 혀의 근육은 강화시켜야 합니다. 혀돌리기 연습을 반복해야겠죠. 예를 들자면… "앞집 팥죽은 붉은 팥 풋팥죽이고 뒷집 콩죽은 해콩 단콩 콩죽이고 우리 집 깨죽은 검은깨 깨죽이다." |
| 버티 : | 좋소. |
| 라이널 : | 내장도 훈련해야 합니다. 횡경막의 움직임도 강화해야 하니까요. "혀의 움직임을 고치자" |
| 엘리자베스 : | 저희가 바라는 게 바로 그겁니다. |
| 라이널 : | 그럼 빚진 동전부터 받고 시작할까요? |
| 버티 : | (소리친다) 그 동전 얘기 좀 그만 하시오! |

그녀가 반응을 보이며 그의 손을 잡는다. 잠시 침묵. 버티는 주위를 둘러보고는 라이널을 본다.

| | |
|---|---|
| 버티 : | 그… 그리고 가끔 작은 행사에 박사가 함께 수… 수행해줘야 할 때도 있는데… 그래도 괜찮겠소? |
| 라이널 : | (고개를 끄덕인다) 물론입니다. |
| 엘리자베스 : | 네, 그것까지 모두 수업비에 포함될 겁니다. |
| 버티 : | 그럼 다음 주에 보면 됩니까? |
| 라이널 : | 매일 볼 건데요. |

버티는 라이널을 응시한다.

**sieve**
(고운) 체, 조리

**thistle**
엉겅퀴(스코틀랜드의 국화)

**sifter**
체, (후추, 설탕 등을) 뿌리는 병
a small sieve used for sifting flour; a container with a lot of small holes in the top, used for shaking flour or sugar onto things

**flabby**
흐느적흐느적한, 기백이 없는, 연약한
having soft, loose flesh; fat; weak; with no strength or force

**tummy**
(유아어) 배
the stomach or the area around the stomach

**diaphragm**
(해부) 횡경막
the layer of muscle between the lungs and the stomach, used especially to control breathing

# Key Expressions

### 80. I can't remember not doing it.
내가 기억하는 한은 늘 그랬소.

동사에 따라 목적어로 동명사가 쓰일 때와 부정사가 쓰일 때 의미의 차이가 있는 구문들도 있다. 특히 remember, recall, forget 등의 동사가 이에 해당되는데 동명사가 올 경우에는 과거의 사실을, 부정사가 올 경우에는 미래의 사실을 나타낸다. 따라서 상기 예문의 뜻은 "내가 그것을 하지 않았던 것을 기억할 수 없다"(I can't remember that I did not do it.)가 된다.

### 86. Pop these on. 이걸 써보세요.

「동사 + 부사」로 이루어진 이른바 동사구는 목적어로 대명사가 올 경우 「동사 + 부사 + 목적어」가 아니라 「동사 + 목적어 + 부사」의 형태를 취한다. put down, try on, turn off, switch on, pull out, give up, hold up, push up 등 전치사와 구별되는 것들이 많다. 따라서 예문의 경우 Pop on these.라고 표현할 수 없다.

· Please turn it off right now. 당장 그것을 꺼 주시오.

### 92. Have a go yourself. 한 번 해봐라.

go는 구어에서 '해보기, 시도, 기회'의 뜻이 있다. 따라서 have a go (at)은 역시 구어로 '(~을) 해보다'(=make an attempt)의 뜻이다. 유사한 표현으로 have a shot (at), have a crack (at), have a whack (at) 등이 있으며 종종 have 대신에 get, take 등의 동사가 사용되기도 한다.

· Let's have a go at it. 그거 한 번 해보자.

**94** **All a King had to do was look respectable inuniform.**
왕이 해야 했던 모든 것은 제복 입고 멋진 위엄을 보여주는 것이었다.

All that a king had to do was to look respectable in uniform.과 같은 문장이다. all이 관계사절을 이끄는 경우 단수 취급을 한다. 이 때 all은 대명사이며 '모든 것, 모두, 만사'의 뜻이다. 목적격의 관계대명사는 보통 생략되며 be 동사 다음에는 to가 생략되고 동사원형이 쓰일 때가 많다.

· All you have to do is eat what you want.
네가 해야만 하는 것은 원하는 것을 먹는 것뿐이다.

**96** **Who'll pick up the pieces?**  누가 뒤처리를 하겠니?

pick up the pieces는 '뒤처리하다, 추스리다'는 뜻의 관용구로 자신의 삶에 가해진 감정적, 재정적, 또는 다른 피해를 복구하려고 애를 쓰거나, 난관을 경험한 후 일상적인 생활로 돌아가려고 노력하는 데 사용한다.

· I need some time to pick up the pieces of my life after the accident.
나는 그 사고 이후에 내 삶을 추스릴 시간이 필요하다.

**104** **tongue-twister**  '혀가 잘 돌아가지 않는 어구'를 말한다.

tongue-twister란 글자 그대로 '혀가 잘 돌아가지 않는 어구'를 말한다. 예를 들어 한국어로는 해석에 나와 있는 것과 같이 "간장 공장 공장장은 강 공장장이고, 된장 공장 공장장은 공 공장장이다" "내가 그린 기린 그림은 긴 기린 그린 그림이고 네가 그린 기린 그림은 큰 기린 그린 그림이다" 등이 있고 영어 예문으로는 " Shall she sell seashells on the seashore?" "Betty Botter bought a bit of butter to put into her batter. But the bit of butter made the batter bitter. So Betty bought a bit of better butter to put into the batter. And the bit of better butter made her batter better." 등이 있다.

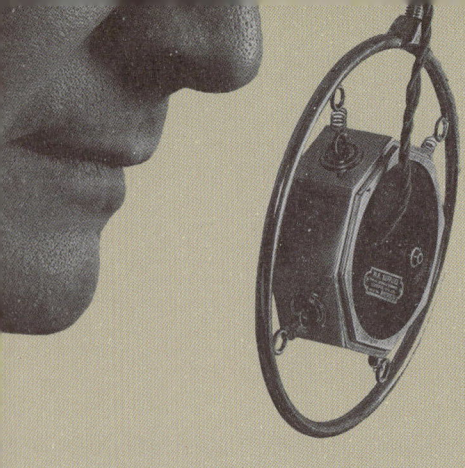

## Movie Talk
### 잔잔하게 감동을 주는 로얄 휴먼 코미디, 영화사의 새 지평을 열다!

갑작스럽게 영국 왕위에 오른 조지 6세의 연설 공포증과 말더듬증 극복과정을 그린 이 영화는 거부할 수 없는 잔잔한 재미와 감동으로 가득 찬 왕가의 휴먼 코미디로, 제 83회 아카데미에서 8개 부문에 노미네이트된 〈소셜 네트워크〉를 제치고 최우수 작품상과 감독상, 남우주연상, 각본상 등 주요 4개 부문을 석권한 걸작이다. 한 마디로 격조 높은 영화의 축도로서, 많은 월계관을 받을 가치가 있는 명작 드라마이며, 나무랄 데 없이 정교하게 만들어지고 감정적으로 사람을 가만히 두지 않는 보기 드문 수작이다. 특히 엘리자베스 2세 여왕의 아버지이자 왕으로서 말더듬이 역을 제대로 소화한 콜린 퍼스는 처음으로 남우주연상을 받아 영화의 가치를 높였다.

한번도 공개되지 않았던 국왕 조지 6세를 둘러싼 영국 왕실의 실화적 스토리를 코믹하고 감동적으로 담아낸 이 작품은, 에드워드 8세의 퇴위 사건을 시작으로 이야기를 완전히 뒤엎어 조지 6세가 그의 언어치료사와 함께 국민들 앞에 당당히 서기 위해 컴플렉스를 극복해 나가는 과정을 잔잔하지만 깊은 울림을 주면서 풀어낸다. 삶을 억누르는 무게를 의지로 극복한 왕과 평민 신분으로서 왕과 우정을 쌓아가는 한 치료사를 인간적인 시선으로 보듬는 감독 톰 후퍼의 솜씨는 일품이다. 그는 흥분을 자아내는 클라이맥스를 지닌 옹골진 드라마를 전한다.

"나는 내가 사랑하는 여인의 사랑과 도움 없이는 무거운 책임을 감당해 나갈 수가 없다." 1936년 요크 공작의 형인 에드워드 8세의 목소리가 전파를 타고 전 영국에 흘러 퍼진다. 결국 온 나라를 들썩이게 한 에드워드 8세와 미국인 이혼녀 심프슨 부인의 '세기의 스캔들'로 인해 본의 아니게 왕위에 오르게 되는 조지 6세. 세계 제2차 대전 당시 폭격 속에서도 궁을 떠나지 않고 끝까지 국민들 곁을 지킨 국왕… 실제로 소심한 성격과 병약한 체질, 심각한 말더듬 증으로 인해 사람들 앞에 나서기 싫어했던 요크 공작… 그의 아버지는 라디오 방송을 실시한 첫 영국왕이었으며, 왕이 연설을 할 때 국민들은 왕이 자신들 편에 서 있다고 믿었고, 그것이 당시 왕이 존재하는 상징적인 가치였다. 그런데 왕이 말을 못한다면 그 존재 자체가 무슨 소용이 있었을까?

그의 비밀스러운 이야기를 전세계 최초로 공개하는 후퍼는 비범한 탤런트로, 영화가 자아내는 감정은 압도적이다. 그는 웃음과 인간적인 유머, 감동과 눈물을 넘나들며 지금껏 만나보지 못한 최고의 로얄 휴먼 코미디를 탄생시키고 있다. 보통 영화 속에서 역사적 인물을 다룰 때는 거대한 서사가 함께 해왔다. 특히 그 인물이 '왕'이라면 스케일 자체도 엄청났다. 그러나 이 영화는 다소 존재감이 없던 왕의 숨겨진 일화를 소박하게 그려낸다. 심지어 극 전개상 중요한 지점인 대관식 장면조차 뉴스영화로 처리한다. 당시 영화롭던 대영제국의 위엄을 묘사하지도 않는다. 영화가 액션이 아니라 말의 전쟁터에서 스토리를 풀어내고 있기 때문이다.
그래서 이 영화는 좋은 영화가 갖추어야 할 모든 것을 갖춘 셈이 된다. 믿기 어려울 정도로 복잡한 드라마, 노련한 연출, 세련된 각본, 그리고 최고의 연기로, 영화는 최근의 많은 드라마를 자칭하는 작품들이 얼마나 실망스럽게 부족한지를 예로 설명해준다. 인물들과 그들이 처한 상황과 관련해서뿐만 아니라 근년의 평범함이 주는 따분한 지리멸렬에서, 이런 영화가 여전히 극장에 도착할 수 있다는 것을 상기시켜주는 신호로 가슴을 감동시키면서 영화는 관객을 고취시키는 몹시 인간적인 스토리로 충만하다. 무미건조한 역사로부터 활기에 넘치는 인간 드라마를 캐낸 감독과 연기자에게 갈채를 보낸다.

.....to regain prosperity at this time of depression... without self-seeking and to carry with us....
those whom the burden of the past years has disheartened or overborne. To all -- to each...

Chapter 04

# The Conflict between The King and David
### 왕과 데이빗 사이의 갈등

본격적인 치료에 들어간 두 사람. 버티는 색다른 치료 방법에 적응하려고 갖은 애를 쓴다. 그 사이 조지 5세는 점점 쇠약해져 국정을 처리할 능력이 없어지게 되고, 첫째 아들 데이빗은 이혼한 미국 여성과 사랑 놀음에 빠져 아버지나 국가의 미래에 대해선 관심이 없다. 결국 조지 5세는 죽음을 맞고 데이빗이 왕위를 물려 받는데…

 왕과 데이빗 사이의 갈등

# The Conflict between The King and David

**INT. APARTMENT BUILDING, LIONEL'S CONSULTATION ROOM - DAY**
Bertie and Lionel both have their individual hands clasped and are shaking them, vibrating their chest and loosening their jaw. As their jaws wobble, they omit a vibrating sound.

**BERTIE :** Ahahahahhahahahahahahahahahahah.

**LIONEL :** (at the same time) Ahahahahahahahahahahahahahaha ha. Feel the looseness of the jaw.

They continue humming and then Lionel jumps up and down.

**LIONEL :** Good. Little bounces. Bounces. Shoulders loose. Shoulders loose.

They jump up and down.

**LIONEL :** Beaut, beaut, beaut. Now loose.

They shake their heads, humming.

내부. 아파트 건물, 라이넬의 상담실 - 낮
버티와 라이넬 둘 다 각자 손을 꼭 쥐고 손을 흔들면서 가슴을
진동시키고 턱을 풀어놓는다. 그들의 턱이 흔들거리면서 그들은
진동하는 음을 뺀다.

버 티 : 아아아아아아아아아아아아아아아아
아아.

라이넬 : (동시에) 아아아아아아아아아앙아아아
아아아. 턱에 힘을 더 빼세요.

그들은 계속 콧소리를 내고는 라이넬이 제자리에서 껑충껑충 뛴다.

라이넬 : 잘 했어요. 살짝 뛰어볼까요. 어깨 힘을
빼고…

그들은 제자리에서 뛴다.

라이넬 : 좋아요, 좋아. 다시 턱에 힘 빼고.

그들은 콧소리를 내면서 머리를 흔든다.

- **clasp**
꼭 쥐다
to hold something tightly in your hand; to hold somebody/something tightly with your arms around them

- **loosen**
풀어놓다, 자유롭게 하다
to release something or let it happen or be expressed in an uncontrolled way

- **wobble**
(목소리 등이) 떨리다, 흔들흔들하다
to move from side to side in an unsteady way

- **vibrate**
흔들다, 진동시키다
to move or make something move from side to side very quickly and with small movements

- **bounce**
뛰어오름, 튐, 되튐
to jump up and down on something

- **beaut**
(속) 매우 아름다운 (것), 굉장히 훌륭한 (것)
an excellent or beautiful person or thing

04. The Conflict between The King and David

LIONEL :    (O.S.) Take a nice deep breath. Expand the chest.

Lionel is seated on the floor beside Bertie lying on the rug.

LIONEL :    Put your hands on to your ribs.

He gestures as Bertie places his hands on to his ribs.

LIONEL :    Deeper. Good. How do you feel?
BERTIE :    Full of hot air.
LIONEL :    Isn't that what public speaking's all about?

**INT. MIDLAND FACTORY, SHOP FLOOR - DAY**
Bertie clutches a speech, Elizabeth standing on the podium. Mayor and dignitaries by them. Workers line up dutifully to hear the visiting Royal.

BERTIE :    My wife and I are glad to visit this important...

Hearing his own voice reverberate through the cavernous factory Bertie's stammer returns.

LIONEL :    (V.O.) Take a good deep breath and up comes Your Royal Highness...

**INT. APARTMENT BUILDING, LIONEL'S CONSULTATION ROOM - DAY**
Bertie lies on the rug, Elizabeth seated on him. Lionel kneels by them gesturing.

LIONEL :    ...and slowly exhale and down comes Your Royal Highness.

Elizabeth looks down at Bertie.

라이널: (목소리) 숨을 깊이 쉬면서 가슴을 팽창시키세요.

라이널이 깔개 위에 누워 있는 버티 옆 바닥에 앉아 있다.

라이널: 손은 갈비뼈 위에 놓고.

그는 버티가 손을 갈비뼈 위에 놓자 손짓을 한다.

라이널: 더 깊게. 좋아요. 어떻습니까?
버 티: 뜨거운 열기가 느껴져요.
라이널: 대중연설에도 열기가 중요하죠.

**내부. 미드랜드 공장, 작업 현장 - 낮**
버티는 자신의 연설문을 쥐고 있고 엘리자베스는 연단 위에 서 있다. 시장과 고위인사들이 그들 옆에 있다. 직공들이 방문하는 왕족의 연설을 듣기 위해 충실하게 줄지어 서 있다.

버 티: 저와 제 아내는 이곳을 방문하게 되어 기… 기쁘…

휑뎅그렁한 공장을 통해서 자신의 목소리가, 반향하는 것을 듣자 버티의 말더듬이 돌아온다.

라이널: (목소리) 숨을 깊이 들이마시면서 가슴을 들어올리세요, 전하….

**내부, 아파트 건물, 라이널의 상담실 - 낮**
버티가 깔개 위에 누워 있고 엘리자베스가 그 위에 앉아 있다. 라이널은 손짓을 하며 그들 옆에 무릎을 꿇고 있다.

라이널: …천천히 숨을 내뱉고 가슴을 내리세요, 전하.

엘리자베스가 버티를 내려다본다.

■ **rib**
늑골, 갈빗대
any of the curved bones that are connected to the spine and surround the chest

■ **shop floor**
(회사, 공장 등의) 작업 현장
the area in a factory where the goods are made by the workers

■ **reverberate**
반향하다, 울려퍼지다
to be repeated several times as it bounces off different surfaces

■ **cavernous**
동굴 같은, 휑뎅그렁한, (소리가) 동굴에서 나오는 듯한
very large and often empty and/or dark; like a cave

---

**Take a nice deep breath.**
Breathe deeply.의 뜻이지만 예문과 같이 Take a deep breath로 표현하는 것이 보통이며, have가 아니라 take를 쓴다. nice와 good 등 형용사는 여러 가지가 들어갈 수 있으며 deep 대신 long이 쓰이기도 한다. 한편 have a bad breath는 '입 냄새가 난다, 구취가 난다'의 뜻이다.
· Don't be nervous, just take a deep breath. 초조해 하지 마시고 심호흡을 해보시죠

**Take a nice deep breath.**
깊게 숨을 쉬어라.

04. The Conflict between The King and David

| | | |
|---|---|---|
| ELIZABETH : | (solicitously) You all right, Bertie? |
| BERTIE : | (groans) Yes. |
| ELIZABETH : | It's actually quite good fun. |

**INT. APARTMENT BUILDING, LIONEL'S CONSULTATION ROOM - DAY**
Bertie is humming, eyes closed.

| | |
|---|---|
| BERTIE : | Mmmmmmm, mother. |
| LIONEL : | Shorten the humming each time. Mmmmm, mother. |
| BERTIE : | Mmmmmmm… |

**INT. MIDLAND FACTORY, SHOP FLOOR - DAY**
Bertie looks down at his speech.

| | |
|---|---|
| BERTIE : | …manufacturing district… |
| LIONEL : | (V.O.) Another deep breath. And Jack and Jill. |

**INT. APARTMENT BUILDING, LIONEL'S CONSULTATION ROOM -DAY**
Bertie and Lionel swing back and forth.

| | |
|---|---|
| BERTIE : | Jack and Jill. |

They continue swinging back and forth

| | |
|---|---|
| LIONEL : | Went up the hill. |
| BERTIE : | Went up the hill. |

**INT. APARTMENT BUILDING, LIONEL'S CONSULTATION ROOM -DAY**
Lionel's feet rocks back and forth.

| | |
|---|---|
| LIONEL : | (O.S.) Right, now just sway. |

**INT. MIDLAND FACTORY, SHOP FLOOR - DAY**
Bertie and Elizabeth feet standing on the podium. His feet rock back and forth.

KING'S SPEECH

엘리자베스: (걱정스러운 듯) 괜찮아요, 버티?
버 티: (신음한다) 괜찮소.
엘리자베스: 이거 상당히 재밌네요.

내부. 아파트 건물, 라이널의 상담실 - 낮
버티가 눈을 감은 채 콧소리를 낸다.

버 티: 음음음음음음음, 엄마.
라이널: 매번 콧소리를 짧게 하세요. 음음음음음, 엄마
버 티: 음음음음음….

내부. 미드랜드 공장, 작업현장 - 낮
버티가 자신의 연설문을 내려다본다.

버 티: …생산 지역에서…
라이널: (목소리) 다시 깊게 들이 마시고… 처녀 총각이…

내부. 아파트 건물, 라이널의 상담실 - 낮
버티와 라이널이 몸을 앞 뒤로 움직인다.

버 티: 처녀 총각이…

그들은 계속 몸을 앞 뒤로 흔든다.

라이널: 언덕에 올라갔네.
버 티: 언덕에 올라갔네.

내부. 아파트 건물, 라이널의 상담실 - 낮
라이널의 발이 앞 뒤로 움직인다.

라이널: (목소리) 맞아요, 그냥 흔들어요.

내부. 미드랜드 공장, 작업현장 - 낮
버티와 엘리자베스가 연단 위에 서 있다. 버티의 발이 앞뒤로 움직인다.

- **solicitously**
  염려하며, 걱정해서, 세심하게
  solicitous = being very concerned for somebody and wanting to make sure that they are comfortable, well or happy

- **Jack and Jill**
  총각과 처녀, 젊은 남녀

- **rock**
  (앞뒤 좌우로 살살) 흔들다, 움직이다
  to move gently backwards and forwards or from side to side

- **sway**
  몸(머리)을 움직이다, 흔들다
  to move slowly from side to side

It's actually quite good fun.
fun에는 강조의 뜻으로 good이나 great가 잘 쓰인다. 다만 He is good fun.(그는 재미있는 사람이다)에서처럼 부정관사 a는 붙지 않는다. good은 '더할 나위 없는, 만족스러운, 바람직한'의 뜻이며, quite(꽤, 상당히, 제법)의 수식을 받고 있다. 다만 It is a quite good book.은 It's quite a good book.(그건 아주 좋은 책이다)과 같이 쓰인다.

## It's actually quite good fun.
이거 정말 아주 재밌네요.

04. The Conflict between The King and David

| LIONEL : | (V.O.) Perfect! |

Bertie glances down at his speech.

| BERTIE : | ...will not permit us to... |
| LIONEL : | (V.O.) Loosen the shoulders. |

**INT. APARTMENT BUILDING, LIONEL'S CONSULTATION ROOM - DAY**
Bertie and Lionel roll their shoulders.

| BERTIE : | (V.O.) Ding dong bell pussy's in the well. |

Bertie rolls across the floor.

| LIONEL : | (O.S.) (mumbles) Very good. |
| BERTIE : | (V.O.) Who put her in? Little Tommy Tin. |

Lionel bends, moves to roll Bertie towards.
Later: Bertie walks to the sofa and sits. He places a cigarette into his mouth. Lionel leans to him, removes it from his mouth as he moves to light it.

| LIONEL : | You've got a short memory, Bertie. Come on. |

Bertie follows him.

**INT. APARTMENT BUILDING, LIONEL'S CONSULTATION ROOM - DAY**
Bertie's eyes are closed. Lionel steps around him.

| LIONEL : | A cow. |
| BERTIE : | A cow, a cow, a cow. |
| LIONEL : | A king. |
| BERTIE : | A, a king... |

**INT. APARTMENT BUILDING, LIONEL'S CONSULTATION ROOM - DAY**
Bertie looks forwards.

라이널:　(목소리) 완벽해요!

버티는 자신의 연설문을 내려다본다.

버 티:　우리는 결코 그것을 허용하지 않을 것이며…

라이널:　(목소리) 어깨 힘을 빼세요.

**내부, 아파트 건물, 라이널의 상담실 - 낮**
버티와 라이널이 자신들의 어깨를 굴린다.

버 티:　(목소리) 고양이가 우물 속에 있네.

버티는 방 바닥 위를 굴러간다.

라이널:　(목소리) (중얼거린다) 아주 좋아요.

버 티:　(목소리) 누가 넣었나? 꼬마 토미 틴.

라이널이 몸을 숙이고 버티를 앞으로 굴리면서 움직인다.
그 후: 버티는 소파로 걸어가 앉는다. 그는 담배를 입에 문다. 그가 담배에 불을 붙이려 하자 라이널이 몸을 숙여 그의 입에서 담배를 뺀다.

라이널:　내가 말한 거 잊었어요, 버티? 어서 와요.

버티가 그를 따른다.

**내부, 아파트 건물, 라이널의 상담실 - 낮**
버티의 눈이 감겨져 있다. 라이널이 그 주위를 움직인다.

라이널:　암소.
버 티:　암소, 암소, 암소.
라이널:　왕.
버 티:　와… 왕.

**내부, 아파트 건물, 라이널의 상담실 - 낮**
버티가 전면을 바라본다.

- **ding**
  땡땡(종소리)

- **dong**
  큰 종이 땡하고 울리는 소리

- **ding-dong**
  땡땡 종소리
  used to represent the sound made by a bell

- **pussy**
  고양이, 털 있고 부드러운 것
  a child's word for a cat

- **well**
  우물, 샘, 유정, 광천
  a deep hole in the ground from which people obtain water. The sides of wells are usually covered with brick or stone and there is usually some covering or a small wall at the top of the well

**You've got a short memory.**

You have a short memory. Your memory is short. You're a man of short memory.로 말할 수도 있다. 여기서 short은 short-term(단기의, 짧은 기간의)을 말하므로 You've got a short-term memory.이라고 할 수도 있다. 보통 a man of short memory는 '잘 잊어버리는 사람'을 말한다. 참고로 short-term은 30초에서 40초 정도를 말한다.

## You've got a short memory.
### 잘 잊어버리는군요.

4. The Conflict between The King and David

BERTIE :       Ahhhhhhhhhhhhhh…

Bertie between Lionel and Elizabeth. They stand at open windows. Lionel and Elizabeth gesture humming together.

LIONEL :       Good! (looks at Bertie) Anyone who can shout vowels at an open window can learn to deliver a speech.

BERTIE :       Ahhhhhhhhhhhhhh…

Through open windows a man slides his windows closed.

ELIZABETH :    Thirteen, fourteen, fifteen.

Elizabeth looks at her stopwatch, timing Bertie.

**INT. MIDLAND FACTORY, SHOP FLOOR - DAY**
Bertie and Elizabeth stand on the podium.

LIONEL :       (V.O.) Good. Deep breath, and…
BERTIE :       It is…

Bertie looks down at his speech and reacts.

LIONEL :       (V.O.) Let the words flow.

**INT. APARTMENT BUILDING, LIONEL'S CONSULTATION ROOM - DAY**

BERTIE :       No, it doesn't bloody work.

Bertie steps back, shaking his head.

**INT. MIDLAND FACTORY, SHOP FLOOR - DAY**
Bertie turns, looks at Elizabeth.

LIONEL :       (V.O.) Come on, one more time, Bertie. You can do it.

버 티 : 아아아아아아아아아아아아…

버티는 라이널과 엘리자베스 사이에 있다. 그들은 열린 창문 앞에 서 있다. 라이널과 엘리자베스는 함께 콧소리를 내면서 몸짓을 한다.

라이널 : 좋아요! (버티를 본다) 열린 창문 앞에서 모음을 소리칠 수 있는 사람은 누구나 연설을 잘 할 수 있어요.

버 티 : 아아아아아아아아아아…

열린 창문을 통해 한 남자가 자기 창문을 밀어 닫는다.

엘리자베스 : 13… 14… 15초!

그녀는 자신의 스톱워치를 보면서 버티의 시간을 재고 있다.

**내부. 미드랜드 공장, 작업현장 – 낮**
버티와 엘리자베스가 연단 위에 서 있다.

라이널 : (목소리) 좋아요, 깊게 들이마시고…

버 티 : 그건…

버티는 연설문을 내려다보며 반응을 한다.

라이널 : (목소리) 단어들을 흘려 보내요.

**내부. 아파트 건물, 라이널의 상담실 – 낮**

버 티 : 안 돼, 빌어먹을!

버티는 고개를 저으며 뒤로 물러선다.

**내부. 미드랜드 공장, 작업 현장 – 낮**
버티가 몸을 돌려 엘리자베스를 바라본다.

라이널 : (목소리) 어서, 한 번 더요, 버티. 할 수 있어요.

- **vowel**
  모음, 모음자
  a letter that represents a vowel sound. In English the vowels are a, e, i, o, and u

- **deliver**
  (연설, 설교를) 말하다, (의견을) 말하다
  to give a speech, talk, etc. or other official statement

- **deliver a speech**
  연설을 하다
  = make a speech

- **stopwatch**
  스톱워치
  a watch that you can stop and start by pressing buttons, in order to time a race, etc. accurately

- **time**
  (경주 등의) 시간을 측정하다(재다)
  to measure how long it takes for something to happen or for somebody to do something

---

**It doesn't bloody work.**

Something is not going well as you expected.와 같은 표현으로 강조의 bloody는 영국 구어체로 '몹시, 지독하게'(very)의 뜻이다. work은 자동사로 쓰여 '(계획 등이) 잘 되어 가다, (약 등이) 듣다, (사람, 감정 등에) 작용하다, 영향을 미치다, 작동하다' 등의 뜻이다. It works. = It functions. = Something is going well as you expected.

**It doesn't bloody work.**
빌어먹을 안 되잖아.

04. The Conflict between The King and David

Elizabeth reacts and turns. The workers and dignitaries react.

**BERTIE :** (V.O.) A sieve of thisted siphles.

**INT. APARTMENT BUILDING, LIONEL'S CONSULTATION ROOM - DAY**
Bertie gestures.
Later: Bertie stands and shouts.

**BERTIE :** Dah! Ma! Bah!

**INT. APARTMENT BUILDING, LIONEL'S CONSULTATION ROOM - DAY**
Lionel gestures.

**LIONEL/BERTIE/ELIZABETH :** Eeeeeeeeeeeeeeeeee.

Elizabeth clutching the stopwatch looks at Bertie by her.

**INT. MIDLAND FACTORY, SHOP FLOOR - DAY**
Bertie looks down at his speech, reacts.

**ALL :** (V.O.) Eeeeeeeeeeeeeeeeeeeeeeee.

Some workers react. They look around awkwardly.

**LIONEL :** (V.O.) Father. Father.

Bertie glances around.

**BERTIE :** (V.O.) Father.
**LIONEL :** (V.O.) Father.

**INT. APARTMENT BUILDING LIONEL'S CONSULTATION ROOM - DAY**
Bertie's eyes are closed. Lionel stands by him.

엘리자베스가 반응을 보이며 몸을 돌린다. 직공들과 고위인사들도 반응을 보인다.

버 티: (목소리) 붉은 팥 풋팥죽이고…

**내부, 아파트 건물, 라이널의 상담실 - 낮**
버티가 몸짓을 한다.
그 후: 버티가 일어서서 소리친다.

버 티: 다! 마! 바!

**내부, 아파트 건물, 라이널의 상담실 - 낮**
라이널이 몸짓을 한다.

라이널/버티/엘리자베스: 이이이이이이이이이이이이이…

스톱워치를 잡고 있는 엘리자베스가 옆에 있는 버티를 바라본다.

**내부, 미드랜드 공장, 작업 현장 - 낮**
버티는 연설문을 내려다보며 반응을 한다.

모 두: (목소리) 이이이이이이이이이이이이이이…

직공들 몇 사람이 반응을 보인다. 그들은 어색하게 주위를 바라본다.

라이널: (목소리) 아버지. 아버지

버티가 주위를 바라본다.

버 티: (목소리) 아버지.
라이널: (목소리) 아버지.

**내부, 아파트 건물, 라이널의 상담실 - 낮**
버티의 눈은 감겨져 있다. 라이널이 그 옆에 서 있다.

■ dah
모스 부호의 장음

■ bah
(경멸) 흥
used to show a sound that people make to express disapproval

■ awkwardly
어색하게, 서투르게, 거북하게

■ awkward
어색한, 꼴사나운, 거북한, 서투른
making you feel embarrassed

> **A sieve of thisted siphles.**
> 앞에서 설명한 것과 마찬가지로 여기의 해석은 단어 해석으로는 맞지 않는다. 실제로 thisted나 siphles는 없는 단어로 단지 tongue-twisters의 발음 연습을 하던 중 버티가 잘못 발음하는 말일 뿐이다. 앞의 내용을 참고해 볼 때 아마도 thisted는 thistle이고 siphles는 sifter가 아닌가 생각된다.

### A sieve of thisted siphles.
붉은 팥 풋팥죽이고.

| | |
|---|---|
| BERTIE : | Father. |
| LIONEL : | Aim for the 'fa'. Father. |
| BERTIE : | Father. Father. Father… |

**EXT. SANDRINGHAM PRIVATE LANDING STRIP - DAY**
Along the road Bertie's parked car is seen. Bertie steps from behind it.
Caption: Sandringham Estate 1936
Bertie steps aside to reveal a bi-plane flying towards the estate. He glances towards as it approaches. The bi-plane travels across the fields.

**EXT. PRIVATE LANDING STRIP**
The bi-plane passes overhead and touches down. Bertie walks to the bi-plane. David are seated in the cockpit.

| | |
|---|---|
| DAVID : | Hello, Bertie. |

He opens 'door' flap. Bertie clutches a wing strut.

| | |
|---|---|
| BERTIE : | Hello, David. |
| DAVID : | (stands in cockpit) Nice of you to come out. |
| BERTIE : | Not at all. |

David jumps down from the cockpit and removes his flying helmet.

| | |
|---|---|
| DAVID : | You been waiting long? |

He sighs and shakes his arms.

| | |
|---|---|
| DAVID : | Christ, bloody freezing. |
| BERTIE : | Where have you been? |

They start to walk together.

| 버 티 : | 아버지. |
| 라이널 : | '아'에다 중점을 둬요. 아버지. |
| 버 티 : | 아버지. 아버지. 아버지… |

**외부. 샌드링엄, 개인 가설 활주로 – 낮**
길을 따라 버티의 주차된 자동차가 보인다. 버티가 뒤에서 나온다.
자막: 1936년 샌드링엄 영지
버티가 옆으로 비키자 복엽 비행기 한 대가 영지를 향해 날아오는 것이 보인다. 그는 비행기가 다가오자 전면을 바라본다. 복엽 비행기가 들판을 가로질러 날아간다.

**외부. 개인 가설 활주로 – 낮**
그 복엽 비행기가 머리 위를 지나가 착륙한다. 버티는 비행기로 걸어간다. 데이빗이 조종석에 앉아 있다.

| 데이빗 : | 잘 있었냐, 버티. |

그는 위로 젖히는 문을 연다. 버티는 날개 받침대를 잡는다.

| 버 티 : | 어서와, 데이빗 형. |
| 데이빗 : | (조종석에서 일어선다) 나와줘서 고마워. |
| 버 티 : | 천만에. |

데이빗은 조종석에서 뛰어내려 비행 헬멧을 벗는다.

| 데이빗 : | 오래 기다렸냐? |

그는 한 숨을 쉬고는 팔을 흔든다.

| 데이빗 : | 맙소사, 엄청 춥네. |
| 버 티 : | 어떻게 지냈어? |

그들은 함께 걷기 시작한다.

- **strip**
  가설활주로
  a long narrow area of land, sea, etc

- **bi-plane**
  복엽 비행기

- **cockpit**
  (비행기, 우주선 등의) 조종석(실)
  an enclosed area in a plane, boat or racing car where the pilot or driver sits

- **flap**
  (항공) 플랩, (비행기의) 보조익
  a part of the wing of an aircraft that can be raised or lowered to control upward or downward movement

- **flap door**
  위로 젖히는 문, 아래로 여는 문

- **strut**
  받침대, 버팀목, 지주
  a long thin piece of wood or metal used to support or strengthen part of a vehicle or building

Not at all.
원래는 '조금도 아니다'의 뜻이다. I don't know him at all.(그는 생판 모르는 사람이다) 그런데 감사하다는 말에 대꾸로 "조금도 감사할 것 없어"의 뜻이므로 "천만에, 별말씀을"이 된 것이다. 이 경우에는 Don't mention it. Forget it. You're welcome. It's nothing. My pleasure. No problem. 등 여러 가지 유사한 표현들이 있다.

# Not at all.
별 말씀을.

04. The Conflict between The King and David

| DAVID : | I've been busy. |
|---|---|
| BERTIE : | So have I. |

David tidies his hair breathing heavily.

| BERTIE : | Elizabeth has pneumonia |
|---|---|

They walk towards, glance at each other.

| DAVID : | Oh, I'm sorry. Well, she'll recover. |
|---|---|
| BERTIE : | Father won't. |
| DAVID : | (stops) I'll drive. |

**EXT. SANDRINGHAM DRIVEWAY - DAY**
Bertie's car travels along the driveway. It almost careens off the lane.

| DAVID : | (V.O.) Old bugger's doing this on purpose. |
|---|---|

**INT. BERTIE'S CAR - DAY**
Bertie in the passenger seat stares at David.

| BERTIE : | Dying? |
|---|---|
| DAVID : | (driving) Departing prematurely. To complicate matters with Wallis. |
| BERTIE : | Oh, for… for heaven's sake, David. You know how long he's been ill. |
| DAVID : | Wallis explained. She's terribly clever about these things. |

Bertie looks at David and turns.

| WIGRAM : | (V.O.) (reads) Whereas my letters patent under the Great Seal… |
|---|---|

KING'S SPEECH

데이빗:　바빴지 뭐.
버 티:　나도 그랬어.

데이빗은 숨을 크게 쉬면서 머리를 단정히 한다.

버 티:　엘리자베스가 폐렴에 걸렸어.

그들은 걸어가며 서로를 본다.

데이빗:　저런… 곧 나을 거야.
버 티:　아버지는 안 나을 것 같아.
데이빗:　(멈춘다) 내가 운전할게.

**외부. 샌드링엄 차도 - 낮**
버티의 자동차가 차도를 따라 달린다. 차는 길을 벗어날 듯 흔들거리며 달린다.

데이빗:　(목소리) 노인네가 일부러 그러는 거야.

**내부. 버티의 자동차 - 낮**
조수석의 버티가 데이빗을 응시한다.

버 티:　일부러 죽어간다고?
데이빗:　(운전하면서) 빨리 죽을 것처럼 말이야… 월리스 심슨이랑 헤어지게 하려고.
버 티:　아, 말도 안 돼, 형. 아버지가 얼마나 오래 편찮으셨는지 알잖아.
데이빗:　월리스가 그랬다니까. 그 여잔 이런 문제에 있어서 완전 전문가야.

버티가 데이빗을 보고는 몸을 돌린다.

위그램:　(목소리) (읽는다) 국새가 찍힌 특허문서에 비추어보면…

■ **pneumonia**
폐렴
a serious illness affecting one or both lungs that makes breathing difficult

■ **careen**
흔들리면서 질주하다, 기울다
to move forward very quickly especially in a way that is dangerous or uncontrolled

■ **prematurely**
조숙하게, 때 아니게, 시기상조로
premature = happening before the normal or expected time

■ **patent**
특허(권), 특허품
an official right to be the only person to make, use or sell a product or an invention; a document that proves this

---

So have I.
'So + (조)동사 + 주어'는 '주어도 또한 (역시) 그렇다'의 뜻이다. 반면에 'So + 주어 + (조)동사'는 '주어는 정말로, 참으로, 실제로 그렇다'의 뜻이다.
· You said it was good, and so it is.
　네 말로 좋다고 하더니 정말 좋군 그래
· My father was a soldier, and so am I. 아버지는 군인이셨는데 나도 그렇다.

---

## So have I.
나도 그랬어.

04. The Conflict between The King and David

**INT. SANDRINGHAM, KING'S BEDROOM - DAY**

The King is propped up in his armchair. He's attended by six members of his Privy Council - Archbishop Lang, Lord Dawson his personal physician, Lord Wigram his private secretary, together with Ramsay Macdonald, Lord Hailsham and Sir John Simon. The King's sons and daughter are in attendance. Sister Black his nurse, stands beside the King.

Lord Wigram is reading out the Order for the Council for the State. The King constantly interjects. He is confused and frail.

WIGRAM :     (reads) ...bearing date of Westminster the 11th day of June 1912...

George V glances around. He mumbles.

WIGRAM :     (reads) ...His Majesty King George the Fifth did constitute...

Queen Mary, David, Bertie and others are seen around him.

WIGRAM :     (reads) ...order and declare that there should be a Guardian of the Realm...

GEORGE V :   What's going on here...

WIGRAM :     (reads) ...Custos Regno, in the form of Councillors of State. .

GEORGE V :   I, I cannot follow you. I'm confused and I... (looks at Wigram) I don't understand what you're talking about.

WIGRAM :     It's the Order of the Council of State, sir.

GEORGE V :   (mumbles) Would you do that?

WIGRAM :     So that we may act, on your behalf...

GEORGE V :   (mumbles) This is all not clear to me, I'm afraid, Lord Wigram. (mumbles) I can't follow you.

130

내부. 샌드링엄, 왕의 침실 - 낮
왕은 안락의자에 기대 앉아 있다. 그는 여섯 명의 추밀원 회원들 즉, 대주교 행, 주치의인 도슨 경, 개인 비서인 위그램 경, 그리고 램지 맥도날드, 헤일샴 경과 존 사이먼 경 등의 수행을 받고 있다. 왕의 아들과 딸도 참석하고 있다. 간호사인 블랙 수녀가 왕 옆에 서 있다.
위그램 경은 의회의 명령을 읽고 있다. 왕은 계속 말을 끼워 넣는다. 그는 혼란스럽고 연약하다.

위그램:    (읽는다) …1912년 6월 11일자 웨스트민스터의…

조지 5세는 주위를 둘러본다. 그는 중얼거린다.

위그램:    (읽는다) …친애하는 조지 5세 국왕폐하께서는 직접 구성해서…

메리 여왕, 데이빗, 그리고 기타 사람들이 그 주위에서 보인다.

위그램:    (읽는다) …천명한 바에 의하면 소명을 가진 수호자가…
조지 5세:  지금 무슨 일이 진행되고 있는 건지…
위그램:    (읽는다) …지방의회에 포함되어야 한다고 했소.
조지 5세:  무슨 말인지 이해가 안 가오. 혼란스럽고… (위그램을 보며) 도대체 무슨 말을 하는 거요.
위그램:    주의회에 내리는 명령입니다, 폐하.
조지 5세:  (중얼거린다) 앞에 읽은 걸 다시 말해주겠소?
위그램:    서명을 해주셔야 저희가 대신 직무를 받아볼 수…
조지 5세:  (중얼거린다) 명확하질 않아요… 위그램 경. (중얼거린다) 이해를 못 하겠소.

■ prop
받치다, 기대 세우다. 버티다
to support an object by leaning it against something, or putting something under it etc

■ Privy Council
추밀원
a group of people who advise the king or queen on political affairs

■ sister
수간호사, 수녀
a senior female nurse who is in charge of a hospital ward; a female member of a religious group, especially a nun

■ interject
(말 따위를) 불쑥 끼워 넣다. 던져 넣다
to interrupt what somebody is saying with your opinion or a remark

■ frail
연약한, 허약한
physically weak and thin; easily damaged or broken

> So that we may act, on your behalf…
> on one's behalf는 on behalf of와 같이 '~을 대신하여, ~을 위하여, ~을 대표하여'라는 뜻의 관용구이고, So that ~ may(can, will)는 '~하기 위해서, 할 수 있도록'의 뜻이다.
> · He worked hard on behalf of his father so that his family could live in comfort. 그는 가족이 편안하게 살 수 있도록 아버지를 대신해서 열심히 일했다.

## So that we may act, on your behalf…
대신하여 저희가 직무를 맡아볼 수 있도록…

04. The Conflict between The King and David

Doctor Dawson looks at Wigram.

**GEORGE V :** Well, I'm, I'm so confused that...
**WIGRAM :** Approved.
**GEORGE V :** Thank you.

Wigram steps forwards, places the order in front of George V. David stands. Hushed chatter.

**DR DAWSON :** Let me help you, sir.

He places a pen into George V's hand.

**GEORGE V :** (mumbles) Ah, yes.

Doctor Dawson's hand clutching George V's hand and the pen helps him sign the order. He takes the pen from George V.

**DR DAWSON :** (softly) Thank you, sir.
**GEORGE V :** Thank you.

Doctor Dawson lifts silver platter from George V's lap and hands the papers to Wigram. Queen Mary glances at him and smiles weakly.

**NURSE :** (leaning him) Are you feeling a little better, sir?
**GEORGE V :** No, I'm not feeling any better. I feel dreadful

He turns and looks at Queen Mary.

**GEORGE V :** Ah. (pause) Been, er, ice-skating? Ice-skating?
**QUEEN MARY :** No. No, George.

George V raises his hand and glances at the nurse as she takes hold of it. He glances around. Bertie stares at George V.

KING'S SPEECH

도슨 의사가 위그램을 바라본다.

조지 5세 : 내가 헷갈려서 그러는데…
위그램 : 이미 승인하셨던 사항입니다.
조지 5세 : 그렇군.

위그램은 앞으로 나서며 조지 5세 앞에 명령서를 내놓는다. 데이빗은 일어선다. 억제된 잡담 소리.

도슨 의사 : 제가 도와드리겠습니다, 폐하.

그는 조지 5세의 손에 펜을 놓는다.

조지 5세 : (중얼거린다) 아, 네.

도슨 의사의 손이 조지 5세의 손과 펜을 잡고 그가 서명하는 것을 도와준다. 그는 조지 5세로부터 펜을 받아 든다.

도슨 의사 : (조용히) 감사합니다, 폐하.
조지 5세 : 고맙소.

도슨 의사는 조지 5세의 무릎에서 은 쟁반을 들고는 서류를 위그램에게 준다. 메리 여왕이 그를 바라보며 약하게 미소 짓는다.

간호사 : (그에게 기대며) 기분이 좀 나아지셨습니까, 폐하?
조지 5세 : 아니 전혀 나아지지 않았어. 무섭구나.

그는 몸을 돌려 메리 여왕을 바라본다.

조지 5세 : (잠시) 스케이트 타고 있었소?
메리 여왕 : 아니에요, 조지.

조지 5세는 손을 들고는 간호사가 그것을 잡자 그녀를 바라본다. 그는 주위를 둘러본다. 버티가 조지 5세를 바라본다.

■ **hush**
잠잠하게 하다, 입다물게 하다
to make somebody/something become quieter; to make somebody stop talking, crying, etc.

■ **platter**
큰 접시
a large plate that is used for serving food

■ **dreadful**
무서운, 두려운, 몹시 불쾌한, 지겨운
very bad or unpleasant; causing fear or suffering

■ **take hold of**
(유형, 무형의 것을) 잡다, 쥐다, 제어하다
to begin to have complete control over somebody/something

**Been ice-skating?**
현재완료형이 쓰여 Have you been to ice-skating?(스케이트 타러 갔다 왔소?)이나 Have you been ice-skating?(지금까지 스케이트 타고 있었소?)의 준 표현이다. 구어체에서는 You been ice-skating? Been ice-skating? You been to ice-skating? Been to ice-skating? 등으로 쓸 수 있다.

## Been ice-skating?
스케이트 탄 거요?

 04. The Conflict between The King and David

**INT. SANDRINGHAM, LIBRARY - EVENING**
David is on the phone. Bertie enters.

**INT. SANDRINGHAM CORRIDOR/LIBRARY - EVENING**
Bertie walks towards.

**DAVID :** (O.S. into phone) Yes. Yes, all right, of course.

Bertie walks through the doorway and finds David clutching telephone.

**DAVID :** (O.S. into phone) I know, darling. A talk, even a lovely long talk is a poor substitute for... holding tight and making drowsy.

He turns and looks at Bertie.

**DAVID :** (into phone) Nor making our own drowsies either, as we've had to do far too often lately.
**BERTIE :** (O.S.) David. Dinner.

David looks at Bertie, covers the receiver with his hand.

**DAVID :** (whispers) I'm on with Wallis.

He turns, raises the earpiece to his ear.

**DAVID :** (O.S. into phone) It's Bertie.

Bertie looks down, draws on the cigarette.

**DAVID :** (into phone) No. No, it's not important. Oh... I don't want to. No.

Bertie draws on the cigarette again.

내부. 샌드링엄, 도서실 - 저녁
데이빗이 전화를 걸고 있다. 버티가 들어온다.

내부. 샌드링엄, 복도/도서관 - 저녁
버티가 걸어온다.

데이빗 : (목소리, 전화로) 그래, 그래, 맞아, 물론이지.

버티가 문간을 통해 걸어 들어와 데이빗이 전화를 잡고 있는 것을 발견한다.

데이빗 : (목소리, 전화로) 자기야, 나도 알아. 아무리 길고 다정하게 통화해도… 함께 침대에 있는 것과는 비교할 수도 없지.

그는 돌아서서 버티를 본다.

데이빗 : (전화로) 우리가 같이 자지도 못하고, 최근에 우리 너무 자주 떨어져 있는 것 같아.
버 티 : (목소리) 형, 식사 시간이야.

데이빗이 버티를 보고는 손으로 수화기를 덮는다.

데이빗 : (속삭인다) 월리스랑 통화하고 있어.

그는 돌아서 귀에다 수화기를 올린다.

데이빗 : (목소리, 전화로) 버티가 왔어.

버티는 고개를 숙이며 담배를 빤다.

데이빗 : (전화로) 아냐. 중요한 거 아냐. 끊기 싫은데? 아니라니까.

버티는 다시 담배를 빤다.

■ substitute
대용품, 대역
a person or thing that you use or have instead of the one you normally use or have

■ drowsy
졸리는, 졸린 듯한
tired and almost asleep

■ earpiece
수화기, 수신기, 귀에 대는 부분
the part of a telephone or piece of electrical equipment that you hold next to or put into your ear so that you can listen = earphone

I'm on with Wallis.
원래 be on with는 '~에 열중해 있다'는 관용구로, Don't be on with her.(그녀에게 열중하지 마라)처럼 예문도 "나 지금 월리스에 정신이 팔려 있다"로 해석할 수도 있고, be on은 be on the phone의 뜻으로 '통화 중이다'의 뜻으로 보아서 '통화 중이다'로 볼 수도 있다. 이처럼 부사인 on은 '(근무자가) 근무하고, 작업 중에, 무대에 나가' 등의 뜻이다.

I'm on with Wallis.
월리스랑 통화 중이야.

## 04. The Conflict between The King and David

**DAVID :** (into phone) Telephone me later? All right, goodbye.

He replaces the receiver and puts down the telephone. He lifts his cigarette from the ashtray.

**DAVID :** Wallis misses me terribly.

**BERTIE :** Mama says you're late for dinner.

David drains the glass and places it on to the cabinet. He sighs.

**DAVID :** She forgets papa's bloody clocks are all half an hour fast.

He walks to the clock and adjusts it. Then he places the cigarette into his mouth.

### INT. SANDRINGHAM, DINING ROOM - EVENING

Wigram, Doctor Dawson, Cosmo Lang and others are seated and Queen Mary seated at the head of the table. Bertie and David enter through the doorway. David walks to Doctor Dawson.

**DAVID :** How's the King? I, I hope he's not in pain.

Doctor Dawson stands, turns to him.

**DR DAWSON :** No, no, sir. His Majesty's quieter now.

**DAVID :** (nods) Thank you.

He pulls out a chair and sits beside Cosmo Lang.

**QUEEN MARY :** David, if your father were here, tardiness would not be tolerated.

She glances around and Bertie glances down.

KING'S SPEECH

데이빗: (전화로) 그래 나중에 통화해. 그래, 안녕.

그는 수화기를 되돌리며 전화를 끊는다. 그는 재떨이에서 담배를 집어 든다.

데이빗: 월리스가 날 엄청 보고 싶어해.
버 티: 어머니가 형 저녁 식사에 늦었다고 뭐라고 하셨어.

데이빗은 술을 쭉 마셔 잔을 비우고는 그것을 장식장에 놓는다. 그는 한숨을 쉰다.

데이빗: 어머니는 아버지가 항상 시계를 30분 앞당겨 놓는 걸 잊으시지.

그는 시계로 걸어가 바늘을 조정한다. 그리고 나서 그는 담배를 입에 문다.

**내부. 샌드링엄, 식당 - 저녁**
위그램, 도슨 의사, 코스모 랭 그리고 여러 사람들이 앉아 있다. 메리 여왕은 테이블 윗자리에 앉아 있다. 버티와 데이빗이 문간으로 들어온다. 데이빗은 도슨 의사에게 걸어간다.

데이빗: 왕께선 어떠신가? 고통스럽지 않으셔야 할 텐데.

도슨 의사가 일어서서 그에게 몸을 돌린다.

도슨 의사: 아닙니다, 전하. 지금은 폐하께서 많이 편안해지셨습니다.
데이빗: (고개를 끄덕인다) 수고했소.

그는 의자를 끌어내 코스모 랭 옆에 앉는다.

메리 여왕: 데이빗, 아버지가 여기 계셨으면 식사에 늦는 행동 용납치 않으셨을 거다.

메리 여왕은 주위를 둘러보고 버티도 둘러본다.

■ **ashtray**
(담배) 재떨이
a container into which people who smoke put tobacco ash, cigarette ends, etc

■ **drain**
잔을 쭉 마셔버리다
to make something empty or dry by removing all the liquid from it; to become empty or dry in this way

■ **adjust**
조절하다, 맞추다, 바로 잡다
to change something slightly to make it more suitable for a new set of conditions or to make it work better

■ **tardiness**
지각, 더딤, 느림
tardy = slow to act, move or happen; late in happening or arriving

**His Majesty's quieter now.**
Majesty는 집합적으로 '왕족'을 나타낸다. 보통 his(her, your, their) Majesty로 써서 '폐하(국왕이나 왕비의 호칭)'를 나타낸다. 예를 들어 Her Majesty the Queen은 '여왕 폐하'가 된다. 이름을 붙일 때에는 Her Majesty Queen Elizabeth 식으로 표현한다. 물론 왕일 경우에는 His Majesty Albert II 등으로 쓴다.

**His Majesty's quieter now.**
지금은 폐하께서 편안해지셨습니다.

04. The Conflict between The King and David

**QUEEN MARY:** None of this unpleasantness would be tolerated.

**COSMO LANG:** You know, sir, I appreciate that, er, you are different, er, from your father...

Then Butler enters, whispers to Doctor Dawson and Lord Wigram.

**COSMO LANG:** ...er, both in outlook and --temperament.

Doctor Dawson and Wigram stand, follow Butler out.

**COSMO LANG:** I want you to know that whenever the King questioned your conduct... I tried, in your interest to present it in the most favourable light... to present it in the most favourable light.

**DAVID:** (ironic) Mmm. I can always trust you to have my best interests at heart.

Bertie looks towards. Lord Wigram enters and whispers to Queen Mary.
She reacts as he leans back. She sighs deeply.

**QUEEN MARY:** (stands) I fear our vigil will not be of long duration. Please continue.

David watches Queen Mary.

**INT. SANDRINGHAM, KING'S BEDROOM - EVENING**
George V's body lying in bed. Doctor Dawson's hand closes his eyes. Cosmo Lang steps towards and gestures.

**COSMO LANG:** (prays) Let us commend our brother George to the mercy of God, our Maker and Redeemer.

Bertie is almost moved to tears. David closes his eyes, bows his head.

메리 여왕 : 너의 여러 불편한 행동들을 용납하지 않으셨겠지.

코스모 랭 : 아시겠지만 저는 폐하와는 다른 전하만의 진가를 잘 이해하고 있습니다.

그때 집사가 들어와 도슨 의사와 위그램 경에게 속삭인다.

코스모 랭 : …외모와 기질에서 말입니다.

도슨 의사와 위그램이 일어나 집사를 따라 나간다.

코스모 랭 : 폐하께서 제게 전하의 근황을 물으실 때마다 항상 전하의 입장에 서서 최대한 긍정적으로 말씀드렸다는 것을 알아주셨으면 합니다.

데이빗 : (반어적으로) 음, 저의 이해관계를 항상 염두에 두고 계시다는 것은 잘 알고 있습니다.

버티는 앞을 본다. 위그램 경이 들어와 메리 여왕에게 속삭인다. 그녀는 뒤로 몸을 세우며 반응을 보인다. 그녀는 깊은 한숨을 쉰다.

메리 여왕 : (일어선다) 안타깝게도 우리의 기도가 오래 계속되지는 않을 것 같습니다. 식사 계속 하십시오.

데이빗은 메리 여왕을 지켜본다.

### 내부. 샌드링엄, 왕의 침실 – 저녁

조지 5세의 시신이 침대에 놓여 있다. 도슨 의사의 손이 그의 눈을 감긴다. 코스모 랭이 나서며 손짓을 한다.

코스모 랭 : (기도한다) 주님, 조지 형제에게 자비를 베푸소서.

버티는 거의 울음이 나올 지경이다. 데이빗은 눈을 감고 머리를 조아린다.

■ outlook
견해, 시야, 개관
the attitude to life and the world of a particular person, group or culture

■ vigil
철야, 밤샘, 감시
a period of time when people stay awake, especially at night, in order to watch a sick person, say prayers, protest, etc

■ duration
지속, 계속, 존속
the length of time that something lasts or continues

■ Redeemer
구제해 주는 사람
= Jesus Christ

**Let us commend our brother George to the mercy of God.**

commend A to B는 'A를 B에게 맡기다, 위탁하다, 추천하다, 권하다' (to give somebody/something to somebody in order to be taken care of) 등의 뜻이다. 따라서 He commended his daughter to his sister's care.(그는 딸을 누이에게 맡겼다)로 쓴다. 예문을 직역하면 "우리의 형제이신 조지를 주님의 자비에게 맡기나이다"의 의미가 된다.

### Let us commend our brother George to the mercy of God.
주님, 조지 형제에게 자비를 베푸소서.

04. The Conflict between The King and David

Queen Mary steps towards and takes her eldest son's hand. She bends, kisses his hand.

**QUEEN MARY :**   Long live the King.

David glances around. Bertie also bends, kisses David's hand.

**DAVID :**   I hope I will make good as he has made good.

He turns and looks at Queen Mary. He breathes heavily, leans, embraces her and sobs. Bertie looks down.
Later. David is seated on the bed. Then he stands and quickly exits.
Bertie looks towards and follows him.

**INT. SANDRINGHAM STAIRCASE/ HALLWAY - EVENING**
Bertie runs up the stairs to David.

**BERTIE :**   What on earth was that?

**DAVID :**   Poor Wallis. (looks broken-hearted) Now I'm trapped.

He turns, climbs the stairs. Bertie moves to follow him and stops. He places a cigarette to his mouth and lights it.

**RADIO ANNOUNCER :**   (V.O. thru radio) And in these last twenty-five crowded, troubled, glorious years... if there is one thing that King George has taught...

메리 여왕이 나서며 장남의 손을 잡는다. 그녀는 허리를 숙여 그의 손에 키스를 한다.

메리 여왕 :   국왕폐하 만세.

데이빗은 주위를 바라본다. 버티 역시 허리를 숙여 데이빗의 손에 키스를 한다.

데이빗 :   아버님이 하셨던 것과 같이 좋은 왕이 될 수 있기를 기원합니다.

그는 돌아서서 메리 여왕을 본다. 그는 크게 숨을 몰아 쉬며 그녀를 껴안고 흐느낀다. 버티는 고개를 숙인다.
그후. 데이빗은 침대에 앉아 있다. 그리고는 일어서서 빠르게 나간다. 버티는 앞을 보다가 그를 따라간다.

**내부. 샌드링엄, 층계/복도 - 저녁**
버티가 층계를 뛰어올라 데이빗을 향한다.

버 티 :   아까는 왜 그랬던 거야?
데이빗 :   불쌍한 윌리스. (상심한듯) 난 이제 갇힌 몸이 됐어.

그는 돌아서서 층계를 올라간다. 버티는 그를 따라 움직이다가 멈춰 선다. 그는 입에 담배를 물고 불을 붙인다.

라디오 아나운서 :   (목소리. 라디오를 통해) …지난 25년의 복잡하고, 어려웠으며 찬란했던 해에… 조지 왕께서 가르치신 유일한 것이 있다면…

■ sob
흐느껴 울다, 흐느끼다
to cry noisily, taking sudden, sharp breaths

■ broken-hearted
상심한, 비탄에 잠긴

■ trap
함정에 빠뜨리다, 덫에 걸리다, 골탕 먹이다
to keep somebody in a dangerous place or bad situation that they want to get out of but cannot

# Key Expressions

### 148 Jack and Jill  잭과 질이…

"Jack and Jill"은 영어권에서 사용되는 고전적인 자장가(동요)이다. 적어도 18세기까지 거슬러 올라가는 이 자장가의 기원은 분명하지 않으며 가사를 해석하려고 시도하는 여러 이론들이 있다. 가장 현대적인 가사는 다음과 같이 시작된다.

- Jack and Jill went up the hill  (잭과 질이 언덕에 올랐네)
- To fetch a pail of water.  (물 한 통을 가져 오려고)

### 120 Ding dong bell pussy's in the well.
딩 동 벨 고양이가 우물 속에 있네

영국 자장가의 하나로 어린 아이가 고양이를 우물에 빠져 죽이려 한다는 잔인한 내용의 라임으로 학자들 사이에 논란이 있는 동요이다. 하지만 학자들의 주장을 떠나 나쁜 짓을 하면 안 된다는 교훈을 주는 내용의 글로도 해석할 수 있다. 그 시작은 다음과 같다.

- Ding, dong, bell,  (딩 동 벨)
- Pussy's in the well.  (고양이가 우물 속에 있네)
- Who put her in?  (누가 집어넣었나?)

### 126 Nice of you to come out.  나와줘서 고마워.

It's nice of you to come out.가 준 표현으로 문형상 it~ to~ 가주어, 진주어 구문이며, you가 come out의 의미상 주어가 된다. 이처럼 부정사의 의미상 주어에 전치사 for대신, 'of + 목적어 + 부정사'를 취하는 형용사에는 사람의 성질을 나타내는 단어들, 즉 kind, nice, silly, good, foolish, honest, careful, rude, careless 등이 쓰인다.

### 130 I cannot follow you. 무슨 말인지 이해가 안 가오.

follow는 주로 의문문과 부정문에서 '(설명 등을) 따라가다, (분명히) 이해하다'(understand)의 뜻으로 쓰이며 I can't be with you.라고도 할 수 있다. follow와 유사한 표현으로 get, catch, get the hang of, get the picture, catch on 등 다양하다.

- Are you following me? 내가 하는 말 알겠냐?
- Are you with me so far? 이제껏 한 말 알겠어?

### 136 If your father were here, tardiness would not be tolerated. 아버지가 여기 계셨으면 늦는 행동 용납하지 않으셨을 거다.

가정법 과거의 문형으로 현재 사실의 반대되는 상황을 나타낸다. 즉 Your father is not here, so tardiness is tolerated.의 뜻이다. 조건절에는 be 동사일 경우 was가 아니라 were가 쓰이며 주절에는 '조동사 과거 + 원형동사'가 사용된다.

- If my father were alive, I could go to college.
  아버님이 살아계신다면 대학에 갈 수 있을 것이다.

### 138 I fear our vigil will not be of long duration.

안타깝게도 우리의 기도가 오래 계속되지는 않을 것 같구나.

of long duration은 '장기의, 오랜 기간의'의 뜻이다. 이처럼 'of + 추상명사'가 형용사로 쓰일 때가 많다. 즉 of use = useful, of no use = useless, of importance = important, of ability = able, of moment = momentous 등 다양하다.

# THE KING'S SPEECH

Bertie clutches a speech, Elizabeth standing on the podium.

Chapter 05

# The King's Death and Bertie's Complex
왕의 죽음과 버티의 콤플렉스

아버지의 장례식을 끝내고 다시 라이널을 찾은 버티는 점차 그와 인간적인 교감을 쌓아간다. 그들은 어린 시절과 가족 관계에 대해 스스럼없이 이야기를 나누면서 우정을 키운다. 어느 날 버티와 엘리자베스는 형 데이빗의 초청으로 그가 거주하는 영지를 찾아가는데, 입구에서부터 마음에 들지 않는 일에 기분이 상한다.

 왕의 죽음과 버티의 콤플렉스

# The King's Death and Bertie's Complex

**INT. APARTMENT BUILDING, LIONEL'S CONSULTATION ROOM - EVENING**
Radio and gramophone. Lionel is seated at the desk and operates the typewriter. A news reader is talking about the death of King George V.

**RADIO ANNOUNCER :** (thru radio) ...it is the art of the leader who is also a brother to his followers. As long as he lived, he was the guiding star of a great nation.

Lionel glances towards to reveal Valentine and Anthony seated.

**ANTHONY :** Dad?
**LIONEL :** Mmm-hmm?
**RADIO ANNOUNCER :** (thru radio) When he died...
**ANTHONY :** Time for a Shake, Dad?

Lionel turns, looks towards.

**RADIO ANNOUNCER :** (thru radio) ...the little children cried in the streets.
**LIONEL :** (flattered) You sure?

**내부. 아파트 건물, 라이널의 상담실 - 저녁**
라디오와 축음기. 라이널이 책상에 앉아 타자기를 친다. 뉴스 앵커가 조지 5세 왕의 죽음에 대해 말하고 있다.

라디오 아나운서 : (라디오를 통해) …그것은 신하들에게도 역시 형님이신 지도술입니다. 살아 계신 동안 그분은 위대한 국가의 영도자였습니다.

라이널이 앞을 바라보자 발렌타인과 앤소니가 앉아 있는 것이 보인다.

앤소니 : 아버지?
라이널 : 응?
라디오 아나운서 : (라디오를 통해) 그 분이 돌아가셨을 때…
앤소니 : 셰익스피어 타임인데요?

라이널이 몸을 돌려 바라본다.

라디오 아나운서 : (라디오를 통해) …어린 아이들까지도 거리에서 통곡을 했습니다.
라이널 : (우쭐해서) 정말 보고 싶니?

■ **operate**
조작하다, 조정하다, 운전하다
to work in a particular way; to use or control a machine or make it work

■ **flatter**
추켜 세우다, 기분 좋게 하려고 듣기 좋은 칭찬을 하다
to say nice things about somebody, often in a way that is not sincere, because you want them to do something for you or you want to please them

■ **flattered**
우쭐해진, 기뻐하는
pleased because somebody has made you feel important or special

**ANTHONY :** Go on.

Lionel removes his spectacles and places them on to the desk. He turns off the radio and steps around the desk to Valentine. He is reading, clutching a book.

**LIONEL :** Put your thinking caps on.

Lionel touches his hair and moves back. He steps through the doorway and then closes the door. This was, and still is, a much loved ritual. Valentine looks at Anthony.

**ANTHONY :** I bet it's the Scottish play.

Anthony clutching a model aeroplane looks at Valentine.

**VALENTINE :** No, it's 'Othello', it's always 'Othello'.

He looks down at the book. Anthony glances down at the model aeroplane. Lionel groans.
The door slowly opens and Lionel slowly appears from the doorway. He raises his eyebrows.

**LIONEL :** Art thou afeard? Be not afeard;
**VALENTINE :** Caliban.
**LIONEL :** (leans back) Oh, for heaven's sake. That was a lucky guess.

He steps into the room.

**ANTHONY :** Don't listen to egghead. Go on, Dad.

Lionel has a pillow stuffed into his jacket to create a monstrous hunchback. His acting, performed just for his lads, is quite magical.

KING'S SPEECH

앤소니 : 보여주세요.

라이널은 안경을 벗고 책상 위에다 놓는다. 그는 라디오를 끄고 발렌타인의 책상을 돌아간다. 그는 책을 들고 읽고 있다.

라이널 : 사색하면서 읽어라.

라이널은 그의 머리를 만지며 뒤로 움직인다. 그는 문간으로 가서는 문을 닫는다. 이것은 과거나 지금에나 여전히 가장 사랑 받는 의식이다. 발렌타인이 앤소니를 바라본다.

앤소니 : 스코틀랜드 배경인 작품일 거야.

모형 비행기를 들고 있는 앤소니는 발렌타인을 바라본다.

발렌타인 : 아냐, 오델로야. 오델로 너무 좋아하시잖아.

그는 책을 내려다본다. 앤소니는 모형비행기를 내려다본다. 라이널은 신음을 한다.
문이 천천히 열리며 라이널이 문간에서 서서히 나타난다. 그는 눈썹을 치켜 뜬다.

라이널 : 두려움에 떨고 있느냐? 두려워 마라.
발렌타인 : 캘리반.
라이널 : (몸을 뒤로 제친다) 맙소사, 저 녀석은 운도 좋아. 그걸 때려 맞추냐.

그는 방으로 들어온다.

앤소니 : 책벌레한테 신경 쓰지 마세요. 계속해 주세요, 아버지.

라이널은 재킷 속에다 베개를 쑤셔 넣어 괴물 같은 꼽추 모습이다. 단지 자신의 아이들을 위한 그의 연기는 매우 매혹적이다.

■ afeard
= afraid

■ egghead
(경멸) 지식인, 인텔리, (속)대머리
a person who is very intelligent and is only interested in studying

■ monstrous
기형의, 괴물 같은
considered to be shocking and unacceptable because it is morally wrong or unfair

■ hunchback
곱사등이, 꼽추
a person who has a hump on their back

Put your thinking caps on.

thinking cap은 considering cap과 같은 표현으로 '숙고(전념)하는 정신 상태'를 뜻한다. 구어체에서 관용적으로 put on one's considering[thinking] cap(숙고하다, 심사숙고하다)로 사용하는 표현이다. put on 대신 wear를 쓰거나 have를 써서 Wear one's thinking cap, Have one's thinking cap on, 등으로 쓰기도 한다.

**Put your thinking caps on.**
곰곰이 생각하라.

| | |
|---|---|
| **LIONEL :** | The isle is full of noises, Sounds and sweet airs, that give delight, and hurt not. |

He steps behind Valentine, gestures.

| | |
|---|---|
| **LIONEL :** | Sometimes a thousand twanging instruments Will hum about mine ears; and sometimes voices, |

Valentine reacts, smiles.

| | |
|---|---|
| **LIONEL :** | That, if then I had waked after long sleep, Will make me sleep again. |

Lionel leans over him, looks down at the book.

| | |
|---|---|
| **LIONEL :** | All right, clever clogs, so what comes next? |

Anthony looks towards, smiles.

| | |
|---|---|
| **VALENTINE :** | And then, in dreaming methought the clouds would… |
| **LIONEL :** | The clouds methought. |
| **VALENTINE :** | The clouds methought would open, and show riches |
| | Ready to drop upon me; that when I waked, I… |
| **VALENTINE/LIONEL :** | …cried to dream again. |
| **LIONEL :** | That's such a sad thought. |

A knock at the door. Lionel glances back at the door and his watch.

| | |
|---|---|
| **LIONEL :** | My next patient must be a bit early. You better go, lads, I'm sorry. (to the door, calls) Won't be a moment, Clifford. |

라이널 : 이 섬은 소리로 가득 찼네, 명랑하게 재
잘대는 부드러운 산들바람 소리…

그는 발렌타인 뒤에 서며 몸짓을 한다.

라이널 : 가끔은 내 귓전에서 수천 개의 현이 다
투어 열리고…

- **twang**
  (현악기, 활시위 등이) 윙하고 울다
  to make a sound like a tight wire or string being pulled and released; to make something do this

발렌타인이 반응을 보이며 웃는다.

라이널 : 가끔은 수많은 속삭임이 긴 잠에서 깨
어난 내게 단잠을 선사하네.

- **clog**
  방해물, (짐승의 다리를 얽어 매는) 무거운 통나무, 나막신
  a shoe with a rigid, often wooden, sole; a blockage in plumbing

라이널이 그 위로 몸을 숙여 책을 내려다본다.

라이널 : 좋다, 책벌레야. 그 다음은 뭘까?

- **methinks**
  (고어) (내게는) ~라고 생각된다 I think
  (비인칭의 it이 없는 형태로, 현재는 it seems to me를 사용한다)

앤소니가 쳐다보며 웃는다.

발렌타인 : 그리고는 꿈 속에서 커다란 뭉게…
라이널 : 뭉게구름이…
발렌타인 : 뭉게구름이 날 맞으러 오는 순간 아쉽
게 잠을 깨면…
발렌타인/라이널 : 꿈으로 돌아가고 싶어 울부짖네.
라이널 : 정말 안타까움이 묻어 나오는 문장이지.

문에서 노크소리. 라이널은 문과 시계를 돌아본다.

라이널 : 다음 환자가 좀 일찍 왔나 보다. 너희들
은 가봐야겠어. 미안하다. (문을 향해. 소리
친다) 잠깐만 기다리세요, 클리포드씨.

> **You better go.**
>
> You had better go. You'd better go. 등과 같은 표현이다. 'had better + 동사원형'은 '~하는 편이 좋다, ~하는 게 낫다'는 충고나 권유를 나타내는 조동사로서 가벼운 명령의 의미가 내포되어 있으므로 사용에 주의해야 한다. 이에 반해 'would rather + 동사원형'은 '차라리 ~하는 게 좋다'는 뜻으로 기호나 희망을 나타낸다.

### You better go.
너희는 가는 게 좋겠다.

5. The King's Death and Bertie's Complex

**INT. APARTMENT BUILDING LIONEL'S WAITING ROOM - DAY**
Bertie clutching his hat, walks around. The door opens to reveal Lionel.

LIONEL : Bertie?

They stare at each other, not sure what to say.

LIONEL : They told me not to expect you. (beat) I'm sorry about your father.
BERTIE : I don't wish to intrude.
LIONEL : Oh, not at all. Please, come in. Come in.

**INT. APARTMENT BUILDING, LIONEL'S CONSULTATION ROOM - DAY**
Lionel steps back, gestures as Bertie enters through the doorway.

BERTIE : (softly) Thank you.

He slowly steps towards. He stops and turns to him.

BERTIE : I've been practising. An hour a day. In spite of everything. (gestures) What's going on there?
LIONEL : Oh, I was... sorry.

He pulls the cushion from beneath his jacket.

LIONEL : Mucking around with my kids.

He steps towards, drops the cushion on to the chair.

LIONEL : Do you feel like working today?

Bertie steps to the table. He looks downs at a plane.

BERTIE : Curtis bi-plane

내부. 아파트 건물, 라이널의 대기실 - 낮
모자를 쥔 버티가 왔다 갔다 한다. 문이 열리고 라이널이 나타난다.

라이널 : 버티?

그들은 할 말을 잊고서 서로를 바라본다.

라이널 : 한동안 못 오실 거라고 하던데. (잠시) 아버님 일로 마음이 아프시겠어요.
버 티 : 방해하고 싶진 않소.
라이널 : 아뇨… 전혀 그렇지 않습니다. 들어오세요.

내부. 아파트 건물, 라이널의 상담실 - 낮
라이널이 물러서서 버티가 문간으로 들어서자 손짓을 한다.

버 티 : (조용히) 고마워요.

그는 천천히 걸어간다. 그는 멈춰서며 그에게 돌아선다.

버 티 : 계속 연습해왔소. 매일 한 시간씩. 무슨 일이 있어도. (손짓을 한다) 등은 왜 그런 거요?
라이널 : 아이고 저런…

그는 재킷 안에서 쿠션을 뺀다.

라이널 : 우리 애들이랑 놀고 있었어요.

그는 앞으로 나서서 의자 위에다 쿠션을 놓는다.

라이널 : 오늘 훈련하실 수 있겠어요?

버티는 테이블로 걸어간다. 그는 비행기를 내려다본다.

버 티 : 커티스 복엽기군.

■ intrude
억지로 밀고 들어가다, 침입하다, 방해하다
to go or be somewhere where you are not wanted or are not supposed to be

■ muck
빈둥거리다, 배회하다
to behave in a silly way, especially when you should be working or doing something else

■ curtis bi-plane
1911년 미국의 Curtiss Aeroplane and Motor Company에서 생산한 복엽비행기

**In spite of everything.**
관용적인 표현인 in spite of everything은 '무슨 일이 있어도, 만사를 무릅쓰고'(despite everything, regardless of, without regard to, come what may, at any cost, in any case, no matter what)의 뜻이다.
· In spite of everything I still believe that people are really good at heart. 어떤 일이 있어도 사람들의 마음은 착하다고 여전히 믿는다.

**In spite of everything.**
어떤 일이 있어도 연습 했어요.

## 05. The King's Death and Bertie's Complex

The model aeroplane on paint-splashed newspaper.

**LIONEL :** I'll put on some hot milk.

**BERTIE :** Logue. Logue. Kill for something stronger.

He bends, looks down at the plane.

**LIONEL :** I wasn't there for my father's death. Still makes me sad.

Lionel pours drink, glances towards as he replaces decanter stopper.

**BERTIE :** I can imagine so.

Lionel places the decanter into the cupboard and lifts drinks.

**BERTIE :** What did your father do?
**LIONEL :** Oh, he was a brewer. (walks to Bertie)
**BERTIE :** Oh.
**LIONEL :** At least there was free beer. (holds out his drink) Here's to the memory of your father.

Bertie drinks. Lionel drinks.

**BERTIE :** I was informed after the, the fact, that my father's ... my father's last words were... (glances at Lionel) "Bertie has more guts than the rest of his brothers put together". (chuckles) Couldn't say that to my face. (beat) My brother.

**LIONEL :** (stares at him) What about him?

Bertie looks down. He stammers.

그 모형 비행기는 페인트가 뿌려져 있는 신문 위에 있다.

라이널: 우유를 좀 데워드리죠.
버 티: 로그, 좀 더 센 걸 마셨으면 하는데.

그는 허리를 숙여 비행기를 내려다본다.

라이널: 전 아버지 임종을 못 지켰어요. 그게 늘 죄송했죠.

라이널은 술을 따르고 병 마개를 다시 막으면서 앞을 본다.

버 티: 그렇겠소.

라이널은 술병을 찬장에 놓고 술잔을 든다.

버 티: 아버지는 무슨 일을 하셨소?
라이널: 아, 양조업자였어요. (버티에게 걸어간다)
버 티: 아.
라이널: 그래서 공짜 술은 실컷 마셨죠. (술잔을 내민다) 전하의 아버님을 기억하며 건배하죠.

버티는 술을 마신다. 라이널은 술을 마신다.

버 티: 나… 나중에 전해 들었소. 아… 아버지가 이런 말을 마지막으로 남기셨다고. (라이널을 바라본다) "버티는 다른 형제들 모… 모두 합친 거보다 더 큰 용… 용기를 가졌어." (싱글싱글 웃는다) 생전에 내게 그렇게 말해준 적이 없었소. (잠시) 내 형이.

라이널: (버티를 바라본다) 형이 왜요?

버티가 고개를 숙이며 더듬거린다.

■ decanter
(식탁용) 마개 있는 유리병 (보통 포도주를 담음)
a glass bottle, often decorated, that wine and other alcoholic drinks are poured into from an ordinary bottle before serving

■ stopper
(병, 통 등의) 마개, 틀어막는 것
an object that fits into the top of a bottle to close it

■ brewer
양조자
a person or company that makes beer

■ guts
(구) 끈기, 용기, 결단
the courage and determination that it takes to do something difficult or unpleasant

> **What did your father do?**
> What does your father do?는 진행형인 What is your father doing?과 구별하여야 한다. 즉 what으로 물을 경우 직업을 의미해서 What is your father? What does your father do?는 What is your father's occupation(job)? What kind of work do you do?의 뜻이 된다. 이 때 what은 '무엇을 하는 사람'의 뜻이다.

## What did your father do?
아버님 직업은 무엇이었나요?

| | |
|---|---|
| **LIONEL :** | Try singing it. |
| **BERTIE :** | I'm sorry? |
| **LIONEL :** | What songs d'you know? |
| **BERTIE :** | Songs? |
| **LIONEL :** | Yeah, songs. |
| **BERTIE :** | 'Swanee River'. |
| **LIONEL :** | (raises his eyebrows) I love that song. |
| **BERTIE :** | It happens to be my favourite. |
| **LIONEL :** | Sing me the chorus. |
| **BERTIE :** | No. Certainly not. |

He smiles, looks down. He points at the model aeroplane.

**BERTIE :** You know...

He places the glass on to the table.

**BERTIE :** ...I always wanted to build models. Father...

Bertie sits and Lionel pulls a chair close.

**BERTIE :** Father wouldn't allow it. He...

Lionel sits.

**BERTIE :** ...he ...collected stamps, so we had to collect stamps.

Bertie lifts the plane.

**LIONEL :** You can finish that off if you sing.

라이널 : 노래로 불러봐요.
버 티 : 무슨 소리요?
라이널 : 아는 노래 있죠?
버 티 : 노래요?
라이널 : 그래요, 노래.
버 티 : '스와니 강'
라이널 : (눈썹을 올린다) 저도 그 노래 좋아해요.
버 티 : 제일 좋아하는 노래요.
라이널 : 불러 보세요.
버 티 : 아니, 그럴 수야 없지.

그는 웃으며 고개를 숙인다. 그는 모형 비행기를 가리킨다.

버 티 : 저기…

그는 테이블 위에 술잔을 놓는다.

버 티 : …늘 모형을 만들어보고 싶었는데 아… 아버지께서…

버티는 앉고 라이널은 가까이에 있는 의자를 당긴다.

버 티 : 아버지가 허락하지 않았소. 아버지는…

라이널이 앉는다.

버 티 : …아버지께서 우… 우표를 수집하셨기 때문에 우리도 우표를 수집했지.

버티는 비행기를 집어 든다.

라이널 : 그거 만들게 해드릴 테니 노래 불러보세요.

■ happen to
우연히 ~ 하다, 마침 ~ 하다

■ favorite
특히 좋아하는 물건, 총아
a person or thing that you like more than the others of the same type

■ model
모형, 원형, 설계도
a copy of something, usually smaller than the original object; a particular design or type of product

■ finish off
(일 등을) 끝내다, 완료하다, 해치우다
to do the last part of something; to make something end by doing one last thing

> Try singing it.
> 'try + ing'는 '(평가를 위해) 실제로 해 보다, 시험 삼아 해보다, 시도하다, 시험하다'의 뜻으로 'try + to'와는 구별된다. 즉 She tried to write in pencil.을 "그녀는 연필로 써 보려고 했다"의 뜻인 반면에 She tried writing in pencil.은 "그녀는 연필로 (시험 삼아서) 써 보았다"의 의미가 된다.

## Try singing it.
시험 삼아 한 번 불러봐요.

Bertie looks at Lionel.

**LIONEL :** (sings) My brother David, dum, dum, dum-dum...
**BERTIE :** I'm not going to sit here warbling.
**LIONEL :** You can with me.
**BERTIE :** Because you're peculiar.
**LIONEL :** I take that as a compliment. Well, er...

He takes the model aeroplane from him, places it on to the table.

**LIONEL :** ...rules are rules.

Lionel sits back as they look at each other.

**BERTIE :** I'm not... crooning 'Swanee River'.
**LIONEL :** 'Camptown Races' then. (sings) My brother David said to me, doo-dah, doo-dah. (normal) Continuous sound will give you flow.
**BERTIE :** No.

He toys with the model aeroplane, sits back. He sighs.

**LIONEL :** Does it feel strange now that David's on the throne?
**BERTIE :** To tell the truth, it was a relief. Knowing I... wouldn't be... King.
**LIONEL :** But unless he produces an heir, you're next in line.

Bertie stares at him.

버티는 라이널을 바라본다.

라이널: (노래한다) 우리 형 데이빗은… 어쩌구, 저쩌구…
버 티: 이런 데 앉아서 목소리를 떨며 노래하지 않겠소.
라이널: 제가 있잖아요.
버 티: 당신은 별난 사람이잖소.
라이널: 칭찬으로 받아들이겠소. 그런데…

그는 그로부터 모형 비행기를 받아 테이블 위에 놓는다.

라이널: …원칙은 지켜야죠.

라이널은 그들이 서로를 바라볼 때 뒤로 젖혀 앉는다.

버 티: '스와니 강'처럼 감… 감상적인 노래는 안 부를 거요.
라이널: 그럼 '시골 경마'로 해요. (노래한다) 우리 형 데이빗이 말했소, 어쩌구, 저쩌구. (정상 목소리로) 자연스럽게 리듬을 타요.
버 티: 싫소.

그는 모형비행기를 만지작 거리며 뒤로 젖혀 앉는다. 그는 한숨을 쉰다.

라이널: 이상하지 않아요? 이제 데이빗이 왕이라는 게?
버 티: 솔직하게 말하면… 편안해졌소. 내가 와… 왕이 안 된다는 게 확정되었기 때문에…
라이널: 그래도 형이 후손이 없으면 왕이 되는 거잖아요.

버티는 그를 응시한다.

- **warble**
  지저귀다, 목소리를 떨며 노래하다
  to sing, especially in a high voice that is not very steady

- **compliment**
  칭찬의 말, 찬사, 경의
  a remark that expresses praise or admiration of somebody

- **croon**
  낮은 소리로 노래하다, 입 속 노래를 부르다
  to sing something quietly and gently

- **Camptown Races**
  1850년에 스티븐 포스터가 작곡한 노래

You're next in line.
line은 '가계, 혈통, 역대, 계열, 계통' 등의 뜻으로 the line of kings(역대 왕), in the direct line(직계의), the male(female) line(남계, 여계), come of a good line(가문이 좋다) 등에 쓰인다. 따라서 next in line하면 next in Empire line을 말하며 '대영제국 혈통으로 다음 차례의'란 의미가 된다.

You're next in line.
혈통 상 당신이 다음이다.

05. The King's Death and Bertie's Complex

LIONEL :   And your daughter Elizabeth would then succeed you.

BERTIE :   (sings) You're barking up the wrong tree now Doctor, doctor...

LIONEL :   (sings) Lionel. (normal) See? You didn't stammer.

BERTIE :   Of course I didn't stammer, I was singing.

He looks down.

LIONEL :   Well, as a little reward, you get to put some glue on these struts.

Lionel points to the model aeroplane. Bertie leans towards, places his glass on to the table.

BERTIE :   Your boy -- won't mind?

LIONEL :   No, not at all.

Bertie picks up a glue brush.

BERTIE :   David and I were -- very close. Young bucks, you know.

Bertie glues the model aeroplane.

LIONEL :   Did you chase the same girls?

Bertie places the model aeroplane on to the table. He mumbles.

BERTIE :   David was always very helpful in, er, in -- arranging introductions. We, we shared the... expert ministrations of... Paulette in the Palace.

| 라이넬 : | 그렇게 되면 따님인 엘리자베스양도 여왕이 될테고… |
|---|---|
| 버 티 : | (노래한다) 엄한 다리 긁는군. 박사, 박사… |
| 라이넬 : | (노래한다) 라이넬이라 부르라니까. (정상적인 목소리로) 거봐요, 더듬지 않죠? |
| 버 티 : | 당연히 더듬지 않죠, 노래 부르고 있으니까. |

그는 고개를 숙인다.

| 라이넬 : | 좋아요, 노래 불렀으니까 이 기둥들을 풀로 붙여도 됩니다. |
|---|---|

라이넬은 모형 비행기를 가리킨다. 버티는 몸을 내밀어 테이블 위에다 술잔을 놓는다.

| 버 티 : | 아이들이… 화내지 않겠소? |
|---|---|
| 라이넬 : | 전혀요. |

버티는 아교 붓을 든다.

| 버 티 : | 데이빗 형이란 난… 많이 친했었소. 형 아우하면서 몰려다녔었지. |
|---|---|

버티는 모형 비행기에다 풀칠을 한다.

| 라이넬 : | 여자 취향이 비슷했나봐요? |
|---|---|

버티는 모형 비행기를 테이블 위에다 놓고 중얼거린다.

| 버 티 : | 데이빗은 항상 매우 도움이 되었지… 뭔가 시작을 잘 했소. 우리 둘 다… 파리에서 전문 봉사활동도 했지. |
|---|---|

- **succeed**
  ~의 뒤를 잇다, ~의 후임자가 되다
  to come next after somebody/ something and take their/its place or position

- **glue**
  아교, 접착제
  a sticky substance that is used for joining things together

- **buck**
  사나이, 멋쟁이, 씩씩한 젊은이
  a young man

- **ministration**
  봉사, 목회, 돌보기

- **Paulette**
  하인들 중의 한 사람으로 그가 그들에게 '사랑의 기술'을 가르쳤다는 것을 암시한다.

**Your boy won't mind?**

Won't your boy mind?를 표현한 말로 mind가 보통 의문문과 부정문에서 '신경 쓰다, 꺼림직하게 생각하다, 싫어하다'의 뜻이므로 의문문으로 물을 때에는 대답에 주의해야 한다. 즉 Would you mind my smoking?(담배 피워도 괜찮겠습니까?)에 대한 긍정의 대답은 No, I don't mind.같이 부정이 되어야 한다.

**Your boy won't mind?**
당신 애가 괜찮겠소?

He looks down, glances at Lionel.

**BERTIE :** Not at the same time, of course.

He clutches the glue brush.

**LIONEL :** Did David ever tease you?

**BERTIE :** Oh, yes, they all did. "Buh-buh-buh-buh-Bertie." Father encouraged it. Said "Get it out, boy!" Said it would, would make me stop. He said, "I was afraid of, of my father and my children are…

He looks down at a piece of the model aeroplane in his hand.

**BERTIE :** …damn well gonna be afraid of me!".

**LIONEL :** Are you naturally right-handed?

**BERTIE :** Left. I was pun… punished and, and now I use the right.

**LIONEL :** Yes, that's very common with stammerers.

They stare at each other.

**LIONEL :** Any other -- 'corrections'?

**BERTIE :** Knock knees. Metal splints were made. Worn, worn -- day and night.

**LIONEL :** Must have been painful.

**BERTIE :** Bloody agony. (looks down) Straight legs now.

**LIONEL :** Who were you closest to in your family?

그는 아래를 보고는 라이널을 바라본다.

버 티 : 물론 동시에 간 건 아니지만.

그는 아교 붓을 쥔다.

라이널 : 데이빗이 놀리곤 했나요?
버 티 : 그럼요, 모두들 놀렸소. "버-버-버-버-버티"라고. 아버지가 부추겼소. "얘야, 말해!"라고 말했죠. 그러면 내가 고칠 거라고 생각했던 거지. "나도 내 아버지를 두려워했으니 내 자식들은…

그는 손에 든 모형 비행기 조각을 내려다본다.

버 티 : …휘 …훨씬 더 날 두려워해야 한다!"고 했죠.
라이널 : 태어날 때부터 오른손 잡이였나요?
버 티 : 왼손잡이였소. 혼나면서 오른손잡이가 된 거요.
라이널 : 그랬겠죠. 말더듬이 중에 그런 경우가 많아요.

그들은 서로를 바라본다.

라이널 : 또 다른 것도… 교정한 게 있나요?
버 티 : 안짱다리도 교정했지. 그… 금속판을 대고 살았소. 나… 낮에도 밤에도.
라이널 : 굉장히 힘들었겠네요.
버 티 : 죽을 것 같았지. (내려다본다) 그래서 지금은 교정이 됐소.
라이널 : 가족 중에 제일 친한 사람이 누구였나요?

■ **tease**
괴롭히다, 끌리다, 집적거리다
to laugh at somebody and make jokes about them either in a friendly way or in order to annoy or embarrass them

■ **get it out**
(구) 괴로움(슬픔)을 털어놓다

■ **knock knees**
안짱다리, 외반슬, X각
a condition in which the knees touch, but the ankles do not touch. The legs angle inward.

■ **splint**
부목, 얇은 널 조각
a long piece of wood or metal that is tied to a broken arm or leg to keep it still and in the right position

> **Who were you closest to in your family?**
> close to는 '(친족 관계가) ~와 가까운, ~와 친한(intimate)'의 뜻이다. 전치사 to의 목적어가 의문사이므로 whom을 써야 하나 구어체에서는 문장 앞에 whom 대신 who를 쓴다.
> · Who do you mean? 누구 말이냐?
> · Who is the letter from? 편지는 누구한테서 왔냐?

## Who were you closest to in your family?
가족 중 누구와 제일 친했나요?

| | |
|---|---|
| BERTIE : | Nannies. Not my first nanny. She, she... (glances at him)... she loved David. Hated me. When we were ... presented to my parents for the daily viewing she would... she'd pinch me, so that I'd cry and be -- handed back to her immediately. And then she would... (stammers) |
| LIONEL : | Sing it. |
| BERTIE : | (sings) Then she wouldn't feed me. Far, far away... |

Lionel stares at Bertie.

| | |
|---|---|
| BERTIE : | Took my parents -- three years to notice. As, as you, as you can imagine, caused some stomach problems. Still. (nods, looks down) |
| LIONEL : | What about your brother Johnnie? |

Bertie stares at Lionel.

| | |
|---|---|
| LIONEL : | Were you close to him? |
| BERTIE : | Johnnie... (stammers)... a sweet boy. (mumbles) Had... epilepsy. And he was... 'different'. He died at -- thirteen. Hidden from view. (mumbles) I... I'm told it's not -- catching. |
| LIONEL : | D'you want a top-up? |
| BERTIE : | Please. |

Lionel stands, picks up Bertie's empty glass. Bertie looks at the model aeroplane in his hands. Lionel opens the cupboard door, takes out the decanter.

버 티: 유모였지… 첫 번째 유모 말고. 그 사람은… (그를 본다) 형을 좋아하고 날 싫어했소. 부모님께 매일 아기를 보여드리는데 그때마다 몰래 날 꼬… 꼬집었소. 내가 우니까, 금방 그 여자가 날 다시 안고 가는 거지. 그리고 나면… 그… (더듬는다) 그 여… 여자…

라이널: 노래로 해봐요.

버 티: (노래한다) 그리고 나서 젖도 안 주고, 멀리 멀리 내 팽겨쳤다네…

라이널은 버티를 응시한다.

버 티: 3년이나 흘러서야 부모님은 그 사실을 눈치챘지. 상상이 가겠지만 그 때문에 위염이 생겼소. 지금도 위가 좋지 않지. (고개를 끄덕이고 아래를 본다)

라이널: 막내 동생 조니와는 어땠나요?

버티는 라이널을 본다.

라이널: 서로 친했나요?

버 티: 조니는… (더듬는다)… 착한 아이였소. (중얼거린다) 간… 간질병이 있었지만… 날 다… 다르게 대했지. 13살 때 죽었는데 아무도 못 보게 했소. (중얼거린다) 내가 알기로는 저… 전염병이 아니었는데…

라이널: 더 드릴까요?

버 티: 그래요.

라이널이 일어서 버티의 빈잔을 잡는다. 버티는 손에 든 모형 비행기를 바라본다. 라이널이 찬장을 열고 술병을 꺼낸다.

- **pinch**
  꼬집다, 쥐어짜다, 끼다
  to take a piece of somebody's skin between your thumb and first finger and squeeze hard, especially to hurt the person

- **epilepsy**
  (병리) 간질
  a disorder of the nervous system that causes a person to become unconscious suddenly, often with violent movements of the body

- **catching**
  전염성의, 매력 있는
  (of a disease) easily caught by one person from another

- **top-up**
  잔 채우기
  an amount of a drink that you add to a cup or glass in order to fill it again

> **Took my parents three years to notice.**
>
> It took my parents three years to notice.의 뜻이다. take가 it를 주어로 하여 '(시간이나 노력 등을) 요하다, 걸리다, 들다, 필요로 하다'의 뜻으로 쓰이는데 이때 구문은 'It + take + 목적격 + 시간 + to~'의 형식을 취한다.
> · It took him two hours to finish his homework. 그는 숙제를 마치는데 2시간이 걸렸다.

## Took my parents three years to notice.
부모님이 눈치 채는데 3년이 걸렸다.

05. The King's Death and Bertie's Complex

| BERTIE : | You know... Lionel, you're... you're the first ordinary Englishman... |
|---|---|
| LIONEL : | Australian. |
| BERTIE : | ...I've ever really spoken to. |

He fumbles with the model aeroplane.

BERTIE :    When I'm -- driven through the streets and I see the... you know, the -- 'common man' staring at me, I...

Lionel picks up the drinks, walks towards.

BERTIE :    ...I'm struck by how little I know of his life and how, how little he knows of mine.

Lionel hands the drink to him.

BERTIE :    Thank you.

Lionel chinks glasses with him.

| LIONEL : | What are friends for? (sits) |
|---|---|
| BERTIE : | I wouldn't know. |

Lionel glances down, drinks.

**INT. BERTIE'S ROLLS ROYCE - DAY**
Through the windscreen and along the bonnet, Rolls Royce travels along a snow-covered driveway.
CAPTION: Balmoral Estate Scotland

버 티 : 저기… 라이널… 당신이… 당신이 첫 번째 영국 평민이오…
라이널 : 호주인이죠.
버 티 : …내가 정말 알게 된…

그는 모형 비행기를 만지작거린다.

버 티 : 가끔 기… 길거리를 지나갈 때면 나를 쳐다보는… 일반 시민들을 보게 되는데… 나도…

라이널이 술잔을 들고 걸어온다.

버 티 : …그의 삶을 거의 모르고 그도 내 삶을 잘 모른다는 생각을 하게 되오.

라이널이 술을 그에게 건넨다.

버 티 : 고맙소.

라이널은 그와 술잔을 댕그랑 부딪친다.

라이널 : 친구끼리 뭘 이 정도를 가지고… (앉는다)
버 티 : 친구가 그런 거군요.

라이널이 아래를 보며 마신다.

**내부. 버티의 롤스 로이스 차 - 낮**
앞 유리창을 통해 보닛을 따라 롤스 로이스가 눈 덮인 차도를 달려간다.
자막: 밸로랄 성, 스코트랜드

■ **fumble**
손으로 더듬다, 만지작거리다
to use your hands in an awkward way when you are doing something or looking for something

■ **chink**
잘랑잘랑(댕그랑) 소리나(내)다
to make a light ringing sound

■ **bonnet**
(자동차의) 보닛(hood)
the metal part over the front of a motor vehicle, usually covering the engine

■ **estate**
소유지, 사유지, 단지
a large area of land, usually in the country, that is owned by one person or family

I'm struck by how little I know of his life.

strike는 '~에게 ~의 인상을 주다, 느끼게 하다, 감명시키다'의 뜻으로 be struck by는 '~에 의해 감명받다, 매혹되다, 인상을 받다'의 뜻이다. 예문에서는 how가 이끄는 의문사절(명사절)이 쓰인 것뿐이다. 능동으로 고치면 How little I know of his life strikes me. 이기 때문이다.

## I'm struck by how little I know of his life.
그의 삶을 거의 알지 못한다는 느낌이 들어요.

## 5. The King's Death and Bertie's Complex

BERTIE: (O.S.) I sifted seven... thick-stalked thistles through a strong...

Elizabeth and Bertie are seated in rear. Open tin of marshmallows on her lap.

BERTIE: ...thick sieve. I sifted seven thick-stalked...

She pats his leg.

ELIZABETH: (interrupts) That's enough now, darling. No...
BERTIE: Listen, I have to keep doing this. It's your fault.

She leans towards.

BERTIE: I sifted seven...

Through the windscreen, two estate workers standing either side of felled tree by the roadside. Rolls Royce travels along the driveway.

ELIZABETH: Oh, no.
BERTIE: (O.S.) ...thick-stalked...

A tree falls in.

**EXT. BALMORAL ESTATE - DAY**
A tree falls to the ground as Bertie's Rolls Royce approaches.

**INT. BERTIE'S ROLLS ROYCE - DAY**
Elizabeth glances through the window. She's aghast.

ELIZABETH: One hundred-year-old spruces removed to improve the view?

She watches as Rolls Royce passes to reveal the estate workers chopping trees.

버 티: (목소리) 앞집 팥죽은 붉은 팥 풋팥죽이고…

엘리자베스와 버티가 뒤에 앉아 있다. 그녀 무릎 위의 마시멜로우 과자 통이 열려 있다.

버 티: …뒷집 콩죽은 해콩단콩 콩죽이고…

그녀는 그의 다리를 두드린다.

엘리자베스: (끼어든다) 그 정도 했으면 됐어요, 여보.
버 티: 계속 연습해야 되오. 당신 탓이오.

그녀는 앞쪽으로 몸을 숙인다.

버 티: 우리 집 깨죽은…

앞 유리창을 통해 보닛을 따라 두 사람의 영지 일꾼이 길 옆에 쓰러져 있는 나무 양쪽에 서 있다. 롤스 로이스는 차도를 따라 달린다.

엘리자베스: 어머나 세상에…
버 티: (목소리) …검은깨 깨죽이다…

나무 한 그루가 쓰러진다.

외부. 발모랄 영지 - 낮
버티의 롤스 로이스가 다가갈 때 나무가 바닥에 쓰러진다.

내부. 버티의 롤스 로이스 - 낮
엘리자베스가 창문을 통해 바라본다. 그녀는 깜짝 놀란다.

엘리자베스: 100년 된 떡갈나무를 고작 경관 때문에 베어버리다니…

그녀는 롤스 로이스가 지나가면서 영지 일꾼들이 나무를 패고 있는 것을 지켜본다.

- **marshmallow**
  마시멜로(녹말, 시럽, 설탕, 젤라틴 등으로 만드는 과자)
  a pink or white sweet/candy that feels soft and elastic when you chew it

- **aghast**
  깜짝 놀라, 혼비백산하여
  filled with horror and surprise when you see or hear something

- **spruce**
  전나무, 가문비나무
  an evergreen forest tree with leaves like needles

- **chop**
  자르다, 빠개다, 패다
  to cut something into pieces with a sharp tool such as a knife

That's enough, now.

enough는 구어체에서 아주 긴요하게 쓰이는 어휘다. Thank you, that's enough.(고맙습니다, 그것으로 충분합니다) Enough is enough.(이 정도로 충분하다, 이젠 그만 두자) Enough said.(잘 알았다, 더 말 안 해도 알겠다) Enough of it!(이젠 됐어!) Enough of that!(그만하면 됐다, 이젠 그만 두어라) 등 형용사, 대명사로 잘 쓰인다.

That's enough, now.
그만 하면 됐어요.

05. The King's Death and Bertie's Complex

**EXT. BALMORAL ESTATE - DAY**
The estate workers are chopping a felled tree as Rolls Royce travels.

ELIZABETH :    (V.O.) Who does she think she is?

BERTIE :    (V.O.) Nonetheless, we must try to be pleasant...

**INT. BERTIE'S ROLLS ROYCE - DAY**

BERTIE :    ...towards Mrs Simpson.

ELIZABETH :    You know she calls me 'The Fat Scottish Cook'?

BERTIE :    You're not fat.

Elizabeth pops a marshmallow into her mouth.

ELIZABETH :    I'm getting plump.

BERTIE :    Well, you seldom cook.

Elizabeth and Bertie chuckle. He leans to her.

BERTIE :    I sifted seven...

ELIZABETH :    Shut up.

She reacts as he kisses her cheek.

BERTIE :    ...strong thick... (mumbles)

She stuffs a marshmallow into his mouth. Bertie mumbles.

**EXT. BALMORAL ESTATE - DAY**
Along the snow-covered driveway, Bertie's Rolls Royce travels. Laughter chatter.

**외부. 발모랄 영지 - 낮**
롤스 로이스가 지나가는데 영지 일꾼들이 쓰러진 나무를 패고 있다.

엘리자베스 : (목소리) 도대체 생각이 있는 여자야.

버 티 : (목소리) 어찌되었든 예의를 갖추고 미소를 지어야 하오…

**내부. 버티의 롤스 로이스 - 낮**

버 티 : 심슨 부인 앞에서는…
엘리자베스 : 그 여자가 날 '뚱뚱한 스코트랜드 요리사'라 불러도요?
버 티 : 당신은 뚱뚱하지 않소.

엘리자베스는 마시멜로우 하나를 입에다 넣는다.

엘리자베스 : 갈수록 통통해지고 있다고요.
버 티 : 게다가 요리도 거의 안 하잖소.

엘리자베스와 버티가 킬킬 웃는다. 그가 그녀에게 몸을 기울인다.

버 티 : 앞집 팥죽은…
엘리자베스 : 시끄러워요.

그녀는 그가 자기 볼에 키스를 하자 반응을 보인다.

버 티 : …붉은 팥 풋팥죽이고… (중얼거린다)

그녀는 마시멜로우 하나를 입에다 넣는다. 버티는 중얼거린다.

**외부. 발모랄 영지 - 낮**
눈 덮인 차도를 따라 버티의 롤스 로이스가 달린다. 웃음소리가 들린다.

■ **plump**
포동포동한, 토실토실한
having a soft, round body; slightly fat

■ **stuff**
밀어 넣다, 쑤셔 넣다, 채워 넣다
to fill a space or container tightly with something; to push something quickly and carelessly into a small space

# Key Expressions

### 150 Oh, for heaven's sake. 오, 맙소사.

여기서 for heaven's sake는 '세상에, 맙소사'의 뜻이지만 원래는 '제발, 아무쪼록, 부디'의 뜻으로 please의 강조형으로 잘 쓰이며, for God's sake, for Christ's sake, for the love of God, for crying out loud 등과 유사하다.

- For heaven's sake, don't do that again! Or I shall get very angry.
  제발 두 번 다시 그러지마. 화낼 거야.
- For heaven's sake, why didn't you call? 맙소사, 왜 전화 안 했어?

### 156 Here's to the memory of your father.
아버님을 기억하며 건배하죠.

here's to ~는 건배를 나타내는 구어로 '~에게 행운이 있기를, ~ 만세, ~ 있으시기를' 등의 뜻이다. 잔을 들면서 here's로 시작하면 건배의 의미가 된다.

- Here's to you! =Here's to your health! = Here's health to you!
  건강을 축원합니다!
- Here's wishing you all the love and joy of Christmas!
  크리스마스의 모든 사랑과 기쁨이 당신과 함께 하기를 기원합니다!

### 162 You're barking up the wrong tree. 당신 잘못 짚었소.

bark up the wrong tree는 관용표현으로 옛날에 미국에서 개를 이용해서 너구리 사냥을 한 데서 비롯된 표현이다. 너구리가 재빨리 다른 나무로 옮겨간 뒤에도 개가 엉뚱한 나무 위를 보며 짖는 걸 비유한 것으로 "넌 잘못 짚고 있어. 헛다리짚고 있는 거야. 엉뚱한 사람을 추적하고 있어" 등의 뜻이다.

- If you think I'm responsible, you're barking up the wrong tree.
  내가 책임이 있다고 생각한다면 넌 헛다리 짚고 있는 거야.

**164** **Must have been painful.** 굉장히 힘들었겠네요.

물론 It must have been painful.에서 주어가 생략된 것이다. 'must have + P.P'는 과거에 대한 추정을 나타내어 '~이었음(하였음)에 틀림없다'의 뜻이 된다. 즉 I'm sure it was painful.의 의미이다.

· What a sight it must have been! 틀림없이 장관이었을 것이다!

**168** **What are friends for?** 친구 좋다는 게 뭔가?

직역하면 "친구의 용도가 뭐냐? 친구는 왜 있는데?"의 뜻으로 "친구 좋다는 게 뭐냐?"란 의미이다.

· A: Will you buy my laptop computer? I'll let you have it for $200.
내 랩탑 컴퓨터 살래? $200에 줄게.
B: Well…okay, but I'm running low on money. What are friends for? I'll pay you half that price for the computer. 좋아. 하지만 나 지금 돈이 바닥이야. 친구 좋다는 게 뭐니? 그 컴퓨터 100달러 줄게.

**172** **Who does she think she is?** 도대체 생각이 있는 여자야?

의문문이 다른 문장의 종속절이 될 때는 평서문의 어순이 된다. 따라서 이 문장은 Does she think?와 Who is she? 두 문장이 하나로 합쳐져 Does she think who she is?가 되지만 의미상 성립되지 않기 때문에 의문사가 문장 앞으로 나가 Who does she think she is?가 된다. 그래서 Yes, No로 대답을 할 수가 없는 의문문이 성립된다. 이런 영향을 주는 동사에는 think, suppose, believe, imagine, guess 등이 있다.

· What do you think he is? 그의 직업이 뭐라고 생각하나?

## Movie Talk
### 왕과 평민 사이의 화학작용이 빚어내는 색다른 버디 영화

이 영화는 1차대전이 끝나고 뒤숭숭한 토탈 워 시대의 분위기에서 살아가던 옛 영국인들의 모습과 새로운 제2차 세계대전의 발발이라는 세기의 역사적 사건을 앞둔 왕족의 불안감이라는 시대의 양 축을 보여주는 동시에, 그런 와중에 펼쳐진 왕족 신분인 조지 6세와 평민 신분인 라이널 로그의 신분을 뛰어넘은 우정이야기를 보여준 버디영화라 할 수 있다. 그것도 다큐멘터리의 형식을 빌려 시대상을 이야기하는 독특한 버디 무비인 셈이다.

보통의 버디 영화처럼 이들의 간격이 좁아지며 우정의 쌓여가는 과정은 매우 섬세하다. 처음부터 이들은 앉아 있는 거리에서 차이를 느끼게 해준다. 왕과 가까운 거리에 앉을 수 없는 것이 평민이다. 그러나 극이 진행되면서 그들이 대면하는 공간이 점점 좁혀지면서 공간의 벽이 무너지고 결국에는 서로 몸을 접촉하기까지 한다. 물론 정통의 영국 왕족 출신인 요크 공작에 비해 라이널은 영국인 평민도 아니요 영연방의 하나인 호주 출신의 무자격자 치료사다. 그가 신분 상승을 할 수 있는 것은 연극에서의 배역을 통해서뿐이다. 그는 아마추어 연극 배우로 영화 초기에 한 오디션에서 리처드 3세의 배역을 연기하지만 결국 배역을 따내는 데 실패한다. 이는 그가 스스로는 심지어 연극에서조차 왕이나 귀족이 되지 못하는, 작은 극단의 주연이라는 작은 권력조차 얻지 못하는 평민 라이널의 처지를 나타내준다. 그렇지만 그는 자신의 가족들 앞에서는 늘 왕의 연기를 하며, 대주교에 의해 자신의 무자격자로서의 실체가 밝혀지는 상황에서도 조금도 주눅 들지 않고 소신 있게 대처해 나간다. 그리고 후에 우정으로서 자신의 병을 어느 정도 극복하게 되는 조지 6세의 모습과 비록 자신은 아니지만 자신이 도왔기에 왕이 되어 국민 앞에 당당히 서있는 친한 친구의 모습을 봄으로써 긍지를 느낀다.

   이들 사용하는 언어에서도 차이가 있다. 왕실 사람들은 on earth나 bloody 정도의 표현을 사용하는 것이 저급스러운 말이지만 라이널이 속한 평민 쪽에서는 그러한 고풍스러운 말이 아닌 shit, fuck, willy같은 상스러운 말이 존재한다는 극단적인 예를 제외하고서도 둘의 말하는 어투는 상이하게 다르다. 요크 공작은 점점 bloody같은 상스러운 평민의 표현을 사용하는 빈도수가 늘어가고 마침내 shit, fuck, willy같은 어투도 사용함으로써 점차 신분이라는 울타리를 벗어난다. 어투뿐 아니라 말을 더듬는 빈도가 라이널과 만나는 시간이 길수록 적어지는 부분에서도 우정의 전개를 느낄 수 있다. 특히 대관식 장면에서 라이널이 조지 6세에게 말한 "You'll make a bloody good king."이라는 표현이 주는 신분을 뛰어넘은 표현은 진한 우정의 발로가 아닐 수 없다.

   처음부터 요크 공작이 읽었던 셰익스피어의 〈햄릿〉의 "To be or not to be…"로 시작되는 명대사는 라이널이 갖는 상황과는 판이하다. 이는 입헌 군주정하의 왕자신분으로서 그의 의무이자 권력이며 특권인 국민을 향한 연설의 불가성에 자신의 근원부터 절망하는 요크 공작의 모습을 강조하면서 마치 햄릿의 입장을 연상시켜준다. 이는 평민인 라이널이 갖는 존재의 의미와는 사뭇 다르다. 하지만 이들은 다 같이 인간이기에 가슴 훈훈한 우정을 꽃 피울 수 있으며 그것이 더 아름다울 수도 있다. 그러므로 영화는 최근의 어떤 영화에 못지 않게 실제적이고 삶을 긍정한다. 승리하는 점수를 따기 위해 믿어지지 않는 핸디캡을 극복하는 스포츠 영웅처럼, 왕 버티는 친구인 라이널과 영원히 동행하면서 관객들이 얼굴에 웃음을 머금고 가슴에 즐겁고 쾌활한 리듬을 느끼며 극장을 나서게 하는 것이다.

I was informed after the, the fact, that my father's ... my father's last words were... (glances at Lionel) "Bertie has more guts than the rest of his brothers put together". (chuckles) Couldn't say that to my face.

Chapter 06

# The New King Loves a Divorced Woman
새 왕이 이혼녀를 사랑하다

국정을 소홀히 하며 천한 여성과 놀아나는 데이빗과 만난 버티 내외는 형의 애인인 윌리스와 불편한 만남을 갖는다. 버티는 형에게 진심 어린 충고를 하지만 형은 오히려 동생이 왕의 자리를 탐하고 있다고 몰아붙인다. 라이널은 버티가 왕위를 계승할 것을 종용하지만 언어 콤플렉스에 시달리는 버티는 화를 내고 그와 관계를 끊는다. 때마침 유럽에는 전쟁의 그림자가 닥치는데…

 새 왕이 이혼녀를 사랑하다

# The New King Loves a Divorced Woman

**INT. BALMORAL BALLROOM - DAY**
A weekend house party. Five or six friends dance to a gramophone. At the epicenter, David, a very picture of insouciance, and Wallis clutching drink and cigarette, dripping in jewelry. Surrounded by their entourage, they are the apex of chic.

**WALLIS :**         Three, two, one and...

**FOOTMAN :**   (O.S.) Their Royal Highnesses the Duke and Duchess of York.

wallis turns around.

**WALLIS :**         Oh.

Elizabeth steps towards followed by Bertie. The footman behind them.

**WALLIS :**         (O.S.) Oh, how lovely to see you both. Phew.

Wallis amongst guests walks towards.

**내부. 발모랄 무도실 – 낮**
주말의 집 파티다. 5, 6명의 친구들이 축음기에 맞춰 춤을 춘다. 그 중심점에는 태평스러움의 화신인 데이빗과 술과 담배를 쥐고서 보석을 드리우고 있는 월리스가 있다. 그들 측근들에 둘러싸여 그들은 세련의 극치이다.

월리스 :  셋, 둘, 하나…
하 인 :  (목소리) 요크 공작 전하와 공작 부인께서 오셨습니다.

월리스가 돌아선다.

월리스:  오.

엘리자베스가 앞서고 버티가 뒤를 따른다. 하인이 그 뒤를 따른다.

월리스 :  (목소리) 어머나 이렇게 두 분을 뵙게 돼서 너무 반갑네요.

손님 가운데 있던 월리스가 걸어온다.

- **epicenter**
  진원지, (활동의) 중심점, 핵심
  the point on the earth's surface where the effects of an earthquake are felt most strongly; the central point of something

- **insouciance**
  무관심, 태평
  the state of not being worried about anything

- **entourage**
  측근자, 주위 사람
  a group of people who travel with an important person

- **apex**
  절정, 극치
  the top or highest part of something

- **chic**
  유행, 세련, 고상, 멋

- **footman**
  (제복을 입은) 하인
  a male servant in a house in the past, who opened the door to visitors, served food at table, etc..

## 6. The New King Loves a Divorced Woman

**WALLIS :** Welcome to our little country shack.

Elizabeth and Bertie look at Wallis. Elizabeth walks around Wallis towards.

**ELIZABETH :** I came at the invitation of the King.

Wallis is wrongfooted. Elizabeth steps to David. She curtsies as they turn to each other.

**ELIZABETH :** Your Majesty.

He leans to her and kisses her cheek.

**DAVID :** You all right?
**ELIZABETH :** Sorry we're late.

She turns, looks back at Bertie.

**BERTIE :** Very nice to see you...

He offers his hand. She shakes it.

**BERTIE :** ...Mrs Simpson. Very nice.

He walks past her towards.

**BERTIE :** (O.S.) Hello, David.

David draws on his cigarette as Bertie steps to him.

**BERTIE :** Making some... changes to the garden, I see.
**DAVID :** Yes, I'm not, not quite finished yet.

**INT. BALMORAL, PORTRAIT GALLERY, DRAWING ROOM - DAY**
Churchill clutching drink and Elizabeth stand by the window. He steps to her and drinks.

월리스 : 누추한 시골 오두막에 오신 걸 환영합니다.

엘리자베스와 버티는 월리스를 바라본다. 엘리자베스는 월리스 주위를 돌아 간다.

엘리자베스 : 저는 국왕 폐하 초대 받고 와서…

월리스는 불의의 습격을 당한 상태다. 엘리자베스는 데이빗에게 다가간다. 그녀는 그들이 서로에게 돌아설 때 예의를 갖춰 인사를 한다.

엘리자베스 : 폐하.

그는 그녀에게 숙여 볼에 키스를 한다.

데이빗 : 기분이 안 좋아요?
엘리자베스 : 늦어서 죄송합니다.

그녀는 돌아서 버티를 본다.

버 티 : 만나서 반갑습니다…

그는 손을 내민다. 그녀는 악수를 한다.

버 티 : …심슨 부인. 파티가 훌륭합니다.

그는 그녀 곁을 지나 간다.

버 티 : (목소리) 안녕, 형.

데이빗은 버티가 다가오자 담배를 뺀다.

버 티 : 정원 경관을… 바꾸고 있나 봐.
데이빗 : 응, 아직 끝난 건 아니고.

**내부. 발모랄, 초상화 화랑, 응접실 – 낮**
술잔을 쥔 처칠과 엘리자베스가 창가에 서 있다. 그는 그녀에게 다가가 술을 마신다.

■ **shack**
오두막집, 통나무집, 판자집
a small building, usually made of wood or metal, that has not been built well

■ **wrongfoot**
(구) ~에게 불의의 습격을 가하다
to catch someone off balance; to place someone at a tactical disadvantage

■ **curtsy**
(여자가) 절하다, 인사하다
to have a formal greeting made by a woman or girl in a dance or to an important person, by bending her knees with one foot in front of the other

**I'm not quite finished yet.**
not quite는 부분부정을 나타내어 '완전히 ~은 아니다, 전부 ~은 아니다'의 뜻이다. 여기서 finished는 be와 연결된 과거분사로서의 수동형이 아니라 형용사로서 '(일, 제품 등을) 끝마친, 완료한, 완성된, (사람과의 관계가) 끝난, 절교한'의 뜻이다.
· I'm quite finished. 완전히 끝났다.

**I'm not quite finished yet.**
아직 완전히 끝나지는 않았어.

ELIZABETH :   Don't tell me I behaved badly, Mr Churchill.

CHURCHILL :   On the contrary, Your Royal Highness. Etiquette decrees that royalty should be greeted by the official host... in this case, the King. Not a commoner.

ELIZABETH :   Thank you.

Churchill looks through the window and then looks at Elizabeth.

CHURCHILL :   What is her hold on him?

ELIZABETH :   I've no idea.

She sits as she glances up at Churchill.

ELIZABETH :   Apparently she has certain skills... acquired in an establishment in Shanghai.

**INT. BALMORAL, BALLROOM - DAY**
Wallis drinks, looks towards.

WALLIS :   David.

David draws on the cigarette as he turns. He looks at Wallis by the fireplace. She raises her glass, taps it with the cigarette holder.

DAVID :   Just be a sec, darling. (to Bertie) Would you excuse me?

David gestures with glass, turns to him.
Wallis drinks as David walks past Bertie towards. She looks at Bertie. Bertie walks away as she drinks. She glances at the footman and 'dismisses' him.

**INT. BALMORAL, SERVANTS' CORRIDOR/WINE CELLAR - DAY**
David crouching by the wine rack searches through it. Bertie catches him and steps toward.

엘리자베스 : 제 처신에 대해서는 잔소리 말아주세요, 처칠씨.
처 칠 : 오히려 그 반대이지요, 전하. 왕족의 예법이라면 파티 주최자인 폐하께서 지켜주셔야겠죠. 우리가 아니라…
엘리자베스 : 고맙습니다.

처칠은 창문을 통해 바라보고는 엘리자베스를 본다.

처 칠 : 어떤 여성인가요?
엘리자베스 : 저도 몰라요.

그녀는 처칠을 보면서 앉는다.

엘리자베스 : 분명 대단한 재능이 있긴 하겠죠… 상하이에 여행 갔었다던데 거기서 뭔가 배웠나보죠.

내부. 발모랄, 무도실 - 낮
윌리스는 술을 마시고 앞쪽을 본다.

윌리스 : 데이빗.

데이빗은 돌아서면서 담배를 피운다. 그는 벽난로 옆에 서 있는 윌리스를 본다. 그녀는 잔을 들고 궐련 파이프로 잔을 두드린다.

데이빗 : 금방 가져올게. (버티에게) 잠깐 실례.

데이빗은 잔으로 몸짓을 하고는 그에게 돌아선다.
윌리스는 데이빗이 버티 옆을 지나쳐 갈 때 술을 마신다. 그녀는 버티를 바라본다. 버티는 그녀가 술을 마실 때 사라진다. 그녀는 하인을 보고는 그를 물러나게 한다.

내부. 발모랄, 하인들의 통로/술 저장고 - 낮
술 저장 선반 옆에 웅크리고 있는 데이빗이 선반에서 술을 찾는다. 버티가 그를 보고 다가온다.

■ decree
법령, 포고, 율령
an official order from a ruler or a government that becomes the law

■ establishment
가정, 세대, 기성사회, 제도, 시설
the people in a society or a profession who have influence and power and who usually do not support change

■ dismiss
내쫓다, 퇴거시키다
to officially remove somebody from their job; to send somebody away or allow them to leave

■ rack
선반, 걸이, 격자, 시렁
a piece of equipment, usually made of metal or wooden bars, that is used for holding things or for hanging things on

On the contrary, Your Royal Highness.
on the contrary는 '이에 반하여, 그러하기는커녕'(contrarily; contrary to expectations; used to introduce a statement that says the opposite of the last one)의 뜻이다. 이외에 quite the contrary(완전히 정반대로) by contraries(정반대로, 예상과는 반대로) to the contrary(그와 반대로, ~에도 불구하고) 등이 있다.

**On the contrary, Your Royal Highness.**
그 반대입니다, 전하.

## 6. The New King Loves a Divorced Woman

| | |
|---|---|
| BERTIE : | David, I've been trying to see you. |
| DAVID : | (stands) I've been terribly busy. |

He walks towards followed by Bertie.

| | |
|---|---|
| BERTIE : | Doing what? |

They walk around the corner towards.

| | |
|---|---|
| DAVID : | Kinging. |
| BERTIE : | Really? |

David turns to the wine rack and slides a bottle from it.

| | |
|---|---|
| BERTIE : | Kinging -- is a, a precarious business these days. |

He watches as David searches the rack.

| | |
|---|---|
| BERTIE : | Where's the Russian Tsar? Where's -- cousin Wilhelm? |

David looks down as he searches through the rack.

| | |
|---|---|
| DAVID : | (sighs) You're being dreary. |
| BERTIE : | Is kinging laying off eighty -- staff and buying more pearls for Wallis... |

David walks towards searching the wine rack and Bertie follows.

| | |
|---|---|
| BERTIE : | ...while people are marching across Europe singing 'The Red Flag'? |
| DAVID : | Stop your worrying. Herr Hitler will sort them out |
| BERTIE : | Who will sort out Herr Hitler? |

버 티 : 형 만나기가 왜 이렇게 어려워.
데이빗 : (일어선다) 그간 엄청나게 바빴다.

그는 앞으로 걷고 버티가 뒤따른다.

버 티 : 뭐하느라?

그들은 모퉁이를 돌아 걸어 나온다.

데이빗 : 왕 노릇하느라.
버 티 : 왕 노릇?

데이빗은 술 저장 선반으로 돌아서서 거기에서 술병 하나를 살살 움직인다.

버 티 : 그게… 요즘에 어… 얼마나 위태로운 직업인지 알고는 있는 거야?

그는 데이빗이 선반을 뒤질 때 바라본다.

버 티 : 러시아 황제는 어디 있지? 독일의 빌헬름은 만나봤어?

데이빗은 선반을 뒤지면서 아래쪽을 본다.

데이빗 : (한숨을 쉰다) 왜 그렇게 따분한 얘기만 하니?
버 티 : 형이 말하는 왕 노릇이란 게 참모 80명을 해… 해고하고 월리스에게 진주 목걸이 더 사주고…

데이빗이 술 선반을 뒤지면서 나아가고 버티가 뒤를 따른다.

버 티 : 공산주의자들이 혁명의 노래를 부르며 유럽을 장악하고 있는데?
데이빗 : 걱정 마. 히틀러가 그들을 다 정리했어.
버 티 : 히틀러는 누가 정리할 건데?

- **king**
  왕으로 군림하다, 군림하다, 지배하다
- **precarious**
  불확실한, 믿을 수 없는, 근거 없는
  not safe or certain; dangerous; likely to fall or cause somebody to fall
- **Tsar**
  제정러시아의 황제, 군주
  (= Czar) the title of the emperor of Russia in the past
- **dreary**
  따분한, 지루한, 음울한
  that makes you feel sad; dull and not interesting
- **sort out**
  해결하다, 선별하다
  to organize the contents of something; to tidy something; to organize something in a satisfactory way

**The Red Flag.**
원래 붉은 기는 공산주의나 사회주의 등 좌익 정치의 상징이다. 그것은 1848년 프랑스 혁명 당시 사회주의자들이 채택한 상징으로 그 후 중국, 베트남, 소련 등 여러 나라에서 붉은 색의 배경을 담은 국가가 사용되고 있으며 소위 사회주의 국가인 The Red Flag이란 노래를 위한 영감이 되고 있다. 이 노래는 지금도 여러 나라의 정당의 공식곡으로 자리잡고 있다.

**The Red Flag.**
사회주의자의 혁명 노래.

DAVID : Where's the bloody twenty-three?

He turns, looks up at the wine rack.

BERTIE : (angry) And you put that woman in our mother's suite!
DAVID : (turns to him) Mamma's not still in the bed, is she?
BERTIE : That's not funny.
DAVID : Here it is. Wallis likes the very best.

David clutching a bottle of champagne turns, walks towards.

BERTIE : I don't care what woman you carry on with at night, as long as you... (follows him) ...show up for duty in the morning.

David stops, turns to him.

DAVID : Wallis is not just some woman I'm carrying on with. We intend to marry.
BERTIE : Excuse me?
DAVID : She's filing a petition for divorce.
BERTIE : Good God.

David turns, walks towards.

BERTIE : Can't you just give her a nice house and a title?

A maid walks clutching a basket as David and Bertie enter. She stops and curtsies.

DAVID : I'm not having her as my mistress.

데이빗 : 젠장, 23년 산은 어딨는 거야?

그는 돌아서며 술 저장 선반을 올려다 본다.

버 티 : (화를 내며) 그런데 저 여자가 어머니 방을 쓰게 하다니!
데이빗 : (그에게 돌아선다) 어머니가 설마 거기 계신 건 아니겠지?
버 티 : 농담할 기분 아냐.
데이빗 : 여기 있었군. 월리스는 최상품을 좋아해.

샴페인 병 하나를 쥔 데이빗이 돌아서서 걸어간다.

버 티 : 형이 밤에 어떤 여… 여자랑 어울리던 지 상관 안 할게… (그를 따라간다) …아침 에는 직무에 충실해 줘.

데이빗이 멈춰 서서 그에게 돌아선다.

데이빗 : 월리스는 그냥 어울리는 여자가 아냐. 우리 결혼할 거야.
버 티 : 뭐라고?
데이빗 : 그 사람 이혼 수속 중이야.
버 티 : 맙소사…

데이빗이 돌아서 걸어간다.

버 티 : 그냥 좋은 집이랑 자… 작위만 줘도 되 잖아?

데이빗과 버티가 들어서는데 하녀가 바구니를 쥐고 걸어온다. 그 녀는 서서 예의를 갖춰 인사한다.

데이빗 : 난 그 여자를 첩으로 두려는 게 아냐.

■ suite
스위트, 붙은 방
a set of rooms, especially in a hotel

■ petition
청원(서), 탄원(서), 신청(서)
a written document signed by a large number of people that asks somebody in a position of authority to do or change something

■ mistress
정부, 여자 애인, 연인
a man's (usually a married man's) mistress is a woman that he is having a regular sexual relationship with and who is not his wife

I don't care what woman you carry on with.

carry on with는 구어체로 '(남녀가) 추잡한 관계를 맺다. 이성과 바람 피우다. 시시덕거리다'(to have a sexual relationship with somebody when you should not)의 뜻이다. I don't care 뒤에는 의문사절이 올 수가 있다.
· I don't care what happens now.
 이젠 무슨 일이 일어나든 상관 안 한다.
· His wife found out he'd been carrying on with another woman.
 그의 와이프는 그가 다른 여자와 바람 피는 것을 알았다.

**I don't care what woman you carry on with.**
형이 어떤 여자와 바람 피우든 상관 안 해.

## 6. The New King Loves a Divorced Woman

BERTIE: The Church doesn't recognise divorce, and you are the -- Head of the Church.

DAVID: Haven't I any rights?

BERTIE: Many privileges.

He turns, follows David up the stairs.

DAVID: Not the same thing.

**INT. BALMORAL, HALLWAY - DAY**
David climbs the stairs.

DAVID: Your beloved common man may marry for love. Why not me?

BERTIE: If you were -- a common man, on what basis could you -- possibly claim to be King?

DAVID: It sounds like you've studied our wretched Constitution.

BERTIE: Sounds like you haven't.

DAVID: That's what this is about. Brushing up. (stops and turns) Hence the elocution lessons. That's the scoop around town.

BERTIE: (stares to him) I'm trying to...

David shakes his head and stutters.

DAVID: Yearning for a larger audience, are we, B-B-B-Bertie?

BERTIE: Don't... (stammers)

DAVID: What's that? I'm sorry, I...

Bertie glances at David.

KING'S SPEECH

버 티 : 형… 성공회는 이혼을 인정하지 않아. 형은 성공회 수장이잖아.
데이빗 : 나는 권리도 없니?
버 티 : 수많은 특권이 있지.

그는 돌아서서 데이빗을 쫓아 층계를 올라간다.

데이빗 : 그거랑은 다르지.

**내부. 발모랄. 복도 - 낮**
데이빗이 계단을 오른다.

데이빗 : 보통 남자가 사랑을 하면 사랑을 위해서 결혼하는 거 아냐? 왜 나는 안 돼?
버 티 : 형이 그… 그냥 남자라면 와… 왕이 되었겠어?
데이빗 : 황실 법전을 열심히 공부한 것 같구나.
버 티 : 형은 하나도 안 한 것 같네.
데이빗 : 그게 그런 거였구나. 열심히 공부하는 거 말이야. (서서 돌아선다) 발성 수업도 그래서 받는 거구나. 그러니까 소문이 떠돌지.
버 티 : (그를 응시한다) 내… 내… 내 말은…

데이빗이 고개를 가로저으며 말을 더듬거린다.

데이빗 : 대규모 청중 앞에서 연설하고 싶은 거네, 버… 버… 버… 버티?
버 티 : 그… 그게… (더듬는다)
데이빗 : 그럼 뭐지? 유감인 걸… 난…

버티는 데이빗을 바라본다.

■ **wretched**
아주 초라한, 형편없는, 비참한
extremely bad or unpleasant; making you feel sympathy or pity

■ **elocution**
연설법, 낭독법, 웅변술
the ability to speak clearly and correctly, especially in public and pronouncing the words in a way that is considered to be socially acceptable

■ **scoop**
최신(극비) 정보, (신문) 특종 기사
a piece of important or exciting news that is printed in one newspaper before other newspapers know about it

■ **stutter**
말을 더듬다, 더듬거리며 말하다
to have difficulty speaking because you cannot stop yourself from repeating the first sound of some words several times

That's what this is about.
what과 about가 함께하는 이 표현은 구어체에서 매우 흔하게 쓰이는 유용한 표현이다.
· What is the book about?
  이 책은 무슨 내용인가?
· What is this fuss all about?
  도대체 왜들 이 법석이지?

### That's what this is about.
그게 이런 거였구나.

193

**DAVID :** Younger brother trying to push older brother off the throne. P-p-p-p-positively mediaeval.

David pulls the cork from the champagne bottle, walks into the ballroom.

**DAVID :** (calls) Wallis.

He continues past dancing guests to Wallis.

**WALLIS :** Ah. (sighs) Where have you been all this time?

She places a dog onto the armchair, turns to him.

**DAVID :** Oh, who have you been talking to?
**WALLIS :** Never you mind.

**INT. BALMORAL, BALLROOM - DAY**
Wallis stares at David as he pours champagne into her glass.

**WALLIS :** (sighs) Ah, what a very complicated little King you are.

He bends, puts down the champagne bottle. She touches his nose.

**DAVID :** I try to be.

HALLWAY. Bertie stands totally distraught.

**BERTIE :** (V.O.) All that work...

**INT. APARTMENT BUILDING, LIONEL'S CONSULTATION ROOM - DAY**
Bertie is seated on the sofa shattered, lost in painful memory.

**BERTIE :** ...down the drain. My own brother. I couldn't say a single word to him in reply.

데이빗 : 동생이 형을 왕위에서 끌어내리고 싶은 거야. 와… 와… 완전 중세 시대 같네.

데이빗이 돌아서서 샴페인 병에서 코르크 마개를 뽑으며 문간을 통해 무도장으로 들어간다.

데이빗 : (부른다) 월리스.

그는 춤을 추는 손님들 옆을 지나 월리스에게 계속 걸어간다.

월리스 : 오. (한숨을 쉰다) 쭉 어디 갔었던 거야?

그녀는 개를 안락의자에 놓고 그에게 돌아선다.

데이빗 : 아, 누구랑 얘기하고 있었어?
월리스 : 별 사람 없었어.

**내부. 발모랄, 무도장 - 낮**
월리스는 데이빗이 샴페인을 자기 잔에 따를 때 그를 응시한다.

월리스 : (한숨 쉰다) 아… 상당히 복잡한 왕이긴 해도 참 사랑스러워.

그는 허리 숙여 샴페인 병을 내려놓는다. 그녀는 그의 코를 건드린다.

데이빗 : 노력 중이야.

복도. 버티는 완전히 얼이 빠진 채 서 있다.

버 티 : (목소리) 그 동안의 모든 노력이…

**내부. 아파트 건물, 라이널의 상담실 - 낮**
버티가 마음에 충격을 받고 소파에 앉아 있다. 고통스러운 기억에 잠겨 있다.

버 티 : …물거품이 됐소. 내 치… 친형 앞에서 하… 한 마디 대꾸도 못했소.

■ **mediaeval**
중세의, 중세풍의
connected with the Middle Ages (about AD 1000 to AD 1450)

■ **ballroom**
무도장(실)
a very large room used for dancing on formal occasions

■ **distraught**
(~으로) 정신이 혼란하여, 미친
extremely upset and anxious so that you cannot think clearly

■ **shatter**
좌절시키다, ~의 마음에 충격을 주다
to make somebody feel extremely shocked and upset

> **What a very complicated little King you are.**
>
> 이것은 You are a very complicated little King.을 감탄문으로 바꿔 표현한 것이다. 따라서 What a complicated little King you are.로 할 수 있는데 very를 또 쓴 것이다. little에는 '귀여운, 사랑스러운'의 뜻이 있으므로 complicated와 little이란 감탄의 의미가 겹쳐 사용되고 있다.

**What a very complicated little King you are.**
참 복잡한 귀여운 왕이군.

| | |
|---|---|
| **LIONEL :** | (turns, glances down) Why do you stammer so much more with David than you ever do with me? |
| **BERTIE :** | Because you're bloody well paid to listen. |
| **LIONEL :** | Bertie, I'm not a geisha girl. |
| **BERTIE :** | Oh, stop trying to be so bloody clever. |
| **LIONEL :** | What is it about David that stops you speaking? |
| **BERTIE :** | (angry) What is it about you that bloody well makes you want to go on about him the whole bloody time? |
| **LIONEL :** | Vulgar but fluent. You don't stammer when you swear. |
| **BERTIE :** | Oh, bugger off! |
| **LIONEL :** | Is that the best you can do? |
| **BERTIE :** | Well, bloody bugger to you, you beastly bastard. |
| **LIONEL :** | Oh, a public school prig could do better than that. |
| **BERTIE :** | Shit. Shit, shit, shit. Shit, shit, shit, shit, shit. Shit, shit, shit, shit! Shit! (stands, walks towards) |
| **LIONEL :** | Yes. |
| **BERTIE :** | Shit! |
| **LIONEL :** | Defecation flows trippingly from the tongue. |
| **BERTIE :** | (turns, looks at him) Because I'm angry! |
| **LIONEL :** | Do you know the 'f' word? |

Bertie looks down at Lionel, steps towards.

| | |
|---|---|
| **BERTIE :** | F... fornication? |
| **LIONEL :** | Oh, Bertie. |
| **BERTIE :** | Fuck. Fuck! |

KING'S SPEECH

| | |
|---|---|
| 라이널 : | (몸을 돌려 바라본다) 왜 내 앞에서는 괜찮은데 형 앞에서는 더욱 더 말을 더듬게 되죠? |
| 버 티 : | 당신한테는 잘 들어달라고 돈을 줬잖소. |
| 라이널 : | 버티, 난 기생이 아니에요. |
| 버 티 : | 오, 잘난 척 그만해요. |
| 라이널 : | 무엇 때문에 데이빗 앞에서는 말을 더듬게 될까요? |
| 버 티 : | (화가 나서) 그러는 당신은 왜 늘 말을 더듬지 않는 거요? |
| 라이널 : | 품위는 없어도 유창하죠. 당신도 욕 하면서는 말을 더듬지 않을 걸요? |
| 버 티 : | 집어 치우시오! |
| 라이널 : | 그게 다에요? |
| 버 티 : | 음, 당장 꺼져! 이 야비한 놈아. |
| 라이널 : | 공립학교 선생도 그보다는 잘 하겠다. |
| 버 티 : | 젠장, 젠장, 젠장, 젠장, 젠장, 젠장, 젠장, 젠장, 젠장, 젠장! 젠장! (일어나 걸어간다) |
| 라이널 : | 그래요. |
| 버 티 : | 젠장…! |
| 라이널 : | 혀에서 아주 자연스럽게 흘러나오는 군요. |
| 버 티 : | (돌아서 그를 본다) 화가 났으니 당연하죠! |
| 라이널 : | 'f'가 들어간 욕도 아시나요? |

버티는 라이널을 바라보며 앞으로 나선다.

| | |
|---|---|
| 버 티 : | 가… 간음? |
| 라이널 : | 왜 이래요, 버티. |
| 버 티 : | 우라질, 우라질! |

■ **geisha**
게이샤(일본의 기녀)
a Japanese woman who is trained to entertain men with conversation, dancing and singing

■ **vulgar**
천박한, 상스러운, 비속한
not having or showing good taste; not polite, elegant or well behaved

■ **prig**
학자(도덕가, 교육가)인 체하는 사람, 점잔 빼는 사람
a person who behaves in a morally correct way and who shows that they disapprove of what other people do

■ **defecation**
배변, 정화
defecate = to get rid of solid waste from your body through your bowels

■ **fornication**
사통, 간음, 우상숭배
fornicate = to have sex with somebody that you are not married to

> **A public school prig could do better than that.**
>
> could, would, might, should 등 조동사의 과거형은 조건절의 내용을 언외에 함축한 주절만의 문장에 쓰여 완곡한 표현이 된다. could의 경우 '할 수도 있을 거다'의 뜻으로 조건절의 내용, 즉 "(만일 공립학교 교사가 한다고 해도) 그것보다는 더 잘 할 수 있을 것이다"를 덧붙여서 해석할 수도 있다.

## A public school prig could do better than that.
공립학교 교사도 그것보단 잘하겠다.

## 6. The New King Loves a Divorced Woman

BERTIE : Fuck, fuck, fuckety fuck. Fuck, fuck and bugger. Bugger, bugger, buggedy, buggedy, buggedy fuck. Fuck, arse.

LIONEL : (stands, gestures) Yes!

BERTIE : Balls, balls, fuckety shit.

LIONEL : You see?

BERTIE : Shit, fuck and willy.

LIONEL : Not a hesitation.

BERTIE : Willy, shit and fuck. And tits.

ANTHONY : (O.S.) Dad, what's going on?

**INT. APARTMENT BUILDING, LIONEL'S WAITING ROOM - DAY**
Across the room Anthony seated on floor leaning against radiator. Valentine seated on a chair by him.

LIONEL : (O.S.) Sorry.

**INT. APARTMENT BUILDING, LIONEL'S CONSULTATION ROOM - DAY**

LIONEL : Just finish your homework.

He turns, looks at Bertie.

LIONEL : Well, that's a side of you we don't get to see all that often.

BERTIE : No. No, we're not supposed to, really. Not publicly.

LIONEL : Let's get some air.

He gestures, strides towards.

BERTIE : Logue. Logue, I, I don't think that's a good idea.

Lionel picks up Bertie's hat, tosses it towards. Bertie walks towards, catches his hat.

KING'S SPEECH

버 티: 우라질, 우라질! (몸짓을 하고 걸어나오며) 우라질, 우라질, 우라질, 젠장, 젠장, 젠장, 젠장, 젠장, 젠장.

라이널: (일어나 손짓을 한다) 바로 그거에요!

버 티: 고추, 젠장, 젠장!

라이널: 알겠죠?

버 티: 젠장, 우라질, 젠장.

라이널: 주저하지 말고.

버 티: 고추, 젠장, 젠장… 그리고 왕가슴!

앤소니: (목소리) 아버지, 뭐 하시는 거에요?

**내부. 아파트 건물, 라이널의 대기실 – 낮**
방을 가로질러 앤소니가 라디에이터에 기대어 바닥에 앉아 있다. 발렌타인은 그 옆 의자에 앉아 있다.

라이널: (목소리) 미안하다.

**내부. 아파트 건물, 라이널의 상담실 – 낮**

라이널: 숙제나 얼른 해.

그는 돌아서서 버티를 본다.

라이널: 음, 평소엔 자주 못 보던 모습이군요.

버 티: 그렇소. 이렇게 행동하면 안 되오, 특히 대중 앞에서는.

라이널: 산책하러 나가죠.

그는 손짓을 하며 성큼성큼 걸어나간다.

버 티: 로그, 별로 좋은 생각이 아니오.

라이널이 버티의 모자를 들고 앞으로 던진다. 버티는 걸어나가며 모자를 잡는다.

■ **arse**
(비어) 궁둥이, 항문, 바보
(= ass) the part of the body that you sit on; your bottom; a stupid person

■ **ball**
불알
a testicle

■ **willy**
고추
a word for a penis, used especially by children or when speaking to children

■ **tit**
(비어) 젖통, 유방, 젖꼭지
a woman's breast or nipple; a stupid person

**I don't think that's a good idea.**
우리말과 달리, think, suppose, guess 등의 동사는 '비가 올 것 같지 않아요'를 I think it will not rain,이 아니라 I don't think it will rain,이라고 표현한다. 즉 주절을 부정으로 하지 종속절을 부정문으로 하지 않는다. 물론 관용적인 표현의 I think not, I suppose not, I guess not,(그렇지 않다고 생각하죠)의 경우는 다르다.

**I don't think that's a good idea.**
그거 좋은 생각이 아닌데요.

## 06. The New King Loves a Divorced Woman

EXT. REGENTS PARK, ORNAMENTAL GARDEN - DAY

Bertie and Lionel come into view talking. Bertie with his homburg pulled low, scarf wrapped high. The park is bleak on this winter's day. One can feel the cold chill.

LIONEL : What's the matter? Why are you so upset?

BERTIE : Logue, you have no idea. My... my brother is infatuated with a... woman who's been married twice. She's asking for a divorce and he's determined to marry her.

LIONEL : Jesus.

BERTIE : Mrs... Wallis Simpson of Baltimore.

LIONEL : That's not right. Queen Wallis of Baltimore.

BERTIE : Unthinkable.

LIONEL : Can he do it?

BERTIE : Absolutely not. But... but he's going to anyway. All hell's broken loose.

LIONEL : Can't they just carry on privately?

BERTIE : If only they would.

LIONEL : Where does this leave you?

BERTIE : I know my place. I... I... I will do anything -- in my power to keep my brother on the throne.

LIONEL : Is it that serious? Your place may well be on the throne.

BERTIE : I am not an alternative to my brother.

Lionel gives Bertie a pat of comfort on the shoulder.

**외부. 리젠트 파크, 관상용 정원 – 낮**

버티와 라이널이 말을 하면서 나타난다. 버티는 챙이 좁은 중절모자를 눌러 쓰고 스카프를 높이 둘렀다. 공원은 겨울 날씨로 황량하다. 추운 한기를 느낄 수 있다.

라이널 : 뭐가 문제죠? 왜 그렇게 화가 났던 겁니까?

버 티 : 로그, 당신은 상상도 못할 거요. 우… 우리 형이 사랑에 빠진 여자는 두 번이나 결혼했던 여자요. 그 여자는 지금 이혼 수속 중이고 혀… 형은 결혼하기로 결심했소.

라이널 : 맙소사.

버 티 : 볼티모어에서 온 월리스 심슨 부인이랑 말이오.

라이널 : 전혀 안 어울리는 군요. 볼티모어에서 온 여왕이라…

버 티 : 있을 수 없는 일이오.

라이널 : 결혼할 수는 있는 겁니까?

버 티 : 당연히 안 되죠. 그런데도 어떻게든 하고 말 거요. 말세인 거지.

라이널 : 그냥 은밀하게 자기들끼리만 결혼하면 안 되나요?

버 티 : 그럴 수가 없으니까 문제지.

라이널 : 그러면 당신은 어떻게 되는 겁니까?

버 티 : 난 내 역할을 잘 알고 있소. 난… 최… 최선을 다해서 형이 왕위를 지킬 수 있도록 할 거요.

라이널 : 진심이요? 왕위를 계승하는 게 맞는 것일 수도 있죠.

버 티 : 난 형의 대체품이 아니오.

라이널은 버티의 어깨를 두드리며 위로를 한다.

- **Regents Park**
  런던 북부에 있는 공원(동물원이 있음)

- **ornamental**
  관상용의, 장식용의
  used as decoration rather than for a practical purpose

- **homburg**
  홈부르크 모자(챙이 좁은 펠트제 중절모자)
  a man's soft hat with a narrow, curled brim

- **bleak**
  황량한, 삭막한, 차가운
  cold and unpleasant;(of a place) bare, empty or with no pleasant features

- **infatuate**
  얼빠지게 만들다, 사람을 호리다

- **alternative**
  대안, 다른 방도, 그 중 하나를 택해야 할 양자
  a thing that you can choose to do or have out of two or more possibilities

---

Your place may well be on the throne.

'may well + 동사원형'은 '~하는 것은 당연하다, ~라고 해도 무방하다'(have good reason to)의 뜻이다. 그래서 You may well think so.(당신이 그렇게 생각하는 것은 당연하다) He may well be proud of his son.(그가 아들을 자랑하는 것은 당연하다)처럼 표현된다. may well의 부정은 cannot이 된다.

---

**Your place may well be on the throne.**
당신이 왕위에 앉는 게 당연해요.

06. The New King Loves a Divorced Woman

LIONEL : You can outshine David.

Bertie pulls back in offended shock.

BERTIE : (angry) Don't take liberties!

They stop, turn to each other.

BERTIE : That's bordering on treason.
LIONEL : I'm just saying you could be King. You could do it.
BERTIE : That is treason.
LIONEL : I'm trying to get you to realize you needn't be governed by fear.
BERTIE : I've had enough of this.

Bertie turns, strides. Lionel follows.

LIONEL : What are you so afraid of?
BERTIE : (shouts) Your poisonous words!
LIONEL : Why did you come to me? You're not some middle-class banker who wants elocution lessons ... so you can chit-chat at elegant tea parties.
BERTIE : Oh, don't attempt to instruct me...
LIONEL : Come on, Bertie.
BERTIE : (shouts) ...on my duties. I am the son of a ...King. And the brother of, of a King. You're the disappointing son of a brewer. A jumped-up jackeroo from the outback. You're a nobody. These sessions are over.

| | |
|---|---|
| 라이널: | 해야만 한다면 더 나은 왕이 될 수도 있어요. |

버티는 화난 충격 속에 뒤로 몸을 뺀다.

| | |
|---|---|
| 버 티: | (화를 내며) 무례하오! |

그들은 멈춰 서서 서로에게 돌아선다.

| | |
|---|---|
| 버 티: | 반역죄가 될 수도 있소! |
| 라이널: | 난 단지 왕이 될 수도 있는 일을 말한 겁니다. 그럴 수도 있어요. |
| 버 티: | 그건 반역이오. |
| 라이널: | 현실을 직시하라는 겁니다. 두려워하지 말고! |
| 버 티: | 충분히 걸은 것 같소. |

버티는 몸을 돌려 성큼성큼 걸어간다. 라이널이 뒤를 따른다.

| | |
|---|---|
| 라이널: | 뭐가 두려운 겁니까? |
| 버 티: | (소리친다) 당신의 독사 같은 말이 두렵소! |
| 라이널: | 왜 날 찾아온 겁니까? 당신은 우아한 티 파티에서 잡담이나 잘 하려고 발성 수업 받는 중산층 남자가 아니잖아요. |
| 버티: | …가르치려 들지 마시오…. |
| 라이널: | 이봐요, 버티. |
| 버 티: | (소리친다) …내 책무에 대해서. 나는 이 나라… 왕의 아들이오. 아니, 왕의 동생이지. 그리고 당신은 양조업자의 별 볼일 없는 아들이고. 출세해서 우쭐해진 오지 출신 호주인일 뿐이오. 당신은 아무것도 아니오. 발성수업은 끝났소. |

- **outshine**
~보다 더 빛나다. ~보다 더 우수하다
to be more impressive than somebody/something; to be better than somebody/something

- **chit-chat**
잡담(한담)하다
to have a conversation about things that are not important

- **jumped-up**
벼락출세(부자)의, 우쭐대는, 신흥의
thinking you are more important than you really are, particularly because you have risen in social status

- **jackeroo**
양이나 소 산지의 젊은 남성 관리 훈련생

- **outback**
(호주) 미개척의 오지
the area of Australia that is a long way from the coast and the towns, where few people live

- **session**
수업(시간), 강습회, 모임

> **That's bordering on treason.**
> border on은 '~에 가깝다, 마치 ~같다, 근사하다, 인접하다'(to come very close to being something, especially a strong or unpleasant emotion or quality)의 뜻이다. She felt an anxiety bordering on hysteria.(그녀는 히스테리에 가까운 근심을 느꼈다) treason은 '(국가, 정부에 대한) 반역(죄), 국사범'을 뜻한다.

## That's bordering on treason.
그건 반역죄에 가깝소.

06. The New King Loves a Divorced Woman

He strides off in a fury and places a cigarette into his mouth. Lionel slows, stops as Bertie lights the cigarette. He, equally angry, goes in the other direction. A man on horseback passes him. Two men moving apart in the cold wintery landscape.

**EXT. 10 DOWNING STREET, GARDEN ENTRANCE - DAY**
A driver clutching open rear passenger door of the car. Bertie hurries out and slips in thru the garden entrance.

OFFICER :     (O.S.) Through here, sir.

CAPTION: Garden entrance Prime Minister's Office 10 Downing St.

BALDWIN :     (V.O.) It's not because she's an American -- that is the least of it.

**INT. 10 DOWNING STREET, BALDWIN'S STUDY - DAY**
Across a cluttered desk, a stocky man, Prime Minister Stanley Baldwin looks at Bertie.

BALDWIN :     It's because she's a soon to be twice divorced American.

Bertie looks at Baldwin, takes a cigarette from the ashtray.

BALDWIN :     And the King, as Head of the Church of England, cannot marry a divorced woman.

Bertie draws on it.

BALDWIN :     And, sir, I apologise for the nature of this. According to Scotland Yard... the King has not always possessed exclusive rights... to Mrs Simpson's, um, favours and affections... sharing them with a married used car salesman, a certain Mr Guy Trundle.

KING'S SPEECH

그는 격분해서 큰 걸음으로 걸어가며 입에 담배를 문다. 라이널 넬은 버티가 담배에 불을 붙이자 느리게 멈춘다. 그도 똑같이 화가 나서 다른 방향으로 간다. 말을 탄 사람이 지나간다. 두 사람은 추운 겨울 경치 속에서 따로 움직여 간다.

**외부. 다우닝 10번가, 정원 입구 - 낮**
운전사가 자동차 뒤쪽 승객 문을 잡아 열고 있다. 버티가 급히 내려 정원 입구를 통해 들어간다.

관 리 : (목소리) 이쪽입니다, 전하.

자막: 영국 수상 관저, 다우닝가 10번지

볼드윈 : (목소리) 그 여성이 미국인이라서가 아닙니다. 그 정도면 다행이었겠죠.

**내부. 다우닝 10번가, 볼드윈의 서재 - 낮**
어지른 책상 건너편에 단단한 남자인 수상 스탠리 볼드윈이 버티를 바라본다.

볼드윈 : 그 여성이 조만간 '두 번 이혼한' 미국인이 된다는 게 문제입니다.

버티는 볼드윈을 바라보며 재떨이에서 담배를 집는다.

볼드윈 : 왕은 영국 성공회의 수장이기 때문에 이혼한 여성과 결혼할 수 없습니다.

버티는 담배를 뺀다.

볼드윈 : 그리고 전하께 이런 얘기를 전하게 돼서 유감입니다만 런던 경찰국 얘기로는 국왕께서만 그 여성을 사귀고 있는 게 아니라더군요. 심슨 부인에 대해 알아본 바로는 중고 자동차를 판매하는 유부남… 가이 트런들이라는 남성과도 불륜 관계더군요.

■ **stocky**
단단한, 땅딸막한
short, with a strong, solid body

■ **Scotland Yard**
런던 경찰청
the main office of the London police, especially the department that deals with serious crimes in London

■ **exclusive**
배타적인, 독점적인, 특종의
only to be used by one particular person or group; only given to one particular person or group; not very willing to allow new people to become members, especially if they are from a lower social class

> She's a soon to be twice divorced American.
>
> 여기서 soon to be는 실제로 soon-to-be(about to be, expected, proposed, destined, likely forthcoming, to be, to com 등)로 쓰는 것이 좋다. 즉 앞에 a가 있어서 she is a twice divorced American.이므로 soon-to-be는 한 단어로 수식을 하고 있는 셈이 되기 때문이다. 따라서 Soon she will be a twice divorced American.의 뜻이다.

## She's a soon to be twice divorced American.
그녀가 조만간 두 번 이혼한 미국 여성이 된다.

Bertie coughs.

**BALDWIN :** In addition, it is also rumoured... Hitler's Ambassador, Count von Ribbentrop... sends her seventeen carnations every day. Should His Majesty continue to ignore the advice of his Government, he must abdicate... otherwise his Government has no choice but to resign.

**BERTIE :** Prime Minister, you'd leave a country without a... a Government?

**BALDWIN :** Does the King do what he wants? Or does he do what the people expect him to do?

**RADIO ANNOUNCER :** (thru radio) As crowds in Downing Street watch Ministers come and go...

**INT. MANSION BLOCK, LIONEL'S FLAT, LIVING ROOM - EVENING**

Across the room Myrtle seated in the armchair – Anthony and Valentine seated on the floor by radio. Lionel seated at the desk.

**RADIO ANNOUNCER:** (thru radio) ...there is raised an age-old problem: ...can a king separate his personal life from his public duty...

**MYRTLE :** What's the matter, love?

**RADIO ANNOUNCER :** (thru radio) ...provided that he serves his people as their ruler?

Lionel flicks through his paperwork.

**LIONEL :** I'm just having trouble with a patient.

버티는 기침을 한다.

볼드윈 : 뿐만 아니라 히틀러 정부의 주영대사인 본 리벤트롭 백작도 매일 17송이의 카네이션을 보내고 있다고 합니다. 형님께서 앞으로 계속 정부의 충고를 무시하신다면 왕위를 내놓으셔야 할 겁니다. 그렇지 않는다면 어쩔 수 없이 정부 관계자들이 사임하게 되겠지요.

버 티 : 수상… 그래도 설마 정… 정부를 사라지게야 하겠소?

볼드윈 : 국왕께서 자신의 뜻대로 할까요? 아니면 국민이 자신에게 바라는 대로 할까요?

라디오 아나운서 : (라디오를 통해) 다우닝 가에서 군중들이 장관들이 들락 거리는 걸 볼 때…

**내부. 아파트 블록, 라이널의 아파트, 거실 – 저녁**
방 건너편에 머틀이 안락의자에 앉아 있고 앤소니와 발렌타인은 라디오 옆 방바닥에 앉아 있다. 라이널은 책상에 앉아 있다.

라디오 아나운서 : (라디오를 통해) …오랜 세월에 걸친 문제가 일어나… 왕은 개인 생활과 공적 임무를 분리할 수 있으며…

머 틀 : 무슨 일이 있어요, 여보?

라디오 아나운서 : (라디오를 통해) …통치자로서 백성들에게 봉사 한다면…

라이널이 서류를 쓱 훑어본다.

라이널 : 환자랑 갈등이 좀 있소.

- **abdicate**
(왕위, 권리를) 버리다. 포기하다. 퇴위하다
to give up the position of being king or queen

- **age-old**
오랜 세월을 거친, 옛날부터의
having existed for a very long time

- **provided**
만일 ~ 이라면, ~을 조건으로 하여
(= providing = if)

- **flick through**
휙 넘기다, 쓱 훑어보다
to turn the pages of a book, etc. quickly and look at them without reading everything

His Government has no choice but to resign.

have no choice but to ~는 '~하지 않을 수 없다, ~할 수밖에 다른 도리가 없다'의 뜻이고 have no choice는 '선택의 여지가 없다, 그렇게 하지 않을 수 없다'는 뜻의 관용 표현이다.
· Thus, we have no choice but to decline your proposal. 따라서, 이번 요구를 거절하지 않을 수 없게 되었습니다.

**His Government has no choice but to resign.**
그의 정부는 사임할 수밖에 없다.

| | |
|---|---|
| **RADIO ANNOUNCER :** | (thru radio) Should he be able to choose his own personal friends, his private interests and his own wife? |
| **MYRTLE :** | That isn't like you. |
| **RADIO ANNOUNCER :** | (thru radio) Or must he, night and day, in all things, in all ways, be the servant of his crown? |
| **MYRTLE :** | Why? |
| **LIONEL:** | He's scared. He's afraid of his own shadow. |
| **RADIO ANNOUNCER :** | (thru radio) Outside Buckingham Palace, crowds wait for news as all royal engagements are cancelled. |
| **MYRTLE :** | Isn't that why they come to you? |
| **LIONEL :** | This fellow could really be somebody great. He's fighting me. |
| **RADIO ANNOUNCER :** | (thru radio) At Marlborough House too, they watch members of the Royal Family come and go. |
| **MYRTLE :** | Perhaps he doesn't want to be great. |
| **RADIO ANNOUNCER :** | (thru radio) They see Queen Mary drive out in the royal saloon. After conferring with the Prime Minister, His Majesty goes to his country home at Fort Belvedere... |
| **MYRTLE :** | Perhaps that's what you want. |

KING'S SPEECH

라디오 아나운서 : (라디오를 통해) …그가 자신의 개인적 친구들, 사적 이익 그리고 그 자신의 아내를 선택할 수 있을까?

머 틀 : 당신답지 않게…

라디오 아나운서 : (라디오를 통해) 아니면 밤낮으로, 모든 일에서, 모든 방법으로 자신의 왕관의 종이 되어야만 하는가?

머 틀 : 어쩌다가 그렇게 됐어요?

라이널 : 환자가 겁을 먹었소. 내면의 그림자를 보려고 하지 않는 거지.

라디오 아나운서 : (라디오를 통해) 버킹엄 궁 밖에는 군중들이 모든 왕실의 업무가 취소되면서 뉴스를 기다리고 있습니다.

머 틀 : 그걸 고치고 싶어서 당신한테 온 거 아니에요?

라이널 : 대단한 사람이 될 수도 있을 텐데… 나랑 싸우려고만 하는구려.

라디오 아나운서 : (라디오를 통해) 말보로 가에도 역시 왕족들이 드나드는 것을 지켜보고 있습니다.

머 틀 : 어쩌면 대단한 사람이 되고 싶지 않은 지도 모르죠.

라디오 아나운서 : (라디오를 통해) 메리 여왕께서 왕족의 차를 타고 나가는 것이 보입니다. 수상과 의논을 한 후 폐하께서는 포트 벨베더에 있는 시골 집에 가시며…

머 틀 : 어쩌면 당신이 그에게 그걸 바라는 걸 수도 있죠.

■ **engagement**
일, 용무, 약속
an arrangement to do something at a particular time, especially something official or something connected with your job

■ **Marlborough House**
런던 웨스트민스터에 있는 대저택. 영국 왕실 별궁

■ **saloon**
특별 객차, 세단형 자동차
a car with four doors and a boot (= space at the back for carrying things) which is separated from the part where the driver and passengers sit

■ **royal saloon**
왕족이 쓰는 자동차, 왕족이 쓰는 특별 객차

After conferring with the Prime Minister.

부사절인 After he confers with the Prime Minister를 분사구문으로 만들면 Conferring with the Prime Minister가 되는데 전후 시제를 분명히 하기 위해서 접속사는 생략하지 않고 그냥 문장 앞에 쓴 형태이다.
· While (you are) eating, you shouldn't speak. 식사하는 동안에는 말을 해선 안 된다.

## After conferring with the Prime Minister.
수상과 의논을 한 후.

Lionel looks away.

**RADIO ANNOUNCER:** (thru radio) ...and as Mr Baldwin goes to the House of Commons, there is tension in Downing Street.

**LIONEL:** I might have overstepped the mark.

**RADIO ANNOUNCER:** (thru radio) What action His Majesty will take still seems to be in a royal secret.

**MYRTLE:** Apologise. Do you both good.

**INT. YORK HOUSE, HALLWAY - DAY**

Lionel seated by the fireplace – glances around.
The door opens – He stands as a steward and an equerry enter through. The equerry walks to Lionel. He is scrupulously polite.

**EQUERRY:** I'm very sorry, Mr Logue, the Duke is busy.

**LIONEL:** I'm happy to wait. Or I could come back later.

**EQUERRY:** As I said, the Duke is terribly busy.

Lionel is being dismissed. He watches as the steward opens the door. Driving rain in street.

**LIONEL:** Thank you.

He puts on his hat, lifts an umbrella from the rear of a chair.

**LIONEL:** Thank you.

He steps through the doorway, opens the umbrella, walks down the steps.

라이널은 시선을 돌린다.

라디오 아나운서 : (라디오를 통해) …볼드윈 수상은 하원으로 가시면서 다우닝 가에는 긴장이 떠 돕니다.

라이널 : 내가 선을 넘었을 수도 있겠군.

라디오 아나운서 : (라디오를 통해) 폐하께서 어떤 조치를 취할지는 여전히 왕실의 비밀인 것 같습니다.

머 틀 : 사과하세요. 둘 다 좋은 사람들이니까.

**내부. 요크 가, 복도 - 낮**
라이널은 벽난로 옆에 앉아서 주위를 쳐다본다.
문이 열린다. 그는 집사와 시종 무관이 들어올 때 일어선다. 시종 무관은 라이널에게 걸어온다. 그는 용의주도하게 예의 바르다.

시종무관 : 죄송합니다만, 로그씨. 공작 전하께서 매우 바쁘십니다.

라이널 : 기다릴 수 있습니다. 다음에 다시 찾아 뵈도 되고요.

시종무관 : 이미 말씀 드렸듯이 공작전하께서 매우 바쁘십니다.

라이널은 쫓겨나고 있다. 그는 집사가 문을 열자 지켜본다. 거리에는 비가 휘몰아친다.

라이널 : 감사합니다.

그는 모자를 쓰고, 의자 뒤에서 우산을 든다.

라이널 : 감사합니다.

그는 문을 나서며 우산을 펴고 층계 아래로 걸음을 옮긴다.

■ **House of Commons**
하원
the part of Parliament whose members are elected by the people of the country

■ **overstep**
(한도를) 넘다, 지나치게 가다, 넘어가다
to go beyond what is normal or allowed

■ **scrupulously**
성실하게, 세심하게, 용의주도하게
scrupulous = careful about paying attention to every detail; careful to be honest and do what is right

■ **driving**
휘몰아치는
(of rain, snow, etc.) falling very fast and at an angle

# Key Expressions

### 186 What is her hold on him?  그가 그녀한테 꼼짝 못하는 이유가 뭐죠?

hold는 명사형으로 '장악, 지배력, 영향력'(power, influence, complete control, full understanding)의 뜻이다. 뒤에는 전치사 on(over, upon)이 사용된다. have a hold on은 '~에 지배(위력)을 가지다, ~의 급소를 쥐고 있다, ~를 지배하는 힘이 있다'의 뜻이다.

- He has a strong hold over that girl.
  그는 저 여자를 아주 꼼짝 못하게 한다.

### 192 Why not me?  왜 나는 안 돼?

보통 사람은 사랑을 위해 결혼할 수 있는데(Your beloved common man may marry for love.) 왜 나는 결혼할 수 없느냐의 뜻이다.(why may I not marry for love?) 따라서 문법상으로는 주격을 써서 why not I?가 되어야 하지만 특히 구어체에서는 이처럼 목적격을 써서 표현한다. It's me. It's not me. This is her. 등과 같은 맥락의 표현이다.

- He can do, She can do, Why not me?
  그도 할 수 있고, 그녀도 할 수 있다. 그런데 왜 나는 안되냐?

### 194 Who have you been talking to?  누구랑 얘기하고 있었어요?

문법적으로는 to의 목적격인 whom이 쓰여 Whom have you been talking to? To whom have you been talking?처럼 표현해야 하지만 구어체에서는 whom대신 who가 쓰일 때가 많다.

- Who do you mean?  누구 말입니까?
- I wonder who to invite.  누구를 초대할까?

### 194 Never you mind. 네가 알 바 아냐.

이 표현은 구어로 "네가 알 바 아니다"의 뜻이다. 언뜻 Never mind.(신경 쓰지 마라, 걱정하지 마라, 괜찮아)와 같은 것으로 오해할 수 있지만 상대방이 뭔가에 대해 질문을 할 때 그건 네 관심사가 아니기 때문에, 또는 알 필요 없기 때문에 물어보지 말라고 말할 때 사용하는 표현이다.

· A: Where is it? 그거 어딨냐?
  B: Never you mind. 네가 알 바 아냐.

### 200 All hell's broken loose. 말세인 거지.

All hell breaks loose.는 관용표현으로 "대혼란에 빠지다, 온통 야단법석이다" (Events have got out of control--- chaos, confusion, possibly arguing and fighting.)의 뜻이다. 완료형의 경우 broken이 아니라 broke로 써서 All hell has broke loose.로 쓸 때도 많다.

· Just when I thought I was safe, all hell broke loose.
  내가 안전하다고 생각했을 바로 그때 대혼란에 빠지기 시작했다.

### 210 I might have overstepped the mark.

내가 선을 넘었을 수도 있겠군.

overstep(overshoot) the mark는 관용표현으로 '도를 지나치다' (to behave unacceptably, usually by going too far; to upset someone by doing or saying more than you should)의 뜻이다.

· You overstepped the mark when you shouted at your mother.
  네 어머니한테 소리를 지르다니 도가 지나쳤다.

## THE KING'S SPEECH

The park is bleak on this winter's day. One can feel the cold chill.

What's the matter, love?

I'm just having trouble with a patient.

## Chapter 07

# Bertie Accedes to the ThRone
### 버티 왕위를 계승하다

처칠까지도 데이빗의 부당한 애정행각을 비난하며 버티가 왕위를 계승할 것을 희망하자 버티는 형을 찾아가 다시 설득을 한다. 하지만 데이빗은 마침내 왕위를 내놓고 사랑을 따른다. 얼떨결에 왕위에 오른 버티는 자신이 왕으로서의 능력이 없음을 자책하며 괴로워한다. 엘리자베스는 왕후가 된 기쁨을 접어두고 다시 버티에게 라이넬을 찾게 하는데…

 버티 왕위를 계승하다

# Bertie Accedes to the Throne

INT. YORK HOUSE, BERTIE'S STUDY - EVENING
Bertie and Churchill seated either side of the cluttered desk.

CHURCHILL : Parliament will not support the marriage. But there are other reasons for concern. He was careless with state papers. He lacked commitment and resolve... and there are those who are worried about where he will stand when war comes with Germany.

Bertie reacts, stammers.

BERTIE : We're not coming to that?

CHURCHILL : Indeed we are, sir. Prime Minister Baldwin may deny this, but Hitler's intent is crystal clear. War with Germany will come. And we will need a King whom we can all stand behind united.

**내부. 요크 가, 버티의 서재 - 저녁**
버티와 처칠이 어수선한 책상 양쪽에 앉아 있다.

처 칠 : 의회는 이 결혼을 지지하지 않을 겁니다. 문제는 그것만이 아닙니다, 전하. 국왕께서는 공적인 업무에 무관심하고 각종 책무들도 소홀히 하고 있어요. 독일과 전쟁을 하게 되면 어떻게 대처하실지도 걱정이 됩니다.

버티는 반응을 보이며 말을 더듬는다.

버 티 : 그래도 전… 전쟁이 일어나진 않겠죠?
처 칠 : 일어날 겁니다, 전하. 볼드윈 수상은 아니라고 하지만 히틀러의 계획은 불을 보듯 뻔합니다. 곧 독일과 전쟁을 할 것이고 그 때가 되면 우리 모두를 단결시킬 왕이 필요합니다.

- **commitment**
  약속, 의무, 책임, 헌신, 전념
  a promise to do something or to behave in a particular way; a promise to support somebody/something; the willingness to work hard and give your energy and time to a job or an activity

- **resolve**
  결의, 결단, 불굴
  strong determination to achieve something

- **crystal clear**
  맑고 투명한, 명명백백한
  (of glass, water, etc.) completely clear and bright; very easy to understand; completely obvious

## 07. Bertie Accedes to the Throne

**BERTIE :** I fear my... brother is not of sound mind... at this time.

Churchill looks at Bertie, raises his eyebrow.

**CHURCHILL :** Have you thought what you will call yourself? Hmm?

Bertie looks down, stammers.

**BERTIE :** I... I... I...

**CHURCHILL :** Certainly not Albert, sir. Too Germanic. (chuckles)

Bertie stammers.

**CHURCHILL :** What about George? After your father? George the Sixth has a rather nice continuity to it. Don't you think?

Bertie looks down.

**INT. THE FORT, DAVID'S DRAWING ROOM - EVENING**
Bertie stands as David enters. He looks sunken

**BERTIE :** David. Thank God. You look exhausted.

David stops and looks at Bertie.

**BERTIE :** How are you bearing up?

**DAVID :** Bertie, the decision's been made. I... I'm going.

He moves to lean on a display cabinet

**BERTIE :** I can't accept that.

220

KING'S SPEECH

버 티: 나도 형… 형님이 요즘은 조금 걱정되오.

처칠이 버티를 바라보고 눈썹을 치켜 세운다.

처 칠: 왕위를 계승한다는 생각은 해 보셨나요? 음?

버티는 아래로 시선을 떨구며 더듬거린다.

버 티: 난… 난…
처 칠: 왕명으로 알버트는 절대 안 됩니다. 너무 독일식 이름이니까요. (웃는다)

버티는 말을 더듬는다.

처 칠: 조지는 어떻습니까? 아버지의 이름을 따서요? 조지 6세라면 나름대로 좋은 연속성이 있지 않습니까?

버티는 아래를 내려다본다.

**내부. 성채, 데이빗의 응접실 – 저녁**
데이빗이 문간으로 들어올 때 버티가 일어선다. 그는 홀쭉해 보인다.

버 티: 형! 만날 수 있어서 다행이야. 많이 지쳐 보이네.

데이빗은 멈춰 서며 버티를 본다.

버 티: 어떻게 견디고 있어?
데이빗: 버티, 결정했어. 난 떠날 거야.

그는 움직여 진열장에 기댄다.

버 티: 말도 안 돼.

- **continuity**
  연속(성, 상태), 밀접한 연속관계
  the fact of not stopping or not changing; a logical connection between the parts of sth, or between two things

- **sunken**
  홀쭉한, 살 빠진
  hollow and falling inwards as a result of disease, hunger or age

- **display cabinet**
  진열 케이스

> I fear my brother is not a sound mind.
> I fear (that)은 '걱정하다, 근심하다'의 뜻으로 I hope that ~의 반대이다. I fear we are too late.(아무래도 늦을 것 같다) be not of a sound mind는 '정신상태가 정상적이 아니다'의 뜻이다. sound 는 '정상적인, 건전한'의 뜻으로 속담 A sound mind in a sound body(건전한 신체에 건전한 정신)이 그 예이다.

## I fear my brother is not a sound mind.
형님이 정상적이 아닌 것 같아요.

**DAVID :** (interrupts) I'm afraid there's no other way. I must marry her. My mind's made up. I'm -- sorry.

David lifts an ashtray from the side table.

**BERTIE :** That's a terrible thing to hear. Nobody wants that. I least of all.

Bertie looks down.

**INT. THE FORT, DAVID'S DRAWING ROOM - DAY**
David seated at the table - Bertie, Henry and George are there – an official steps to the table, hands a pen to David. David looks down as he takes the pen.

**DAVID :** (V.O. into mic) At long last...

David's hand clutching the pen – He signs the abdication document.

**DAVID :** (V.O. into mic) ...I am able to say a few words of my own. I have never wanted to withhold anything...

Bertie, Henry and George witness David signing

**DAVID :** (V.O. into mic) ...but until now it has not been constitutionally possible for me to speak.

**DAVID :** (mumbles) Right.

He places the pen on to the abdication document – stands – moves to lift a cigarette from the ashtray.
Bertie walks towards.

**DAVID :** (V.O. into mic) A few hours ago, I discharged my last duty...

데이빗: (끼어든다) 다른 길이 안 보여. 그 사람이랑 결혼해야 해. 내 마음은 정해졌어. 미안하다.

데이빗은 보조 테이블에서 재떨이를 집어 든다.

버 티: 최악의 소식이네. 형, 모두가 원하지 않는 일이야. 내가 가장 원하지 않고.

버티는 고개를 떨군다.

**내부. 성채, 데이빗의 응접실 – 낮**
데이빗이 테이블에 앉아 있다. 버티, 헨리 그리고 조지가 거기에 있다. 관리가 테이블로 가서 펜을 데이빗에게 건넨다. 데이빗은 펜을 받으면서 아래를 본다.

데이빗: (목소리, 마이크로) 마침내…

데이빗의 손이 펜을 쥐고 퇴위 서류에 서명을 한다.

데이빗: (목소리, 마이크로) …저는 여러분께 제 뜻을 말씀드릴 수 있게 되었습니다. 저는 어떠한 사실도 숨겨지는 것을 원치 않았지만…

버티, 헨리 그리고 조지가 데이빗이 서명하는 것을 지켜본다.

데이빗: (목소리, 마이크로) …법적으로 그것을 말할 수 있는 입장이 아니었습니다.

데이빗: (중얼거린다) 맞아.

그는 퇴위 서류에다 펜을 놓고 일어서 움직여서는 재떨이에서 담배를 집어 든다.
버티가 다가온다.

데이빗: (목소리, 마이크로) 몇 시간 전을 기해 저는 의무를 모두 내려놓았습니다.

- **abdication**
  퇴위, 사직, (권력의) 포기

- **withhold**
  손대지 못하게 하다, 말리다, 알리지 않다
  to refuse to give something to somebody

- **constitutionally**
  헌법상, 체질적으로, 구조상으로

- **discharge**
  (약속을) 이행하다, (부담이) 없어지다, (의무, 근무 등에서) 해방하다
  to release force or power; to do everything that is necessary to perform and complete a particular duty

**I'm afraid there's no other way.**
I am afraid (that) ~은 말씨를 부드럽게 하는데 쓰여서 '유감으로 생각하다, (유감이지만) ~라고 생각하다'의 뜻으로 I'm sorry (that)~와 유사한 표현이다. 이 경우 보통 접속사 that를 생략하고 쓴다.
· I'm afraid I can't help you. = I'm sorry I can't help you.
미안하지만 도와줄 수가 없습니다.

**I'm afraid there's no other way.**
유감이지만 다른 길이 없는 것 같아요.

## 07. Bertie Accedes to the Throne

Bertie steps to the table.

**DAVID :** (V.O. into mic) ...as King and Emperor...

Bertie sits, signs the abdication document as David turns, walks.

**DAVID :** (V.O. into mic) ...and now...

Across the table Bertie places the pen on to the abdication document.

**DAVID :** (V.O. into mic) ...that I have been succeeded by my brother, the Duke of York...

Bertie stands, moves back. David takes a cigarette from the ashtray.

**DAVID :** (V.O. into mic)... first words must be to declare my allegiance to him.

He turns, draws on the cigarette. Bertie looks at David, steps towards, glances around.

**DAVID :** (V.O. into mic) ...this I do with all my heart.

**INT. WINDSOR CASTLE, STUDY - EVENING**
Across a desk David seated in front of a microphone, clutching his speech.

**DAVID :** (into mic) You all know the reasons which have impelled me to renounce the throne... but you must believe me when I tell you... that I have found it impossible to carry the heavy burden of responsibility... and to discharge my duties as King, as I would wish to do... without the help and support of the woman I love.

버티가 테이블로 간다.

데이빗: (목소리, 마이크로) …왕과 황제로서의…

데이빗이 돌아서 걸어가자 버티가 앉아서 퇴위 서류에 서명을 한다.

데이빗: (목소리, 마이크로) 이제…

테이블 건너서 버티가 퇴위 서류에 펜을 놓는다.

데이빗: (목소리, 마이크로) … 저의 동생인 요크 공작이 왕위를 이어가게 되었습니다.

버티가 일어서서 물러난다. 데이빗은 재떨이에서 담배를 집는다.

데이빗: (목소리, 마이크로) 그 무엇보다도 먼저 저는 새 국왕에게 제 충성을 바칩니다.

그는 몸을 돌리며 담배를 빤다. 버티는 데이빗을 보고 걸어 나서 며 주위를 바라본다.

데이빗: (목소리, 마이크로) …진심을 다해 그렇게 할 것입니다.

**내부. 윈저 성 서재 - 저녁**
책상 건너편에 데이빗이 연설문을 쥐고서 마이크 앞에 앉아 있다.

데이빗: (마이크로) 여러분은 제가 왕위를 포기할 수밖에 없는 이유를 이미 알고 계실 겁니다… 그러나 부디 저의 이야기를 믿어주시기 바랍니다… 저는 사랑하는 여인의 도움과 지지가 없이는 국왕으로서의 무거운 책임을 이행해 나가는 것이 불가능하다는 것을 깨달았습니다.

- **allegiance**
  충성, 충직, 충성의 의무
  a person's continued support for a political party, religion, ruler, etc

- **impel**
  재촉하다, 몰아대다, 억지로 ~시키다 to be forced to do something

- **renounce**
  포기(폐기)하다, 선서하고 끊다
  to state officially that you are no longer going to keep a title, position, etc.

**I have found it impossible to carry the heavy burden.**

find, make, think, take 등 일부 동사는 가목적어 it를 취해 목적보어 다음에 진목적어로 to 부정사나 that절을 취한다. 물론 목적보어가 구를 이룰 때도 있다.
· He thought it beneath him to do such a thing. 그는 그런 짓을 한다는 것을 체면에 관계되는 것이라고 생각했다.

**I have found it impossible to carry the heavy burden.**
무거운 책임을 이행할 수 없다는 것을 깨달았다.

225

07. Bertie Accedes to the Throne

**INT. WINDSOR CASTLE, DRAWING ROOM - EVENING**
Bertie and Elizabeth seated on the sofa – radio by them.

DAVID :  (thru radio) And I want you to know, this decision ... has been made less difficult to me... by the sure knowledge that my brother... with his long training in the public affairs of this country...

Bertie battles his emotions. Elizabeth takes Bertie's hand supportively.

**INT. YORK HOUSE, HALLWAY - DAY**
Bertie is in full regalia of an Admiral of the Fleet's uniform – walks towards followed by an equerry in uniform.

DAVID :  (V.O. thru radio) ...and with his fine qualities...

**EXT. STREET - DAY**
Bertie walks through the doorway to reveal journalists and photographers gathered. Flashbulb flares.

DAVID :  (V.O. thru radio) ...will be able to take my place forthwith...

Bertie steps past reporters and photographers.

DAVID :  (V.O. thru radio) ...without interruption or injury...

Grimly, Bertie climbs into the rear of Rolls Royce.

DAVID :  (V.O. thru radio) ...to the life and progress of the Empire.

**INT. ROLLS ROYCE - DAY**
The Rolls Royce pulls away. On the pavement, kept back by police, a crowd of onlookers. On the edge of the group... Lionel. Bertie peers out of the window of the Rolls. Their eyes meet. The Rolls drives on.

226

**내부. 윈저 성, 응접실 – 저녁**
버티와 엘리자베스가 소파에 앉아 있다. 그들 옆에는 라디오가 있다.

데이빗: (라디오를 통해) 또한 이 자리를 빌어 말씀드리고 싶습니다… 제가 이런 결정을 함에 있어 조금이라도 마음의 짐을 덜 수 있었던 것은… 저의 동생이 왕실의 책무를 다할 수 있도록 충분히 준비가 된 인물이라는 사실 때문이었습니다…

버티는 감정과 싸운다. 엘리자베스는 격려하며 버티의 손을 잡는다.

**내부. 요크 가, 복도 – 낮**
제복을 입은 버티가 걸어온다. 제복을 입은 시종무관이 뒤를 따른다.

데이빗: (목소리, 라디오를 통해) …그는 훌륭한 인품을 바탕으로…

**외부. 거리 – 낮**
버티가 문간으로 걸어가자 신문기자들과 사진사들이 모여 있다. 플래쉬가 터진다.

데이빗: (목소리, 라디오를 통해) …저를 대신하여…

버티가 기자들과 사진사들을 지나간다.

데이빗: (목소리, 라디오를 통해) …한 치의 장애나 어려움 없이…

버티가 롤스 로이스의 뒷문으로 탄다.

데이빗: (목소리, 라디오를 통해) …대영제국의 발전을 이끌어 나갈 것입니다.

**내부. 롤스 로이스 – 낮**
롤스 로이스가 달려간다. 보도에는 경찰의 제지를 받는 구경꾼들이 있다. 일단의 사람들 언저리에 라이닐이 있다. 버티는 롤스 로이스 창문 밖을 쳐다본다. 그들의 눈이 마주친다. 롤스 로이스는 계속 달려간다.

■ **supportively**
격려하듯이, 따뜻하게 대하며

■ **forthwith**
곧, 즉시
immediately; at once

■ **interruption**
방해, 중단, 불통
something that temporarily stops an activity or a situation; a time when an activity is stopped

■ **onlooker**
구경꾼, 방관자
a person who watches something that is happening but is not involved in it

…will be able to take my place forthwith…

take one's place는 take the place of 와 같이 '~을 대리하다, ~에 대신하다'(to replace somebody/something) 의 뜻이다. be able to는 can과 같지만 미래형 조동사와 함께 써서 will be able to ~로 표현할 수 있다.
· The telephone can't take the place of your smile. 전화가 네 미소를 대신할 수 없다.

**…will be able to take my place forthwith…**
즉시 저를 대신할 수 있을 것이며…

### INT. ST JAMES' PALACE, ANTEROOM - DAY
Bertie waits nervously, slowly paces behind the throne.
CAPTION: 12th December, 1936
Accession Council St. James' Palace
Gong. He looks at the equerry and the official. He walks to the doorway – footmen open doors, bow as he continues.

### INT. ST JAMES' PALACE, ACCESSION COUNCIL CHAMBER -DAY
Council members gathered. Bertie walks to them and stops. Council members bow their heads. An official approaches and hands a speech to him. Bertie glances down at the speech.
All of Bertie's old symptoms reappear: the tightening of the neck muscles, the protruding Adam's apple, the jaw locking.

**BERTIE :** (reads) I meet you today... in... in circumstances which are...

Bertie has come to a complete muscle-locked halt. He sees the portraits of the kings on the wall. He bows his head in humility. And shame.

### INT. YORK HOUSE, LANDING - DAY
Elizabeth, Lilibet, Margaret Rose and nannies on the landing. They are preparing for the move to Buckingham Palace. The girls are tidying away their toy horses.

**ELIZABETH :** I'm sure you'll love it.
**LILIBET :** There you go.

Lilibet hands a blanket to Elizabeth.

**ELIZABETH :** Thank you, darling. Saddles. Margaret.
**LILIBET :** There's Montezuma. (to cuddly toy) Good boy.
**MARGARET ROSE :** Oh, here's one. Mamma, here's a horse and saddle.
**ELIZABETH :** Have you got the saddle?
**MARGARET ROSE :** Mamma, here's a horse and saddle.

Margaret Rose hands the toy saddle to Elizabeth.

**내부. 세인트 제임스 궁전, 대기실 – 낮**
버티가 초조하게 기다리면서 왕좌 뒤로 천천히 왔다 갔다 한다.
자막: 1936년 12월 12일
왕위계승 위원회 세인트 제임스 궁전
징소리. 그는 시종무관과 관리를 바라본다. 그가 문간으로 가자 하인들이 문을 열고 그가 지나가자 허리를 숙여 인사한다.

**내부. 세인트 제임스 궁전, 계승 회의실 – 낮**
추밀원 구성원들이 모여 있다. 버티는 그들에게 걸어가 선다. 추밀원 구성원들이 머리 숙여 절을 한다. 한 관리가 다가와 연설문을 버티에게 건넨다. 버티는 연설문을 내려다본다.
버티의 오래된 증상들이 모두 다시 나타난다: 목 근육이 뻣뻣해지고 후골이 튀어 오르며 턱이 얼어붙는다.

버 티 :　　(읽는다) 저는 오늘 일… 일련의 상황에…

버티는 근육이 완전히 얼어붙어 말을 멈추게 된다. 그는 벽 위에 왕들의 초상화를 본다. 그는 겸손하게 머리를 숙인다. 수치스럽다.

**내부. 요크 가, 층계참 – 낮**
엘리자베스, 릴리벳, 마가렛 로즈 그리고 보모들이 있다. 그들은 버킹엄 궁전으로 이사할 준비를 하고 있다. 소녀들은 자신들의 장난감 말을 정돈하고 있다.

엘리자베스 :　그거 잘 챙겨요.
릴리벳 :　여기요.

릴리벳이 엘리자베스에게 담요를 건넨다.

엘리자베스 :　고마워. 안장들. 마가렛.
릴리벳 :　몬테주마 장난감도 있어요. (껴안고 싶은 장난감에게) 착하지.
마가렛 로즈 :　아, 여기 있네. 엄마, 말과 안장이요.
엘리자베스 :　안장 챙겼냐?
마가렛 로즈 :　엄마, 이거요. 말과 안장도 같이 챙겨주세요.

마가렛 로즈는 장난감 안장을 엘리자베스에게 건넨다.

■ **accession**
(권리, 지위, 재산 등의) 계승, 상속, 즉위
the act of becoming a ruler of a country

■ **gong**
징, 공, 벨

■ **protrude**
내밀다, 내뻗다, 튀어나오게 하다
to stick out from a place or a surface

■ **humility**
겸손, 비하
the quality of not thinking that you are better than other people; the quality of being humble

■ **tidy away**
정돈하다, 치우다, 정리하다

**Adam's apple**
존 밀튼의 '실락원'에서 유래된 금단의 열매. 사과(선악과)에서 만들어진 어휘다. 에덴동산의 사과를 딴 하와는 맛있는 겉부분을 먼저 먹고 속심을 아담에게 주었는데, 아담은 그것을 먹다가 목(후두)에 걸려서 목의 후두연골이 돌출되는 결후(목젖)가 생겼다는 것이다. 그래서 이 결후를 '아담의 사과'(Adams apple)라고 하는데, 공교롭게도 이것은 남자에게만 생긴다.

# Adam's apple
### (남자의) 목젖

07. Bertie Accedes to the Throne

ELIZABETH :　　　Thank you. Oops.

Margaret Rose steps to the toy horse.

MARGARET ROSE :　Don't worry, Snowy, we'll get yours as soon as we're done.
LILIBET :　　　Mamma?
ELIZABETH :　　Yes?
LILIBET :　　　Will we have space for our horses in our new home?
ELIZABETH :　　Course we will, darling. We'll have a palace of rooms.

Bertie enters, still in full regalia.
Margaret Rose, Lilibet and Elizabeth – they all turn, look at Bertie. He steps towards, holds out his arms as Lilibet steps to him, stops. She looks at Bertie, glances at Margaret Rose.

LILIBET :　　　(whispers) Curtsey.

Lilibet, Margaret Rose – curtsey watched by Elizabeth and nanny.

MARGARET ROSE :　Your Majesty.

They remain where they are and curtsy formally. Bertie looks down at Margaret Rose. He steps to Lilibet, holds her – kisses her head – turns, leans to Margaret Rose – kisses her head.

ELIZABETH :　　How was it?

Bertie shakes his head imperceptibly.

**INT. YORK HOUSE, BERTIE'S STUDY - EVENING**
Door opens to reveal Elizabeth in night clothes.

230

엘리자베스 : 알았다. 아이쿠.

마갓렛 로즈가 장난감 말에게 걸어간다.

마갓렛 로즈 : 걱정 마, 스노위. 우리 일이 끝나면 곧 데리러 올게.
릴리벳 : 엄마?
엘리자베스 : 응?
릴리벳 : 새 집에 우리 말들을 넣어둘 방이 있을까요?
엘리자베스 : 물론이지. 궁전에는 방이 아주 많거든.

버티가 완전한 예복 차림으로 들어온다.
마갓렛 로즈, 릴리벳 그리고 엘리자베스 모두 돌아서서 버티를 본다. 그는 앞으로 나서서 릴리벳이 그에게 다가서자 팔을 내민다. 그녀는 버티를 보고 마갓렛 로즈를 바라본다.

릴리벳 : (속삭인다) 인사를 해야 돼.

엘리자베스와 보모가 지켜보는 가운데 릴리벳, 마갓렛 로즈는 절을 한다.

마갓렛 로즈 : 폐하.

그들은 그 자리에 서서 정식으로 절을 한다. 버티는 마갓렛 로즈를 내려다본다. 그는 릴리벳에게 가서 그녀를 잡고 머리에 키스를 하고는 돌아서서 마갓렛 로즈에게 몸을 기울여 머리에 키스를 한다.

엘리자베스 : 잘 마쳤어요?

버티는 감지할 수 없을 정도로 고개를 가로젓는다.

**내부. 요크 가, 버티의 서재 - 저녁**
문이 열리고 잠옷을 입은 엘리자베스가 나타난다.

■ regalia
(정식의) 의복, 훈장, 왕권의 표상
the special clothes that are worn or objects that are carried at official ceremonies

■ curtsey
(왼발을 빼고 무릎을 굽혀 몸을 약간 숙이는 여자의) 절, 인사, (여자가) 절하다
(= curtsy) a formal greeting made by a woman or girl in a dance or to an important person, by bending her knees with one foot in front of the other

■ imperceptibly
감지할 수 없을 정도로, 눈에 보이지 않게
imperceptible = very small and therefore unable to be seen or felt

Oops.
이는 구어 감탄사로 "저런, 야단났군, 미안, 아이구" 등의 뜻으로 놀람, 당황, 가벼운 사과의 뜻을 나타내는 소리이다. (An interjection made in response to the observation of a minor mistake; something people say when they screw up) Whoops 라고도 한다. 때로 속어로는 동사로도 쓰이기도 한다.

## Oops.
아이쿠.

**BERTIE :** (O.S.) I... was trying to... familiarise myself with... what a state paper looks like.

Bertie seated at his desk, valiantly tries to make sense of his new dispatch box filled with state papers.

**BERTIE :** It's a... dispatch from Mr Baldwin which I don't understand a word of.

Elizabeth leans, looks down at the paperwork.

**BERTIE :** David's finances.

They look down at the paperwork.

**BERTIE :** Christmas... broadcast.
**ELIZABETH :** Ah.

He holds up the paperwork.

**BERTIE :** Think that'd be a mistake.
**ELIZABETH :** No, don't worry about that. No...

She places the papers on to the desk.

**ELIZABETH :** Well...

He lifts a folder – she rubs his arm, leans on his shoulder – looks at the folder as he opens it.

**BERTIE :** Plans for the Coronation. Think that would be an even bigger mistake.

He breaks down; he sobs, holding his hand to his face – Elizabeth crouches by him.

버 티: (목소리) 난… 공문서들이랑 치… 친해지려고 구경하던 중이었소.

버티는 책상 앞에 앉아서 공문서들로 가득 찬 새 공문서 함을 파악하려고 한다.

버 티: 이건… 보… 볼드윈 수상의 발송 공문인데 무… 무슨 말인지 통 모르겠고…

엘리자베스가 기대며 서류를 내려다본다.

버 티: 형의 재정문서야.

그들은 서류를 내려다본다.

버 티: 성탄 담… 담화문이군.
엘리자베스: 아.

그는 서류를 든다.

버 티: 내가 이걸 하다니 명백한 착오지.
엘리자베스: 아뇨, 걱정하지 말아요.

그녀는 책상 위에 서류를 놓는다.

엘리자베스: 저…

그가 서류철을 든다. 그녀는 그의 팔을 쓰다듬으며 어깨에 기대고는 버티가 그것을 열자 서류철을 바라본다.

버 티: 대관식 준비 사항이군. 이건 더 큰 착오인 것 같소.

그는 손으로 얼굴을 잡고 운다. 엘리자베스가 그 옆에 웅크린다.

- **familiarise**
  익숙하게 하다, 정통하게 하다
  (= familiarize) to learn about something or teach somebody about something, so that you/they start to understand it

- **valiantly**
  씩씩하게, 장하게, 훌륭하게

- **dispatch**
  급송, 송달, 급송 공문서

- **dispatch box**
  (공문서의) 송달함

- **finance**
  재정, 재무, 재원, 세입

- **folder**
  서류철로 쓰는 접지
  a cardboard or plastic cover for holding loose papers, etc.

- **coronation**
  대관식, 즉위식
  a ceremony at which a crown is formally placed on the head of a new king or queen

…which I don't understand a word of…
이는 a word of which I don't understand로 표현할 수도 있다. 관계대명사 which의 경우 그것에 딸린 어휘나 구를 앞에 두거나 뒤에 둘 수 있다. 특히 전치사가 which와 떨어져 후치될 때에는 which를 생략할 때가 많다.

## …which I don't understand a word of…
그것의 단어 하나도 이해를 못하는…

| | |
|---|---|
| BERTIE : | (sobs) I'm not a King. |
| ELIZABETH : | (softly) Oh, shush. |

She continues comforting him.

| | |
|---|---|
| ELIZABETH : | Shush. |
| BERTIE : | I'm a Naval officer. That's all I know. (sobs) |
| ELIZABETH : | Sshh. |
| BERTIE : | I'm not a king. I'm not a King. |
| ELIZABETH : | (softly) My dear. |
| BERTIE : | (sobs) I'm sorry. |
| ELIZABETH : | (softly) No. |
| BERTIE : | I'm sorry. |
| ELIZABETH : | (softly) No, don't be silly. Please. |

She rests her head against him. Bertie breathes heavily. She comforts him.

| | |
|---|---|
| ELIZABETH : | Oh, my dear. My dear, dear man. |
| BERTIE : | (softly) I'm sorry. |
| ELIZABETH : | You know... I refused your first two marriage proposals... not because I didn't love you... (strokes his hair) ...but because I couldn't bear the idea of a Royal life. Couldn't bear the idea of a life of tours, public duty, a... well a life that no longer was really to be my own. (looks at him, softly) But then I thought... he stammers so beautifully, they'll leave us alone. |

버 티 : (흐느낀다) 난 왕이 아니오.
엘리자베스 : (조용히) 쉬…

그녀는 계속 그를 위로한다.

엘리자베스 : 쉬…
버 티 : 난 해군 장교란 말이오. 내가 할 수 있는 건 그것 뿐인데… (흐느낀다)
엘리자베스 : 쉬…
버 티 : 난 왕이 아니야. 왕이 아니라고.
엘리자베스 : (조용히) 여보.
버 티 : (흐느낀다) 미안하오.
엘리자베스 : (조용히) 괜찮아요.
버 티 : 미안하오.
엘리자베스 : (부드럽게) 괜찮다니까요… 제발.

그녀는 머리를 그에게 기댄다. 버티는 크게 숨을 쉰다. 그녀는 그를 위로한다.

엘리자베스 : 여보, 내 사랑… 기운 내요, 여보.
버 티 : (조용히) 미안해요.
엘리자베스 : 저기… 예전에 내가 당신 청혼을 두 번이나 거절했었죠…. 당신을 사랑하지 않아서가 아니라… (그의 머리를 쓰다듬는다) …왕실의 새장에 갇히기 싫어서였어요. 행사와 공식 업무로 가득 찬 왕실의 삶을 견딜 자신이 없었어요. 내 자신의 생활이 존재하지 않는다는 게 싫었죠. (그를 바라본다. 부드럽게) 그런데 문득 그런 생각이 들더군요. 이 사람이 이토록 멋지게 말을 더듬으니까 어쩌면 우리를 그냥 내버려둘 지도 몰라.

■ comfort
위안하다, 위로하다
to make somebody who is worried or unhappy feel better by being kind and sympathetic towards them:

■ marriage proposal
청혼

■ bear
(고통, 불행 등을) 견디다, 참다
stand; to be able to accept and deal with something unpleasant

not because I didn't love you, but because I couldn't bear the idea of...

- not because ~, but because~는 not that ~, but that ~과 같이 '~때문이 아니라, ~때문이다. ~해서가 아니라, ~이기 때문이다'의 뜻이다.
- I like him not because he has few faults but because he has a few faults. 그가 결점이 거의 없어서가 아니라 결점이 좀 있어서 나는 그를 좋아한다.

## not because I didn't love you, but because I couldn't bear the idea of...

당신을 사랑하지 않아서가 아니라, 생각을 견딜 수가 없었기 때문이다…

07. Bertie Accedes to the Throne

He cries, holds his hand to his face.

**EXT. STREET - DAY**
Poster-covered wall. 1st poster reads: STAND BY THE KING. 2nd poster reads: GOD SAVE OUR KING.
Across the busy pavement, reveal Rolls Royce and a car waiting outside Lionel's mansion block.

**INT. MANSION BLOCK, LIONEL'S FLAT, DINING ROOM - DAY**
A knock at the front door. Lionel enters through the doorway, checks a teapot on the table. He strides through the doorway and opens the door.

**INT. LIONEL'S FLAT, HALLWAY - DAY**
Bertie and Elizabeth are standing there.

BERTIE :       Waiting for a King to apologise, one can wait rather a long wait.

**INT. LIONEL'S FLAT, DINING ROOM - DAY**
Elizabeth walks through the doorway towards followed by Bertie.

ELIZABETH :    I'm afraid we're slightly late.

Lionel closes the door and steps towards.

LIONEL :       This is home. Myrtle's at bridge. I made sure the boys were out.

ELIZABETH:     It's lovely. Absolutely lovely.

Elizabeth walks around the table.

ELIZABETH :    Ah... may I sit down?
LIONEL :       Yes, of course.

Lionel pulls out a chair for her to sit down.

그는 손으로 얼굴을 감싸고 운다.

**외부. 거리 - 낮**
포스터로 덮인 벽. 첫 번째 벽보에는 '왕을 지지한다' 두 번째 벽보에는 '신이여 왕을 보호하소서'라고 쓰여 있다. 붐비는 보도 건너편 라이널의 아파트 블록 밖에 롤스 로이스와 차가 서 있는 것이 보인다.

**내부. 아파트 블록, 라이널의 아파트, 식당 - 낮**
앞문에서 노크 소리. 라이널이 문간으로 들어와 테이블 위에 차 주전자를 확인한다. 그는 문간으로 성큼 걸어가 문을 연다.

**내부. 라이널의 아파트, 복도 - 낮**
버티와 엘리자베스가 거기 서 있다.

버 티 : 왕의 사과를 받으려면 좀 오래 기다려야 하는 법이오.

**내부. 라이널의 아파트, 식당 - 낮**
엘리자베스가 문간을 통해 걸어가고 버티가 뒤를 따른다.

엘리자베스 : 저희가 또 조금 지각한 것 같네요.

라이널은 문을 닫고 걸어온다.

라이널 : 여기사 저희 집입니다. 아내는 브릿지 게임하러 갔고 아이들은 나가 놀라고 했어요.

엘리자베스 : 집이 예쁘네요. 아주 예뻐요.

엘리자베스가 테이블 주위로 걸어간다.

엘리자베스 : 음, 앉아도 될까요?
라이널 : 물론입니다.

라이널이 그녀가 앉도록 의자를 끌어낸다.

■ **stand by**
편들다, 돕다, 준비하다, 곁에 있다
to be ready for action; to be friends with them, even in difficult situations

■ **mansion**
대저택, (영) 아파트
a large impressive house; used in the names of blocks of flats

■ **bridge**
브리지(카드 놀이의 일종)
a card game for two pairs of players who have to predict how many cards they will win. They score points if they succeed in winning that number of cards and lose points if they fail

> **I made sure the boys were out.**
> make sure는 '확인하다, 확신하다, 꼭 ~ 하다, 대책을 강구하다'의 뜻으로 '동사 + 형용사'로 이루어진 구이지만 뒤에 목적어로 to 부정사나 that절을 취할 수 있다.
> · Make sure the monitor is turned off when you are fixing the computer. 컴퓨터를 고치고 있을 때는 모니터가 꺼져 있는지 확인해라.

**I made sure the boys were out.**
애들이 나간 걸 확인했어요.

07. Bertie Accedes to the Throne

LIONEL : Would you like some tea, ma'am?

ELIZABETH : Yes, I'll help myself. <u>Now off you go.</u> (then) <u>Or must I knock your heads together?</u>

**INT. LIONEL'S FLAT, LIVING ROOM - DAY**
Bertie, seated, leans towards, places a coin on to the table.

BERTIE : (blurts) Here's your shilling.

Lionel sits, looks at Bertie.

BERTIE : I... I understand... what you were trying to say, Logue.

LIONEL : <u>I went about it the wrong way.</u> I'm sorry.

BERTIE : So, here I am. Is the nation ready for two m... minutes of radio silence?

LIONEL : (shakes his head) Every stammerer always fears going back to square one. I don't let that happen.

BERTIE : If I fail in my duty... David could come back. I've seen the, the placards. "God save our -- King". They don't mean me. Every monarch in history ... has succeeded someone who's dead... or just about to be. My predecessor is not only alive but... very much so. (breathes deeply) <u>It's a bloody mess.</u>

Lionel looks towards, nods.

라이널 : 차 드시겠습니까, 전하?
엘리자베스 : 네, 제가 알아서 마실게요. 가보세요.
(그리고는) 혹시… 제가 두 분을 화해시켜 드려야 되나요?

**내부. 라이널의 아파트, 거실 - 낮**
버티가 앉은 채로 몸을 내밀며 테이블 위에다 동전 하나를 놓는다.

버 티 : (불쑥 말하며) 여기 빚진 동전이오.

라이널이 앉으며 버티를 본다.

버 티 : 난… 이해가 되오. 나한테 무슨 말을 하려고 했었는지 알겠소, 로그.
라이널 : 방법이 잘못 됐었죠. 죄송했습니다.
버 티 : 어쨌든 내가 다시 왔잖소. 국민들이 국왕의 방송 때마다 2분 간의 정적을 이해해줄 것 같소?
라이널 : (고개를 젓는다) 말더듬는 사람이면 누구나 처음으로 돌아가게 될까봐 두려워하죠. 저에게 치료 받는 사람은 절대 그렇지 않습니다.
버 티 : 내가 임무를 제대로 못… 못하면 형이 다시 하면 되오. 벽보들을 봤소. "신이여, 와… 왕을 보호하소서" 그들이 말하는 왕은 내가 아니니. 역사상 모든 군… 군주는 누가 죽거나 죽을 때가 다 되어서 왕위를 물려 받았소. 내 전임자는 살아 있는 정도가 아니라 아… 아주 건재하고 있지. (심호흡을 한다) 뭐하는 짓인지…

라이널이 바라보며 고개를 끄덕인다.

■ **blurt**
불쑥 말하다, 무심결에 누설하다
to say something suddenly and without thinking carefully enough

■ **square one**
완전한 시작
(= absolute beginning)

■ **placard**
플래카드, 벽보, 삐라, 간판, 포스터
a large written or printed notice that is put in a public place or carried on a stick in a march

■ **predecessor**
전임자, 선배, 조상
a person who did a job before somebody else

**I'll help myself.**
help oneself는 '필요한 일을 자기 스스로 하다, 자조하다'의 뜻이다. Help yourself.는 "좋을 대로 해라, 많이 먹어라" 등의 뜻인데 뒤에 to가 쓰이면 음식이 온다.
· I can't help you. You must help yourself. 난 도울 수 없어. 혼자 알아서 해라.

**I'll help myself.**
제가 알아서 할게요.

07. Bertie Accedes to the Throne

BERTIE: Couldn't even give them a Christmas speech.
LIONEL: Like your dad used to do?
BERTIE: Precisely.
LIONEL: (shakes his head) He's not here any more.
BERTIE: Yes, he is. He's on that shilling I gave you.
LIONEL: Easy enough to give away. (shakes his head) You don't have to carry him around in your pocket. Or your brother. You don't need to be afraid of the things you were afraid of when you were five.

A pause. Bertie breathes deeply.

LIONEL: You're very much your own man, Bertie.
BERTIE: Am I?

Lionel holds up the coin.

LIONEL: Your face is next, mate.
MYRTLE: (O.S. calls) Lionel dear!

Lionel stands, turns toward.

LIONEL: Myrtle.

DINING ROOM – through the stained glass paneled doors, Lionel presses himself up against the wall.

BERTIE: (O.S.) Is this your wife?

Elizabeth eats, looks towards.

LIONEL: (O.S.) Yes.

버 티 : 성탄 담화문도 낭독해야 하는데…
라이널 : 아버님이 했던 것처럼요?
버 티 : 그렇소.
라이널 : (고개를 흔든다) 그 분은 더 이상 존재하지 않아요.
버 티 : 아니, 있소. 내가 준 동전 안에.
라이널 : 던져버리면 되겠네요. (고개를 젓는다) 굳이 주머니에 넣고 다닐 필요 없죠. 형님도 마찬가지고. 다섯 살 때 두려워하던 존재들을 두려워할 필요가 뭐가 있어요.

잠시. 버티는 깊게 숨을 들이마신다.

라이널 : 당신은 자아가 분명한 사람이에요, 버티.
버 티 : 내가?

라이널이 동전을 집어올린다.

라이널 : 다음 번엔 당신 얼굴이 새겨질 거요.
머 틀 : (목소리, 소리친다) 저 왔어요!

라이널이 일어나 몸을 돌린다.

라이널 : 마누라가 왔어요.

식당 – 착색 유리로 장식한 문을 통해 라이널이 벽에 기대 선다.

버 티 : (목소리) 부인이오?

엘리자베스가 먹으며 앞을 바라본다.

라이널 : (목소리) 네.

- **stained glass**
  착색유리, 스테인드 글래스
  pieces of coloured glass that are put together to make windows, especially in churches

- **panel**
  (문, 벽 등에) 패널(벽판)을 끼우다(발라 장식하다)
  to cover or decorate a surface with flat strips of wood, glass, etc

- **press**
  누르다, 밀다, 조르다
  push something closely and firmly against something; to be pushed in this way

Like your dad used to do?
이처럼 like는 구어체에서 as, as if와 같은 뜻의 접속사로 널리 쓰인다. used to는 과거의 규칙적인 습관을 나타내어 '~하곤 했다, 언제나 했다, ~하는 버릇이 있었다, 이전에는 ~이었다'의 뜻이다.
· It used to be believed that the sun moved round the earth. 옛날에는 태양이 지구를 돈다고 믿고 있었다.

## Like your dad used to do?
아버지가 했던 것처럼요?

241

07. Bertie Accedes to the Throne

LIVING ROOM – Lionel turns, gestures to Bertie.

**LIONEL :** Bertie. Come here.

**BERTIE :** Are you all right, Logue?

**LIONEL :** Yes.

Bertie stands, makes towards the door.
DINING ROOM – through the stained glass paneled doors, Bertie steps towards.

**BERTIE :** Well, shouldn't we go through?

**LIONEL :** Trust me, it's important.

LIVING ROOM – Lionel steps back against wall as Myrtle appears through the stained glass paneled doors.

**BERTIE :** What is it?

DINING ROOM – Myrtle steps, looks at Elizabeth, flabbergasted.

**MYRTLE :** Oooh… Your…

Elizabeth looks at Myrtle.

**ELIZABETH :** It's "Your Majesty" the first time. After that it's "Ma'am". As in "ham". Not "malm" as in "palm".

Myrtle is taken aback.
LIVING ROOM – Bertie and Lionel look at each other. He explains his reticence to Bertie.

**LIONEL :** I haven't told her about us. Sit down, relax.

**ELIZABETH :** (V.O.) I'm told your husband calls my husband Bertie.

거실 - 라이널이 돌아서며 버티에게 손짓을 한다.

라이널 : 버티, 이리 와요.
버 티 : 정말 괜찮소, 로그?
라이널 : 네.

버티가 일어서 문쪽으로 간다.
식당 - 착색 유리로 발라 장식한 문을 통해 버티가 앞으로 나선다.

버 티 : (목소리) 안 나가 볼 거요?
라이널 : (목소리) 제 말 대로 하세요. 이래야 돼요.

거실 - 착색 유리로 발라 장식한 문을 통해 머틀이 나타나자 라이널이 벽으로 물러선다.

버 티 : 왜 그러는 거요?

식당 - 머틀이 걸어와 엘리자베스를 보고는 어리둥절한다.

머 틀 : 아… 저… ·

엘리자베스가 머틀을 본다.

엘리자베스 : 전하 맞아요. 첫 문장에는 그렇게 붙이시구요. 그 뒤로는 마마라고 붙이시면 됩니다. 천연두할 때 그 마마죠. 파마랑 혼동하지 마시구요.

머틀이 놀란다.
거실 - 버티와 라이널이 서로를 바라본다. 그는 버티에게 자신의 과묵을 설명한다.

라이널 : 우리 얘길 아직 하지 못했어요. 편히 앉아 계세요.
엘리자베스 : (목소리) 댁의 남편은 제 남편을 버티라고 부른다더군요.

■ make towards
~을 향하여 가다
to start moving towards something

■ flabbergast
(구) 깜짝 놀라게 하다. 어리둥절하게 하다

■ reticence
과묵, 말수 적음, 입을 조심함
reticent = unwilling to tell people about things

Myrtle is taken aback.
원래 aback은 항해 용어로 '돛이 역풍을 받고'의 뜻인데, be taken aback 으로 쓰여 '크게 당황하다, 크게 놀라다'(to be shocked or surprised by somebody/something)의 관용 표현이 된다.
· She was completely taken aback by his anger. 그녀는 그의 분노로 인해 완전히 놀랐다.

**Myrtle is taken aback.**
머틀은 놀란다.

243

7. Bertie Accedes to the Throne

Bertie, bemused, sits.
DINING ROOM – Elizabeth steps towards, looking at Myrtle.

| | |
|---|---|
| ELIZABETH : | And my husband calls your husband Lionel. I trust you won't call me Liz. |
| MYRTLE : | Your Majesty, you may call me Mrs Logue, ma'am. |

She curtsies. Elizabeth offers her hand.

| | |
|---|---|
| ELIZABETH : | Very nice to meet you, Mrs Logue. |

Myrtle shakes Elizabeth's hand.
LIVING ROOM

| | |
|---|---|
| BERTIE : | Logue, we can't stay here all day. |
| LIONEL : | (whispers) Yes, we can. |
| BERTIE : | (whispers) Logue. |
| LIONEL : | (whispers) I need to wait for the right moment. |
| BERTIE : | (whispers) Logue, you're being a coward. |
| LIONEL : | You're damn right. |

Bertie stands, steps past him to the door.

| | |
|---|---|
| BERTIE : | Get out there, man. |

Decisive, Bertie grabs the door handle. The door opens to reveal Myrtle.
DINING ROOM – Bertie ushers Lionel into the dining room.
Lionel enters, pretending total innocence and surprise.

| | |
|---|---|
| LIONEL : | Hello, Myrtle, darling. |

He kisses her cheek as Bertie steps through the doorway towards.

244

KING'S SPEECH

버티가 어리벙벙한 상태로 앉는다.
식당 – 엘리자베스는 머틀을 보면서 앞으로 나선다.

엘리자베스 : 제 남편은 댁의 남편을 라이널이라고 부르고요. 그래도 저를 리즈라고 부르면 안 된다는 거 아시죠?

머 틀 : 저는 그냥 로그 부인이라고 부르시면 됩니다, 마마.

그녀는 예를 갖추어 절을 한다. 엘리자베스는 손을 내민다.

엘리자베스 : 만나서 반갑습니다, 로그 부인.

머틀은 엘리자베스의 손을 잡아 악수를 한다.
거실

버 티 : 로그, 종일 이러고 있을 순 없잖소?
라이널 : (속삭인다) 그럴 수도 있죠.
버 티 : (속삭인다) 로그.
라이널 : (속삭인다) 타이밍을 잡아야 되오.
버 티 : (속삭인다) 로그. 이제 보니 완전 겁쟁이군.
라이널 : 바로 맞혔어요.

버티가 일어나 그를 지나 문으로 간다.

버 티 : 당장 나가시오.

결연히 버티는 문 손잡이를 잡는다. 문이 열리고 머틀이 나타난다.
식당 – 버티는 라이널을 식당으로 안내한다.
완전히 결백하고 놀란 체하며 라이널이 들어온다.

라이널 : 여보, 당신 왔구려.

그는 버티가 문간을 통해 나설 때 그녀의 볼에 키스를 한다.

■ bemused
멍한, 어리벙벙한
showing that you are confused and unable to think clearly

■ coward
겁쟁이, 비겁한 사람
a person who is not brave or who does not have the courage to do things that other people do not think are especially difficult

■ usher
안내하다, 인도하다
to take or show somebody where they should go

■ innocence
순결, 때묻지 않음, 무죄, 결백, 순진
the fact of not being guilty of a crime, etc; lack of knowledge and experience of the world, especially of evil or unpleasant things

You're damn right.

원래 '저주하다, 영원히 벌주다'의 뜻으로나 분노나 실망을 나타내는 감탄사로 쓰이는 damn은 종종 damned 와 같이 '굉장히, 지독하게'(a swear word that people use to emphasize what they are saying)의 뜻으로 나쁜 뜻이나 좋은 뜻이나 두루 쓰이는 강조어이다.

You're damn right.
당신 말이 아주 옳아요.

245

| LIONEL : | You're early. Er… I believe you two have met… but I don't think you know… King George the Sixth. |
|---|---|
| BERTIE : | It's very nice to meet you. |

Myrtle stares at him, curtsies.

| MYRTLE : | Will their Majesties be staying to dinner? |
|---|---|

She turns, looks at Elizabeth.

| ELIZABETH : | We'd love to, such a treat, but, er… alas a -- previous engagement. What a pity. |
|---|---|

Myrtle glances around, turns to Lionel. Lionel looks at her, nods.

라이널 :   일찍 왔네요. 저… 왕비님과는 인사를 나눴을 테고…. 이분은 조지 6세 국왕 폐하.

버티 :   만나서 반갑습니다.

머틀은 그를 응시하며 예를 갖추어 인사를 한다.

머 틀 :   전하 부부께서는 혹시 저녁을 함께 드시나요?

그녀는 돌아서서 엘리자베스를 본다.

엘리자베스 :   그러면 참 좋을 텐데…. 저… 선약이 있어서요. 참 안타깝네요.

머틀이 주위를 둘러보고는 라이널에게 돌아선다. 라이널은 그녀를 보고 고개를 끄덕인다.

■ treat
대접, 향응, 큰 기쁨, 한턱내기
something very pleasant and enjoyable, especially something that you give somebody or do for them

■ engagement
약속
an arrangement to do something at a particular time, especially something official or something connected with your job

■ previous engagement
선약

# Key Expressions

**224  This I do with all my heart.** 진심을 다해 그렇게 할 것입니다.

I do this with all my heart.에서 목적어인 this가 강조되어 문장 앞에 쓰였다. 이처럼 목적어가 강조되어 문두에 쓰일 때에는 도치구문이 형성되지 않는다. 다만 부정어가 함께 쓰일 때에는 도치구문이 된다.

· **That mountain we are going to climb.** 저 산을 우린 올라갈 것이다.

**238  Now off you go.** 가보세요.

Now you go off. Now go off.와 같은 표현인데 강조를 하기 위해서 부사인 off가 문장 앞으로 나왔다. 물론 go off는 '떠나다, 가버리다, 퇴장하다, 없어지다' 등의 뜻이다. 이처럼 부사가 강조되어 도치되는 경우에는 도치구문이 되어 '부사 + 동사+ 주어'의 어순이 되나 주어가 대명사일 경우에는, 그리고 그 부사가 동사와 연결되어 있는 경우에는 도치가 일어나지 않는다. 물론 you는 생략해도 된다.

· **Well do I remember the scene.** 나는 그 광경을 지금도 역력히 기억한다.

**238  Or must I knock your heads together?**
혹시… 제가 두 분을 화해시켜 드려야 되나요?

knock their heads together는 구어체로 '힘으로 싸움을 말리다, 도리를 깨닫게 하다'(to scold some people; to get some people to do what they are supposed to be doing)의 뜻이다. knock 대신 bang을 쓰기도 하며, 명령문으로 쓸 경우, "그만 좀 다투고 이성을 찾아라"의 뜻이다.

· **We need someone to knock our heads together.**
우리는 중재할 사람이 필요해.

**238  I went about it the wrong way.**  방법이 잘못 됐었죠.

go about은 '(일이나 문제 등에) 착수하다, 노력하다, 부지런히 ~ 하다'의 뜻이다. the wrong way는 in the wrong way로 구어체에서 in이 생략되기도 한다.

· Don't bother with that—just go about your business.
그거 때문에 골치 썩지 말고 네 일이나 해라.

**238  It's a bloody mess.**  뭐 하는 짓인지.

mess는 '난잡, 엉망진창, 뒤죽박죽, 난처한 처지, 궁지' 등의 뜻이다. 미국에서는 This room is a mess.(이 방은 엉망으로 어질러져 있다)처럼 쓰지만 영국에서는 This room is in a mess.로 쓴다. bloody는 물론 영국 비어로 '지독한, 엄청난, 지겨운'의 뜻으로 강조하는 표현이다.

· Your room is a mess. Clean it up or you won't get any dessert.
네 방이 지저분하구나. 방을 정리해라. 안 그러면 디저트는 안 주겠다.

**240  You're very much your own man.**

당신은 자아가 분명한 사람이에요.

be one's own man은 '남의 지배를 받지 않다, 주체성이 있다, 자제할 수 있다'(be Independent in judgment and action; not very much influenced by other people)의 뜻이다. man 대신에 person이나 woman도 사용된다.

· Scott is his own man, and he does what he wants to do.
스캇은 주체성이 있는 사람이다. 그는 자기가 하고 싶은 것을 한다.

Will their Majesties be staying to dinner?

Bertie is in full regalia of an Admiral of the Fleet's uniform

## Chapter 08

# The Coronation and Lionel, speech therapist
### 대관식과 언어치료사 라이널

대관식 준비에 한창일 때 대주교는 버티 옆에 붙어 있는 라이널을 못마땅하게 여겨 반기를 든다. 결국 라이널은 아무런 자격도 없고 교육도 받지 못한 돌팔이 치료사임이 밝혀지고 버티도 몹시 분노를 느낀다. 하지만 라이널을 신뢰할 수밖에 없는 버티는 끝까지 그를 감싸며 치료를 계속해서 마침내 대관식을 무사히 끝낸다.

# Chapter 8
## 대관식과 언어치료사 라이널

# The Coronation and Lionel, speech therapist

**INT. WESTMINSTER ABBEY - DAY**
The center piece of the Coronation staging is the throne of Edward the Confessor. Scaffolding has been erected to supply seating. Bertie walks into to reveal Lionel standing by the gateway. Technicians work to erect film cameras, lights, radio microphones. Bertie and Lionel stop short as they see Cosmo Lang waiting to greet them, flanked by the Dean of Westminster and a couple of flunkies.

| | |
|---|---|
| **BERTIE :** | Archbishop. |
| **COSMO LANG:** | Welcome, Your Majesty. |

Bertie and Cosmo Lang shake hands - Cosmo Lang bows his head.

**COSMO LANG:** (sighs) What a glorious transformation, sir. I hope you'll forgive us if we continue our preparations? Now, er, allow me to guide you through the... ceremony.

Cosmo Lang gestures, slowly walks towards followed by Bertie. They glance at Lionel as he follows.

내부. 웨스트민스터 사원 – 낮
대관식 무대의 중심은 에드워드 참회왕의 왕좌다. 좌석을 지탱하기 위해 발판이 세워졌다. 버티가 안으로 들어서자 라이널이 출입구에 서 있는 것이 보인다. 방송 기사들이 필름 카메라, 조명 등, 라디오 마이크들을 세우기 위해 일을 한다. 버티와 라이널은 코스모 랭이 그들을 맞기 위해 기다리고 있는 것을 보자 멈춰 선다. 그의 측면에는 웨스트민스터 지구장과 제복을 입은 몇 사람이 서 있다.

버 티 : 대주교.
코스모 랭 : 어서 오십시오, 전하.

버티와 코스모 랭이 악수를 한다. 코스모 랭은 머리를 숙인다.

코스모 랭 : (한숨을 쉰다) 대관식을 위해 훌륭하게 변모 중입니다. 행사 준비를 계속하는 것을 양해해 주시기 바랍니다. 그러면 지금부터 대관식 과정을 안내해 드리겠습니다.

코스모 랭이 손짓을 하며 천천히 앞서 걷고 버티가 뒤를 따른다. 그들은 뒤따르는 라이널을 바라본다.

■ Edward the Confessor
에드워드 참회왕(세스 성당을 세운 영국왕)

■ scaffolding
(건축장의) 발판, 비계, 가구
metal poles and wooden boards that are joined together to make a structure for workers to stand on when they are working high up on the outside wall of a building

■ flank
~의 측면에 서다, ~의 측면을 우회하다
to have somebody/something on one or both sides; to be placed on one or both sides of something

■ flunky
제복을 입은 고용인(수위 등), 아첨꾼, 엉터리 신사
a person who tries to please somebody who is important and powerful by doing small jobs for them; a servant in uniform

08. The Coronation and Lionel, speech therapist

Lionel walks a few paces behind.

**COSMO LANG :** We begin, of course, at the West door... into the nave.

**BERTIE :** I see all your pronouncements are to be broadcast, Archbishop.

He stops, glances around. Bertie and Como Lang look at the microphone.

**COSMO LANG :** Ah, yes. Wireless. It is, indeed, a Pandora's box... and I'm afraid I've also had to permit the newsreel cameras. The product of which I shall personally edit.

**LIONEL :** Without momentary hesitations.

Cosmo Lang turns, looks at Lionel.

**BERTIE :** This is Doctor Logue of Harley Street. He's ...

Lionel walks towards.

**BERTIE :** ...my speech therapist.

Lionel stops, offers his hand. Cosmo Lang shakes it.

**LIONEL :** Your Grace.

**COSMO LANG :** Had I known that Your Majesty was seeking assistance, I should have made my own recommendation.

**BERTIE :** Doctor Logue will... will be attending the Coronation.

라이널은 몇 발자국 뒤에서 걷는다.

코스모 랭 : 물론 행렬은 왼쪽 문을 통해서 본당으로 들어오게 됩니다.

버 티 : 대주교의 진행발언이 생방송된다고 하더군요.

그는 멈추며 주위를 바라본다. 버티와 코스모 랭은 마이크를 바라본다.

코스모 랭 : 그렇습니다. 라디오는 현대판 판도라 상자지요… 뉴스 필름 촬영도 수락해야만 했습니다. 그래도 편집은 제가 할 겁니다.

라이널 : 말더듬는 시간을 잘라낼 수 있겠군요.

코스모 랭이 돌아서서 라이널을 바라본다.

버 티 : 할리가에서 오신 로그 박사요.

라이널이 앞으로 나선다.

버 티 : …내 언어치료사지.

라이널이 멈추며 손을 내민다. 코스모 랭이 손을 잡고 악수한다.

라이널 : 주교님.
코스모 랭 : 폐하께서 개인적인 도움이 필요하신지 몰랐습니다. 알았다면 제가 직접 천거해드렸을 텐데…
버티 : 로그 박사도… 대관식에 참석할 것이요.

■ **nave**
(건축) 네이브(교회당 중앙의 회중석 부분)
the long central part of a church where most of the seats are

■ **newsreel**
(단편) 뉴스 영화
a short film of news that was shown in the past in cinemas/movie theaters

■ **therapist**
치료 전문가, 임상의, 요법사
a specialist who treats a particular type of illness or problem, or who uses a particular type of treatment

Your Grace.

His Grace, Her Grace, Your Grace 같은 표현은 "각하, 각하 부인, 예하" 등의 뜻으로 공작, 공작 부인, 대주교에 대한 경칭이다. 오늘날 영국과 영어권에서는 왕족이 아닌 공작이나 공작 부인, 또는 로마 캐톨릭 대주교를 부를 때 사용한다. 하지만 프랑스 같은 나라에서는 보통 Excellency를 사용한다.

**Your Grace.**
대주교님.

## 08. The Coronation and Lionel, speech therapist

COSMO LANG : Well, well of course I'll speak to the Dean, but it will be extremely difficult.

Bertie walks between Lionel and Cosmo Lang.

BERTIE : I should like the... doctor to be seated in the... King's Box.

COSMO LANG : But members of your family will be seated there, sir.

BERTIE : That is why it is suitable.

Lionel looks at Cosmo Lang as he reacts.

LIONEL : And now if you don't mind, Your Grace, we need the premises.

COSMO LANG : My dear fellow, this is Westminster Abbey. The Church must prepare His Majesty.

LIONEL : My preparations are equally as important.

The two men stare each other down.

LIONEL : With complete privacy if, if you don't mind.

BERTIE : Those are my wishes, Your Grace.

Cosmo Lang nods.

COSMO LANG : I will place the Abbey at Your Majesty's disposal -- this evening.

He nods to Lionel curtly, looks at Bertie, and bows.

| 코스모 랭 : | 물론 지구장에게 부탁해 보겠지만 굉장히 어렵지 않을까 싶습니다. |

버티는 라이널과 코스모 랭 사이에서 걷는다.

| 버 티 : | 박사는 왕족 석에 자리를 마련해 주면 고맙겠소. |
| 코스모 랭 : | 하지만 거기에는 왕실 가족들만 앉도록 되어 있습니다. |
| 버 티 : | 그러니 더욱 그 자리가 합당하겠지요. |

라이널은 그가 반응을 보이자 코스모 랭을 바라본다.

| 라이널 : | 괜찮으시다면, 여기서 연설 연습을 하고 싶습니다. |
| 코스모 랭 : | 이보시오… 여기는 웨스트민스터 성당이오. 대관식 준비가 얼마나 중요한지 아십니까? |
| 라이널 : | 제가 진행하는 연설 연습도 마찬가지로 중요합니다. |

두 사람은 서로를 노려본다.

| 라이널 : | 아무도 남아있지 않도록 해주시면 고맙겠습니다. |
| 버 티 : | 그래주면 좋겠소, 대주교. |

코스모 랭이 고개를 끄덕인다.

| 코스모 랭 : | 오늘 저녁에 폐하가 쓰시도록 공간을 비워두겠습니다. |

그는 라이널에게 퉁명스럽게 고개를 끄덕이고는 버티를 보고 머리 숙여 인사를 한다.

- **premises**
구내, 건물, 건물이 딸린 토지
the building and land near to it that a business owns or uses

- **stare down**
노려보아 꼼짝 못하게 하다
to look into somebody's eyes for a long time until they feel embarrassed and are forced to look away

- **disposal**
처분, 처리, 처분권
the act of getting rid of something

- **curtly**
무뚝뚝하게, 퉁명스럽게, 간략하게

---

**I will place the Abbey at Your Majesty's disposal.**

be at one's disposal은 '~의 마음대로 쓸 수 있다, 처분할 수 있다' (to be available for use as you prefer/somebody prefers)의 뜻이고 place(put, leave) something at a person's disposal은 '~의 임의 처분에 맡기다'는 관용표현이다.
· My services are at your disposal.
당신이 원하는 대로 봉사해 드리겠습니다.

**I will place the Abbey at Your Majesty's disposal.**
폐하가 쓰시도록 사원을 비워두겠습니다.

08. The Coronation and Lionel, speech therapist

COSMO LANG : Your Majesty. (exits)

**INT. WESTMINSTER ABBEY - THAT NIGHT**
Lionel walks along the aisle. Ahead, he sees Cosmo Lang quietly conferring with Bertie. They glance towards as Lionel walks to them. Cosmo Lang and an assistant walk down the steps.
LATER: Lionel climbs the steps.

LIONEL : I can't believe I'm walking on Chaucer and Handel and Dickens.

Bertie seated on the throne stares.

LIONEL : Everything all right? Let's get cracking.

Lionel turns, walks down the steps, places his coat on to the chair.

BERTIE : I'm not here to rehearse... Doctor Logue.

Pause.

BERTIE : "Call me Lionel." True you...

Lionel climbs the step, slowly walks towards.

BERTIE : ...never... called yourself Doctor. I did that... for you. No training. No diploma, no... qualifications. Just... a great deal of nerve.
LIONEL : The Star Chamber inquisition, is it?
BERTIE : You asked for trust. And... total equality.

코스모 랭 :　폐하. (나간다)

**내부. 웨스트민스터 사원 – 그날 밤**
라이널이 통로를 따라 걸어온다. 앞쪽에서 그는 코스모 랭이 조용히 버티와 의논하는 것을 본다. 그들은 라이널이 다가가자 앞쪽을 응시한다. 코스모 랭과 보조원이 층계를 내려간다.
그 후: 라이널이 층계를 올라온다.

라이널 :　초서와 헨델과 디킨스가 묻혀 있는 곳을 걷게 될 줄이야.

왕좌에 앉아 있는 버티가 응시한다.

라이널 :　문제가 있는 건 아니죠? 얼른 해치웁시다.

라이널이 돌아서며 층계를 걸어내려 가, 의자 위에 코트를 놓는다.

버 티 :　연습하려고 기다린 게 아니요, 로그 박사.

잠시.

버 티 :　라이널이라고 불러야 하나? 그러고 보니…

라이널은 층계를 올라와 천천히 걸어온다.

버 티 :　…한 …한 번도 스스로를 '박사'라고 한 적이 없군. 내가 그렇게 불렀지. 당신을 위해서. 교육도 안 받았고, 학… 학위도 없고 자… 자격증도 없더군요. 단지… 뻔뻔스러움만 많을 뿐…
라이널 :　성법원에서 조사했나 보군요?
버 티 :　당신은 신뢰해 달라고 했고 동…동등한 대우를 요구했소.

- **confer**
  협의(의논, 상담)하다
  to discuss something with somebody, especially in order to exchange opinions or get advice

- **cracking**
  활발한, 빠른, 맹렬한

- **rehearse**
  연습하다, ~의 예행 연습을 하다, 시연하다
  to practise or make people practise a play, piece of music, etc. in preparation for a public performance

- **diploma**
  졸업 증서, (학위, 자격) 증서
  a document showing that you have completed a course of study or part of your education

- **qualification**
  자격(증명) 면허장
  a skill or type of experience that you need for a particular job or activity

- **inquisition**
  조사, 심문, 취조
  a series of questions that somebody asks you, especially when they ask them in an unpleasant way

Just a great deal of nerve.

nerve는 구어체에서 '뻔뻔스러움, 무례, 배짱'(a way of behaving that other people think is rude or not appropriate) 등의 뜻이다. 예문은 결국 All you have is just a great deal of nerve.(당신이 가진 거라곤 뻔뻔스러움 뿐이요)의 뜻이다.
· He had the nerve to say so.
　그는 뻔뻔스럽게도 그렇게 말했다.

## Just a great deal of nerve.
아주 뻔뻔스러울 뿐이지.

## 8. The Coronation and Lionel, speech therapist

| | |
|---|---|
| LIONEL : | Bertie, I heard you at Wembley. I was there. My son Laurie said, "Dad, do you think you could help that poor man?" |
| BERTIE : | What, as, as a failed actor? |
| LIONEL : | It's true... I'm not a doctor. And yes, I acted, a bit. Well, I recited in pubs I taught elocution in schools. When the Great War came, all our soldiers were returning to Australia from the front... a lot of them shell-shocked, unable to speak. Somebody said, "Lionel, you're very good at all this speech stuff. Do you think you could possibly help these poor buggers?" I did muscle therapy, exercises, relaxation but I knew I had to go deeper. Those poor young blokes had cried out in fear. No-one was listening to them. My job was to give them faith in their own voice... and let them know that a friend was listening. That must ring a few bells with you, Bertie |
| BERTIE : | You give a very noble account of yourself. |
| LIONEL : | Make inquiries. It's all true. |
| BERTIE : | Inquiries have been made. You have no idea who I have breathing down my neck. I vouched for you and you have no... (stammers) ...credentials. |

라이널 : 버티, 저는 웸블리 스테디엄에서 당신의 첫 연설을 지켜봤어요. 내 아들 로리가 그러더군요. "아버지, 저 불쌍한 분을 도와줄 수 있으세요?"

버 티 : 아마추어 배우 자격으로?

라이널 : 사실입니다… 난 박사가 아니에요. 그래요…연기도 좀 했었죠. 술집에서 시를 낭독하고 학교에서 웅변을 가르쳤었죠. 그런데 1차 대전이 터졌고 전쟁을 마친 장병들이 돌아오기 시작했어요. 그 중에 많은 군인들이 충격으로 말을 못 했어요. 누군가 그러더군요. 라이널 자네는 연설을 잘 가르치니까 불쌍한 군인들도 도울 수 있지 않겠느냐고. 근육치료, 운동, 긴장완화 모두 했지만 결국은 더 깊이 들어가야만 했어요. 젊은 군인들은 공포에 울부짖는데 아무도 그들의 얘기를 들어주지 않았더군요. 제가 한 일은 다시 소리를 낼 수 있다는 믿음을 심어주는 거였어요. 그들의 얘기를 들어주는 친구가 되어 주었고요. 그게 어떤 건지는 당신도 잘 알 겁니다, 버티.

버 티 : 자신의 과거를 고상하게 표현하는군요.

라이널 : 조사해보세요. 다 사실이니까.

버 티 : 조사는 이미 다 되었소. 내가 얼마나 시달렸는지 모를 거요. 나는 당신 편을 들었는데… 당신은 아무런 자… (더듬는다) …자격증도 없었소.

■ shell-shocked
탄환 충격을 일으킨
shocked, confused or anxious because of a difficult situation, and unable to think or act normally; suffering from shell shock

■ shell
포탄, 유탄, 파열탄

■ bloke
놈, 녀석
a man

■ vouch
보증(보장)하다, 단언하다
to say that you believe that somebody will behave well and that you will be responsible for their actions

■ credentials
자격 증명서, 자격
the qualities, training or experience that make you suitable to do something; documents such as letters that prove that you are who you claim to be, and can therefore be trusted

> That must ring a few bells with you.
>
> ring a bell은 구어체로 '생각나게 하다' (to sound familiar to you, as though you have heard it before)의 뜻이며 ring 대신 hit를 쓰기도 한다. 뒤에 with를 붙여 '~에게 연상시키다, 상기시키다'의 뜻이 된다.
>
> · I'm sorry, that description doesn't ring any bells with me. 미안하지만 그 설명이 무슨 말인지 모르겠는데요.

## That must ring a few bells with you.
그게 뭔지 당신도 잘 알고 있을 거요.

| | |
|---|---|
| LIONEL : | But lots of success. I can't show you a certificate. There was no training then. Everything I know, I know from experience. And that war was some experience. |

Bertie stares towards at Lionel.

| | |
|---|---|
| LIONEL : | My plaque says 'L Logue, Speech Defects'. Not 'Doctor'. There are no letters after my name. |

Bertie closes his eyes. Lionel gestures as he kneels.

| | |
|---|---|
| LIONEL : | Lock me in the Tower. |
| BERTIE : | I would if I could. |
| LIONEL : | On what charge? |
| BERTIE : | Fraud. With war looming, you've saddled this nation with a voiceless ...King. You've destroyed the happiness of my family... |

His desperation spills out. Bertie stands, walks down the steps towards.

| | |
|---|---|
| BERTIE : | ...all for the sake of ensnaring a star... |

Lionel stands, turns towards.

| | |
|---|---|
| BERTIE : | ...patient you couldn't... |

Bertie steps past the ornate partition.

라이넬 : 수많은 성공사례가 있어요! 물론 보여 줄 자격증은 없습니다. 그 당시엔 그런 걸 교육하는 곳도 없었어요. 내가 아는 모든 지식은 경험에서 나온 겁니다. 그리고 전쟁을 통해서… 또 배웠습니다.

버티는 라이넬 쪽을 응시한다.

라이넬 : 내 사무실 벽 액자에는 'L. 로그 언어 치료사'라고 적혀 있어요. 내 이름 뒤에 박사도 뭐도 적혀 있지 않습니다.

버티는 눈을 감는다. 라이넬은 무릎을 꿇으면서 손짓을 한다.

라이넬 : 런던 탑에 가두시지요.
버 티 : 그럴 수만 있다면 그러고 싶소.
라이넬 : 무슨 죄목으로요?
버 티 : 사기죄. 당신이 치료하던 사람은 전쟁을 눈 앞에 둔… 벙어리 왕이란 말이오. 당신 때문에 우리 가족의 기쁨도 사라지게 됐소.

그의 절망이 쏟아져 나온다. 버티는 일어서서 층계를 걸어내려 간다.

버 티 : …모두들 당신이 보좌해줄 거라고 믿고 있었는데…

라이넬이 일어나 앞으로 몸을 돌린다.

버 티 : …환자가 워낙 대단한 사람인지라…

버티는 잘 꾸민 칸막이 방을 지나간다.

■ plaque
액자, 장식판, 명판
a flat piece of stone, metal, etc., usually with a name and dates on, attached to a wall in memory of a person or an event

■ fraud
사기(행위), 기만, 부정 수단

■ loom
어렴풋이 나타나다, 불안하게 다가오다

■ saddle
(책임을) 지우다, ~에게 과하다
to give an unpleasant responsibility, task, debt, etc

■ ensnare
덫에 걸리게 하다, 함정에 빠뜨리다
to make somebody/something unable to escape from a difficult situation or from a person who wants to control them

■ partition
칸막이 방, (분할된) 부분, 칸막이
a wall or screen that separates one part of a room from another

> I would if I could.
> 물론 가정법 과거 형식의 문장으로 I would do so if I could lock you in the Tower.의 뜻이다. 구어체에서 많이 쓰이는 표현으로 반대로 하면 I could if I would.(하려고만 한다면 할 수 있을 것이다) 즉 I could do it if I wanted가 된다. 앞 뒤 내용에 따라 적절하게 해석할 수 있는 문장이다.

**I would if I could.**
그럴 수 있다면 그러겠소.

8. The Coronation and Lionel, speech therapist

BERTIE :     ...possibly hope to assist. (stops) It'll be like mad ...(stammers) ...King George the Third. (mumbles) (stammers) Mad King... George the Stammerer... who let his people down so badly in their hour of need.

As he turns to reveal Lionel seated cross-legged on the throne of Edward the Confessor.

BERTIE :     What are you doing? Get up! You can't sit there! Get up! (strides towards)
LIONEL :     Why not? It's a chair.
BERTIE :     (angry) No, it... That is not a chair. That is... that... (gestures)... that is Saint Edward's chair.
LIONELE :    People have carved their names on it.

He turns, gestures to the back of the throne.

BERTIE :     That chair is the seat on which every King and Queen...
LIONEL :     It's held in place by a large rock. (glances down)
BERTIE :     That is the Stone of Scone! You are... are trivializing everything.
LIONEL :     Oh, you can believe all that bunkum.
BERTIE :     You trivialise...
LIONEL :     I don't care how many royal arseholes have sat on this chair.
BERTIE :     (angry) Listen to me. Just listen to me! Listen to me!

Lionel shakes his head.

266

KING'S SPEECH

버 티 : …그러지도 못하게 됐으니… (멈춘다) 난 미쳐버릴지도 모르오, (더듬거린다) 미치광이 조지 3세처럼… (옹얼거린다) (더듬거린다) 미치광이… 말더듬이… 조지 6세. 그 어느 때보다 왕이 필요한 때에 국민을 실망시킨 왕으로 기억될지도…

그가 돌아서자 라이널이 왕좌에 다리를 포개고 앉아있는 것이 보인다.

버 티 : 뭐하는 거요? 일어나시오! 거기 앉으면 아니되오! 일어나란 말이오! (앞으로 성큼 걸어온다)

라이널 : 왜 안되죠? 의자인데…

버 티 : (화를 내며) 아니오, 그건 단순한 의자가 아니오! 그… 그… 그건… (몸짓을 한다) 에드워드 1세의 대관식 어좌란 말이오!

라이널 : 사람들이 칼로 이름을 새겨 넣었는데?

그는 돌아서서 왕좌의 뒤를 손짓한다.

버 티 : 그 어좌에서 모든 왕과 왕비들이…
라이널 : 커다란 돌덩이 옆에 있네요. (내려다본다)
버 티 : 그것은 스쿤의 돌이오! 당신은 그 모든 가치를 폄하하고 있어요.
라이널 : 난 그딴 거 상관없어요.
버 티 : 가치를 폄하하고 있다고…!
라이널 : 왕이 몇이나 이 의자에 앉았든 나랑 무슨 상관이라고…
버 티 : (화를 내며) 내 말 좀 들으시오! 내 말 좀 들어!

라이널은 고개를 가로 젓는다.

■ **cross-legged**
책상다리를 하고, 다리를 포개고
sitting on the floor with your legs pulled up in front of you and with one leg or foot over the other

■ **carve**
새기다, 조각하다, 새겨 넣다
to write something on a surface by cutting into it

■ **Stone of Scone**
스코틀랜드 왕들이 즉위 때 앉았던 돌

■ **trivialize**
평범화하다, 사소하게 만들다
to make something seem less important, serious, difficult, etc. than it really is

■ **bunkum**
부질없는 이야기, 인기를 끌기 위한 연설
nonsense

■ **arsehole**
지겨운 녀석, 친구, 가장 싫은 것, 항문
(= asshole) a stupid or unpleasant person

who let his people down so badly in their hour of need.

let down은 '(사람을) 낙심시키다, 실망시키다, (명예, 체면, 위신 등을) 떨어뜨리다'는 뜻의 관용표현이다. in(at) time(hour, moments) of need는 '어려운 때에, 난국에'의 뜻이다.
· Her boyfriend let her down when he did not propose marriage. 그녀의 남자 친구는 청혼을 하지 않았을 때 그녀를 실망시켰다.

**who let his people down so badly in their hour of need.**
어려울 때 국민을 심하게 실망시킨.

267

| | |
|---|---|
| BERTIE : | Listen to me! |
| LIONEL : | By what right? |
| BERTIE : | By Divine Right, if you must. I am your King! |
| LIONEL : | No, you're not. You told me so yourself. You said you didn't want it. You told me you didn't want it. Why should I waste my time listening to you? |
| BERTIE : | (shouts) Because I have a right to be heard! |
| LIONEL : | As what? |
| BERTIE : | (shouts) I've a voice! |

Bertie looks down at Lionel. Silence.

| | |
|---|---|
| LIONEL : | (calmly) Yes, you do. |

Lionel stands, turns to Bertie.

| | |
|---|---|
| LIONEL : | You have such perseverance, Bertie. You're the bravest man I know. You'll make a bloody good King. |

Cosmo Lang walks towards.

| | |
|---|---|
| COSMO LANG : | What on earth is going on, sir? |
| BERTIE : | It's, it's quite all right, Archbishop. |

Cosmo Lang turns, looks at Lionel.

| | |
|---|---|
| COSMO LANG : | Mr Logue, you must know that I've found a replacement English specialist with impeccable credentials. Hence, your services will no longer be required. |

| | |
|---|---|
| 버 티 : | 내 말을 들으란 말이오! |
| 라이넬 : | 무슨 권리로 나한테 강요하는 겁니까? |
| 버 티 : | 신이 내려준 권한이오! 난 당신의 왕이야! |
| 라이넬 : | 아니지! 당신 입으로 왕이 되기 싫다고 했잖소. 시간 아깝게 뭐하러 당신 애길 들어요. |
| 버 티 : | (소리친다) 난 말할 권리가 있소! |
| 라이넬 : | 무엇을 말할 건데…? |
| 버 티 : | (소리친다) 내 생각! |

버티는 라이넬을 내려다본다. 침묵.

| | |
|---|---|
| 라이넬 : | (조용히) 네, 그러셔야죠. |

라이넬이 일어서 버티에게 돌아선다.

| | |
|---|---|
| 라이넬 : | 당신에겐 불굴의 의지가 있어요, 버티. 내가 만났던 그 누구보다 용감해요. 당신은 정말 훌륭한 왕이 될 겁니다. |

코스모 랭이 걸어온다.

| | |
|---|---|
| 코스모 랭 : | 도대체 무슨 일입니까, 폐하? |
| 버 티 : | 아무것도 아니오, 대주교. |

코스모 랭이 돌아서서 라이넬을 본다.

| | |
|---|---|
| 코스모 랭 : | 로그씨, 당신을 대신할 영어 전문가를 찾았소. 나무랄 데 없는 경력을 가진 사람이지요. 그러니 더 이상 여기 있을 필요가 없습니다. |

■ **perseverance**
인내(력), 끈기, 참을성, 불굴(의 노력)
the quality of continuing to try to achieve a particular aim in spite of difficulties

■ **replacement**
교체(자, 품), 대체물, 복직
the act of replacing one thing with another, especially something that is newer or better; a thing that replaces something, especially because the first thing is old, broken, etc

■ **impeccable**
나무랄 데 없는, 결점 없는
without mistakes or faults; perfect

**You'll make a bloody good King.**
make는 타동사이지만 '(발달하여) ~이 되다, ~에게 ~이 되다'(to become or develop into something; to be suitable for something)의 뜻이 있다.
· She will make a good wife for him.
그녀는 그의 좋은 아내가 될 것이다.

## You'll make a bloody good King.
당신은 아주 훌륭한 왕이 될 겁니다.

08. The Coronation and Lionel, speech therapist

**BERTIE :** I'm sorry?

**COSMO LANG :** Your Majesty's function is to consult and be advised. Now you didn't consult, but you have just been advised.

Bertie looks at Cosmo Lang, glances down.

**BERTIE :** And now I advise you. In this... personal matter, I will m... make my own decision.

**COSMO LANG :** My concern is for the head on which I must place the crown.

Bertie looks at Cosmo Lang.

**BERTIE :** I appreciate that, Archbishop. But it's my head.

**COSMO LANG :** (nods) Your humble servant.

Cosmo Lang glances at Lionel, turns on his heels and exits.

**LIONEL :** Thank you, Bertie.

Bertie stares at Lionel.

**LIONEL :** Shall we rehearse? Come on. Up on your perch.

They turn, walk around the throne, climb the steps. Bertie sits on to the chair, opens the folder as Lionel stops in front of him, puts on his spectacles.

**LIONEL :** Now, when you and Elizabeth enter through the West door... you will be greeted by the hymn 'I was glad when they said unto me'.

Lionel looks down at the papers.

버 티 : 그게 무슨 소리요?
코스모 랭 : 의견을 묻고 충고를 들으시는 게 폐하의 역할입니다. 의견을 묻지 않으셨지요? 이제 충고를 들으실 때입니다.

버티가 코스모 랭을 바라보고는 아래를 본다.

버 티 : 그럼 나도 충고를 하지요. 개인적인 문제에 관해서는 내가 결정을 하도록 하겠소.
코스모 랭 : 제가 머리 위에 왕관을 놓게 될 바로 그 분을 걱정해서 드리는 말씀입니다.

버티는 코스모 랭을 바라본다.

버 티 : 걱정해줘서 고맙소, 대주교. 하지만 결국 왕관이 놓이는 건 내 머리잖소.
코스모 랭 : (고개를 끄덕인다) 지당하신 말씀입니다.

그는 라이널을 바라보고는 휙 뒤돌아 나간다.

라이널 : 고마워요, 버티.

버티는 라이널을 응시한다.

라이널 : 자, 이제 연습할까요? 실전처럼 해 봅시다.

그들은 몸을 돌려 왕좌를 돌아 층계를 오른다. 버티는 의자에 앉아 폴더를 열고 라이널은 그 앞에 서서 안경을 쓴다.

라이널 : 자, 당신과 왕비께서 왼쪽 문을 통해 들어올 때 찬송가 '내 마음은 충만하나이다'가 울려 퍼지게 될 겁니다.

라이널은 서류를 내려다본다.

■ **humble**
(신분 등이) 비천한, 낮은, 겸손한
having a low rank or social position

■ **turn one's heels**
휙 뒤돌아 가다
to turn around suddenly so that you are facing in the opposite direction

■ **perch**
(높고 불안정한) 좌석, 장대 (여기서는 연단을 말한다. 즉 라이널은 버티를 앵무새에 비유하고 있다)
a place where a bird rests, especially a branch or bar for this purpose, for example in a bird's cage; a high seat or position

■ **hymn**
찬미가, 찬송가, 찬미하는 연설
a song of praise, especially one praising God and sung by Christians

**Your humble servant.**
이 표현은 원래 공식적인 편지 끝에 사용하는 말로 '돈수'의 뜻이다. 익살로는 '소생'의 뜻이기도 하다. 물론 옛스런 표현으로, 'Your humble servant', 'Wishing you the very, very best', 'humbly yours', 'your servant' 같은 것들이 있다. Yours truly도 아마 옛날 your true servant의 변형에서 나온 것 같다.

**Your humble servant.**
지당하십니다.

| | |
|---|---|
| LIONEL : | Well, actually, you won't be all that glad because they do sing it for a very long time. |

Lionel turns, walks down the steps towards.

| | |
|---|---|
| LIONEL : | And then your friend, the Archbishop will ponce up the stairs towards you... |

He climbs the steps to Bertie.

| | |
|---|---|
| LIONEL : | ...and says, "Sir, is Your Majesty willing to take the oath?". |
| BERTIE : | "I am willing." |
| LIONEL : | Of course you are. |

He walks down the steps towards.

| | |
|---|---|
| LIONEL : | I'm gonna see what this sounds like in the cheap seats, so even your old nanny can hear. |

Bertie looks, smiles.

| | |
|---|---|
| LIONEL : | "Will you govern your peoples, Great Britain, Ireland...Canada, Australia and New Zealand according to their lands and customs?" |
| BERTIE : | "I solemnly promise to do so." |

He looks down as he turns a page.

| | |
|---|---|
| LIONEL : | Louder. I can't hear you up the back. |
| BERTIE : | (louder) "I solemnly promise to do so." |
| LIONEL : | Very good. |

라이널 : 실제로는 그다지 충만하지 않을 거에요. 노래가 엄청 길거든요.

라이널은 몸을 돌려 층계를 걸어내려 간다.

라이널 : 그리고 나면 당신의 친구인 대주교가 요란한 차림새로 층계 위로 다가올 겁니다…

그는 층계를 올라 버티에게 간다.

라이널 : …그리고 질문합니다. "폐하께서는 기꺼이 선서하기를 원합니까?"
버 티 : "원합니다."
라이널 : 당연히 그래야죠!

그는 층계를 걸어내려 간다.

라이널 : 저는 저 뒤에 입장료 싼 자리에 가서 들어보도록 할게요. 그 옛날 유모가 와도 제대로 들을 수 있어야 하니까.

버티는 보면서 웃는다.

라이널 : "당신은 대영제국과 아일랜드와 카나다와 호주와 뉴질랜드의 국민들을 그들의 문화와 관습에 따라 통치하겠습니까?"
버 티 : "나는 그렇게 할 것을 엄숙히 맹세합니다."

그는 페이지를 넘기면서 아래를 본다.

라이널 : 더 크게! 뒤에선 잘 안 들려요.
버 티 : (더 크게) "나는 그렇게 할 것을 엄숙히 맹세합니다!"
라이널 : 아주 좋아요!

■ ponce
간들거리며 다니다, 요란하게 차려 입다
to waste time when you are doing something so that you achieve nothing; to do silly things in a way that looks ridiculous

■ oath
맹세, 서약
a formal promise to do something or a formal statement that something is true

■ solemnly
장엄하게, 진지하게

■ solemn
엄숙한, 장엄한, 근엄한
done, said, etc. in a very serious and sincere way

> **You won't be all that glad.**
> all that은 구어체로 형용사 등의 앞에 놓여, 부정문, 의문문에 써서 '그만치, 그토록, 그다지'(not particularly good, well, etc)의 뜻이다.
> · He doesn't sing all that well. 그는 그다지 노래를 잘 하지 못한다.

**You won't be all that glad.**
당신은 그다지 기쁘지 않을 겁니다.

8. The Coronation and Lionel, speech therapist

Bertie looks at Lionel.

LIONEL: And will you, to your power, cause Law and Justice, in Mercy to be executed in all your judgements?"

BERTIE: "I will." (louder) "I will."

LIONEL: Then there's a very long bit about upholding the faith. (He looks down at the folder, gestures.) It goes on - rubbish, rubbish, rubbish - to which you finally say...

BERTIE: "The things which I have... here before promised... I will perform and keep. So help me God."

Lionel snaps the folder closed, strides down the steps towards.

LIONEL: And that's all you say. Four short responses. Kiss the book and sign the oath, and you're King.

He stops in front of Bertie, removes his spectacles,

LIONEL: Easy.

**INT. BUCKINGHAM PALACE, SCREENING ROOM - DAY**
The faint clicking whir of a film projector. On the screen: archive – the newsreel footage of Coronation. 'National Anthem' (thru screen).

NEWSREEL ANNOUNCER: (thru screen) And I shall just this day set a crown of pure gold up on his head.

버티는 라이널을 바라본다.

라이널 : "그리고 당신은 본인의 판단에 따라 법과 정의와 자비를 행하는데 자신의 힘을 다할 것입니까?"

버 티 : "그러겠습니다." (더 크게) "그러겠습니다!"

라이널 : 그러고 나면 신념을 지키겠다는 오랜… (폴더를 보며 손짓을 한다) 어쩌구 저쩌구… 계속 어쩌구 저쩌구… 하다가 마지막으로 뭐라고 말하죠?

버 티 : "지금까지 약속한 모든 것을 잘 이행하고 지켜나가겠습니다. 신께서 함께 하시길…"

라이널은 폴더를 탁 닫고는 층계를 걸어내려 간다.

라이널 : 그리고 나면 짧게 네 번 대답하고 나서 성서에 입 맞추고 서약서에 서명하면 이제 당신은 왕이에요.

그는 버티 앞에 멈추며 안경을 벗는다.

라이널 : 쉽죠?

**내부. 버킹엄 궁전, 영사실 – 낮**
희미하게 영사기가 돌아가는 소리가 들린다. 스크린에서: 기록물 – 대관식 뉴스영화. 애국가(스크린에서)

뉴스영화 아나운서 : (스크린을 통해) 오늘 그의 머리 위에 순금 왕관을 올려 놓을 겁니다.

■ **uphold**
지지하다, 받치다, 지탱하다
to support something that you think is right, fair, etc. and make sure that it continues to exist

■ **rubbish**
부질없는 소리, 어리석은 짓
comments, ideas, etc. that you think are stupid or wrong

■ **whir**
윙윙 돌다, 씽 소리 내며 움직이다(회전하다)
to make a continuous low sound like the parts of a machine moving

■ **archive**
기록물 공문서보관

■ **footage**
필름의 길이
part of a film showing a particular event

■ **anthem**
송가, 찬가, 축가, 성가

---

**I shall just this day set a crown of pure gold up on his head.**

특히 영국에서는 일상의 구어체가 아닌 격식을 차린 문체에서는 일인칭에 shall을 잘 쓴다. I shall be very happy to see you.(뵙게 되면 매우 기쁘겠습니다) 이외에도 일인칭을 주어로 하여 shall을 쓸 경우, 의무적 감각이나 강한 결의를 나타내어 '반드시 무슨 일이 있어도 하겠다'의 뜻으로 쓰인다.

---

**I shall just this day set a crown of pure gold up on his head.**
본인은 오늘 그의 머리 위에 순금 왕관을 올려놓은 겁니다.

## 8. The Coronation and Lionel, speech therapist

Elizabeth, Bertie, Margaret Rose, Lilibet and Cosmo Lang watch. A projectionist behind by the projector

**NEWSREEL ANNOUNCER :** (thru screen) Sew his wretched Royal heart with thine abundant grace and crown him Lord Prince...

The screen shows the archbishop – turns the crown on the cushion.

**MARGARET ROSE :** You nearly crowned him backwards, Archbishop.

Cosmo Lang stands, steps in front of the screen, eager to explain.

**COSMO LANG :** Um, someone had removed the thread marking the back of the crown, sir.

Bertie looks towards, glances at Cosmo Lang.

**BERTIE :** Try not to lose the thread, Archbishop here.

Cosmo Lang chuckles politely.

**LILIBET :** Archbishop, we're missing papa.

National anthem (thru screen): Fanfare in: The screen shows the archbishop places the crown on to king's head. The screen shows guests.

**ALL :** (thru screen) God save the King.

**ELIZABETH :** Very good. (pause) Very good, Archbishop.

She glances at Cosmo Lang.

**COSMO LANG :** Well, I hope Your Majesties are thrilled with the result.

엘리자베스, 버티, 마가렛 로즈, 릴리벳, 그리고 코스모 랭이 지켜본다. 화면은 대관식을 보여준다. 영사기사가 영사기 뒤에 서 있다.

뉴스영화 아나운서: (스크린을 통해) 그대의 풍부한 은총으로 불행한 폐하의 마음을 봉하고 그에게 왕관을 씌워…

화면에 대주교가 비친다 – 왕관을 받침 위에서 돌린다.

마가렛 로즈: 왕관을 거꾸로 씌울 뻔 했어요, 대주교님.

코스모 랭이 일어서 마가렛 로즈 앞에 온다.

코스모 랭: 어디가 뒤쪽인지 표시해둔 실을 누가 없애버렸더라고요, 공주님.

버티가 앞을 보며 코스모 랭을 쳐다본다.

버 티: 놓치면 안 되는 장면이네요, 대주교님.

코스모 랭은 점잖게 킬킬 웃는다.

릴리벳: 대주교님한테 가려서 아빠가 잘 안 보여요.

국가가 울린다(스크린을 통해): 팡파르가 울린다: 화면에서는 대주교가 왕관을 왕의 머리에 씌우는 것이 보인다. 손님들도 보인다.

모 두: (스크린을 통해) 신이시여, 왕을 보호하소서.

엘리자베스: 잘 편집하셨네요. (잠시) 수고하셨어요 대주교님.

그녀는 코스모 랭을 바라본다.

코스모 랭: 즐겁게 보셨길 바랍니다.

- **projector**
  (영화) 영사기, 투광기
  a piece of equipment for projecting photographs or films/movies onto a screen

- **thine**
  너의 (것) (고어) thou 의 소유대명사
  (= your, yours)

- **abundant**
  풍부한, 풍족한, 많은
  existing in large quantities; more than enough

- **fanfare**
  팡파르, 화려한 트럼펫 등의 취주
  a short loud piece of music that is played to celebrate somebody/something important arriving

God save the King.
이 표현은 God save the Queen!(여왕 폐하 만세!) God save the King!(국왕 폐하 만세!)의 관용표현이며 또 영국과 영연방 국가의 이름이기도 하다. 작사가나 작곡자는 알려져 있지 않다. 물론 기원문이므로 앞에 may가 쓰여 May God save the Queen(King)!라고 표현할 수도 있겠다.

## God save the King.
국왕 폐하 만세.

08. The Coronation and Lionel, speech therapist

He turns to the projectionist, gestures to him.

**COSMO LANG :** You, you can, er, switch that machine off.

**NEWSREEL ANNOUNCER :** (thru screen): At night in Nuremberg, the jubilations of day of heroics are continuing.

**ELIZABETH :** No, wait. Keep going.

**NEWSREEL ANNOUNCER :** (thru screen): Nazism has held its great convention.

**LILIBET :** Do take a seat, Archbishop.

Cosmo Lang gestures, moves to sit. The screen shows marching soldiers. The troops doing the goose-step amidst immense crowds.

**NEWSREEL ANNOUNCER :** (thru screen) Masses of uniformed men, stupefying to the eye, and incredible to the imagination... have stood in spellbound audience of the Fuhrer.

The screen changes – shows Hitler - his mad eloquence, mesmerizing all.

**LILIBET :** Papa?
**BERTIE :** Mmm?
**LILIBET :** Papa, what's he saying?
**BERTIE :** I don't know, but he seems to be saying it rather well.

German national anthem (thru screen). The screen shows Hitler and officers salute.
The screen changes – shows lines of German soldiers – marching soldiers – Hitler standing in rear of car – salutes.

**BALDWIN :** (V.O.) Sir...

그는 영사기사에게 몸을 돌려 손짓을 한다.

코스모 랭 : 영사기를 꺼 주시겠소?
뉴스영화 아나운서 : (스크린을 통해) 밤에 누렘버그에서는 영웅적 행위의 경축 행사가 계속 되고 있습니다.
엘리자베스 : 아니, 잠깐만요. 계속 틀어주세요.
뉴스영화 아나운서 : (스크린을 통해) 나치주의가 그 위대한 집회를 열었습니다.
릴리벳 : 앉으세요, 대주교님.

코스모 랭이 손짓을 하고는 움직여 앉는다. 화면에서는 행진하는 병사들이 보인다. 엄청난 군중 가운데 다리를 곧게 뻗으며 행진하는 군대다.

뉴스영화 아나운서 : (스크린을 통해) 제복을 입은 자들 집단이 눈을 무감각하게 하고 상상할 수 없을 정도로… 히틀러의 매혹된 관객에 가담했습니다.

화면이 바뀌고 히틀러가 나타난다. 그의 미친 웅변은 모두를 매혹한다.

릴리벳 : 아빠?
버 티 : 응?
릴리벳 : 저 사람이 뭐라고 하는 거에요?
버 티 : 모르겠구나. 어쨌든 연설은 꽤 잘하네.

독일의 애국가(스크린을 통해). 화면에는 히틀러와 장교들이 인사하는 것이 보인다.
화면이 바뀌며 줄 지어선 독일 병사들이 보이고 행진하는 병사들 그리고 자동차 뒤에 서 있는 히틀러가 경례하는 모습이 보인다.

볼드윈 : (목소리) 폐하…

- **jubilation**
  환호, 경축, 축하, 축제, 환희
  a feeling of great happiness because of a success

- **goose-step**
  다리를 곧게 뻗는 걸음걸이
  a way of marching, used by soldiers in some countries, in which the legs are raised high and straight

- **stupefy**
  마비시키다, 무감각하게 하다

- **spellbound**
  주문에 얽매인, 홀린, 매혹된
  with your attention completely held by what you are listening to or watching

- **Fuhrer**
  총통 Adolf Hitler 의 칭호

- **mesmerize**
  매혹시키다, 감화시키다

# Key Expressions

**256** **Had I known that Your Majesty was seeking assistance, I should have made my own recommendation.**

폐하께서 개인적인 도움이 필요하신지 알았다면 제가 직접 천거해 드렸을 텐데.

가정법 과거완료형 구문으로 과거의 사실에 반대되는 가정을 나타내며, As I did not know Your Majesty was seeking assistance, I did not make my own recommendation.과 같은 내용이다. If I had known ~처럼 과거완료가 있을 경우 if를 생략하고 had를 문두에 사용할 수도 있다.

**260** **Let's get cracking.** 얼른 해치웁시다.

cracking은 구어체로 '굉장히 좋은, 빠른, 철저한, 맹렬한'의 뜻이지만 역시 구어체인 get cracking은 '(정력적으로) 착수하다, 서두르다, 일른 시작하다, 해치우다'의 뜻이다.

· There's a lot to be done, so let's get cracking.
해야 할 일이 많아. 그러니 서둘러 시작하자.

**262** **You have no idea who I have breathing down my neck.** 내가 얼마나 시달렸는지 모를 거요.

breathe down one's neck은 구어체로 '~을 끈질기게 감시하다, 상대방에게 바싹 다가붙다, ~을 재촉하다, 사사건건 참견하다'의 뜻이다.

· She is always breathing down my neck.
그녀는 늘 딱 붙어서 사사건건 참견한다.

위 구문에서는 You have no idea(=You don't know)와 I have who breathing down my neck 두 문장이 합쳐진 것이다. 물론 who는 의문대명사이다.

280

### 264 **On what charge?**  무슨 죄목으로요?

I would if I could. 즉 I would lock you in the Tower if I could.(그럴 수만 있다면 너를 감옥에 넣고 싶다)라고 한 말에 대한 반문으로 on charge of = on the(a) charge of는 '~의 죄로, ~의 혐의로'의 뜻이다. 따라서 위 표현은 Of what charge would you lock me in the Tower?의 뜻이 된다.

- The woman is supposed to stand on trial on charge of slicing her boyfriend.  그 여자는 남자친구를 칼로 상처 낸 혐의로 재판정에 설 것이다.

### 268 **What on earth is going on, sir?**  도대체 무슨 일입니까, 폐하?

의문사를 강조하는 어구에는 on earth, in the world, the hell, in the hell, the heck, ever 등 다양하다. 그 의미는 '도대체'라고 해석이 된다.

- What in the world is the name of that song?
  도대체 그 노래의 제목이 뭐예요?
- Why on earth are you sitting there?  도대체 왜 거기 앉아 있는 거지?
- Where (in) (the) hell did he come from?  도대체 그는 어디서 온 거야?

### 278 **You can switch that machine off.**  영사기를 꺼 주시오.

switch off(스위치를 끄다)처럼 '동사 + 부사'로 이루어진 동사구는 목적어가 명사인 경우에는 '동사 + 목적어(명사) + 부사' 또는 '동사 +부사 + (명사)' 두 가지 형태로 쓰인다. 하지만 동사의 목적어가 대명사인 경우에는 반드시 '동사 + 목적어(대명사) + 부사'의 어순을 취한다.

- Switch off the toy when not in use. = Switch the toy off when not in use.
  사용하지 않을 때에는 장난감의 스위치를 끄시오.

Elizabeth, Bertie, Margaret Rose, Lilibet and Cosmo Lang watch. A projectionist behind by the projector.

Chapter 09

# England Is at War with Germany
영국, 독일과 전쟁을 하다

버티는 왕으로서 처음 연설을 해야 할 때가 온다. 독일의 히틀러와 전쟁을 하게 되어 왕이 된 후 처음으로 국민에게 통치자로서 국민을 단합시키고 국가를 수호하고자 하는 의지를 천명해야 하는 것이다. 그가 의지할 수 있는 자는 오직 라이널 뿐… 가족과 처칠의 격려 속에 다시 피나는 예행 연습이 진행되면서 점차 자신감을 갖는 버티…

# Chapter 9

영국, 독일과 전쟁을 하다

# England Is at War with Germany

**INT. BUCKINGHAM PALACE, MEETING ROOM - DAY**
Baldman looking pale and tired, looks at Bertie.

BALDWIN :   ...I have asked to see you today ... in order to tender my resignation as Prime Minister.

Bertie (seated) – looks at Baldman.

BERTIE :   I'm so sorry to hear that -- Mr Baldwin.

BALDWIN :   Neville Chamberlain will take my place as Prime Minister. It's a matter of principle. I was mistaken. I have found it impossible to believe... that there is any man in the world... so lacking in moral feeling as Hitler... and that the world may be hurled for a second time... into the abyss of destructive war. Churchill was right all along. This was always Hitler's intention. I'm only very sorry to leave you at this great time of crisis. I'm very much afraid,

**내부. 버킹엄 궁전, 회의실 - 낮**
창백하고 피곤해 보이는 볼드윈이 앉아서 버티를 바라본다.

볼드윈 : …오늘 뵙기를 간청한 것은 수상직을 사임하기 위해서 입니다.

버티가 앉아서 볼드윈을 바라본다.

버 티 : 유감이오, 볼드윈 수상.
볼드윈 : 네블 챔버린이 수상직을 맡게 될 겁니다. 원칙상은 그렇습니다. 저의 판단 착오가 컸습니다. 지구상에서 그렇게까지나 선악의 개념이 없는 히틀러 같은 인간이 존재할 거라고는 생각치 못했으니까요. 이제 또 다시 끔찍한 전쟁의 소용돌이에 빠지게 될 겁니다. 처칠의 예측이 맞았어요. 히틀러가 원했던 건 전쟁이었어요. 이토록 어려운 시기에 사임하게 되어 죄송스럽습니다.

- **tender**
  제출하다, 신청하다
  to make a formal offer to supply goods or carry out work at a stated price; to offer or give something to somebody

- **resignation**
  사임, 사직
  the act of giving up your job or position; the occasion when you do this

- **hurl**
  세게 내던지다, ~에게 덤벼들다, 퍼붓다
  to throw something/somebody violently in a particular direction; to shout insults, etc. at somebody

- **abyss**
  혼돈, 나락, 지옥
  a very deep wide space or hole that seems to have no bottom

sir... that <u>your greatest test is yet to come.</u>

Bertie reacts, looks down.

INT. LIONEL'S NEW APARTMENT, LIVING ROOM – DAY
The Logue family are seated around the radio. Lionel walks around.
CAPTION: 3rd September, 1939

**CHAMBERLAIN :** (thru radio) I am speaking to you...

Lionel turns, slowly paces towards.

**CHAMBERLAIN :** (thru radio)... from the Cabinet room at 10 Downing Street. This morning, the British Ambassador in Berlin... handed the German Government a final note... stating that unless we heard from them by eleven o'clock... that they were prepared at once to withdraw their troops from Poland...

Lionel stands behind Myrtle, places his hand on her shoulder.

**CHAMBERLAIN :** (thru radio)... a state of war would exist between us.

Across the room – the door opens to reveal Laurie – he steps towards.

**CHAMBERLAIN :** (thru radio) I have to tell you now...

He closes the door.

**CHAMBERLAIN :** (thru radio)... that no such undertaking has been received ...and that consequently this country is at war with Germany.

# KING'S SPEECH

　　　　　　　　폐하의 능력이 그 어느 때보다 크게 요
　　　　　　　　구될 것입니다.

버티가 반응을 보이며 아래로 시선을 둔다.

**내부. 라이널의 새 아파트, 거실 - 낮**
로그 가족이 라디오 주위에 앉아 있다. 라이널이 주위를 서성거린다.
자막: 1939년 9월 3일

챔버린 :　　(라디오를 통해) 알려드립니다…

라이널은 돌아서서 천천히 천천히 서성거린다.

챔버린 :　　(라디오를 통해) 다우닝가 10번지에 있는 총
　　　　　　리 관저에서 알려드립니다. 오늘 아침
　　　　　　베를린에 있는 주독영국대사는 독일 정
　　　　　　부에게 폴란드에 주둔한 독일 군대를
　　　　　　철수하라고 최후 통첩했으며 11시까지
　　　　　　답변이 없을 경우…

라이널이 머틀 뒤에 서서 손을 그녀의 어깨 위에 놓는다.

챔버린 :　　(라디오를 통해)… 전쟁을 선포한다고 밝혔
　　　　　　습니다.

방 건너 문이 열리며 로리가 나타나 걸어온다.

챔버린 :　　(라디오를 통해) 이제 알려드려야만 합니
　　　　　　다…

그는 문을 닫는다.

챔버린 :　　(라디오를 통해) …독일 정부로부터 아무런
　　　　　　답변이 없었기 때문에 이제 조국은 독
　　　　　　일과 전쟁 상태가 되었습니다.

■ **Cabinet**
내각, 각의실
a group of the most important government ministers, or advisers to a president, responsible for advising and deciding on government policy

■ **withdraw**
(군대를) 철수시키다, 물러나게 하다
to move back or away from a place or situation; to make somebody/something do this

■ **undertaking**
약속, 보증, 떠맡은 일
a task or project, especially one that is important and/or difficult

**This country is at war with Germany.**
be at war with는 '~와 교전 중이다, 사이가 나쁘다, 전쟁 중이다'의 뜻이다.
· Obama says US is not at war with Islam. 오바마는 미국이 이슬람과 전쟁 중이 아니라고 말한다.
· How long have they been at war? 그들은 얼마나 오래 교전 중인가?

**This country is at war with Germany.**
우리 나라는 독일과 전쟁 상태에 있습니다.

## 9. England Is at War with Germany

Laurie stops by the radio. Lionel looks down, looks at Laurie.

**INT. BUCKINGHAM PALACE BERTIE'S STUDY - DAY**
Across the room Bertie are seated at his desk in uniform – an equerry by him.

HARDINGE :      (O.S.) At last, sir, here is your speech.

Hardinge, the King's private secretary, strides to them. He holds out the speech as he steps around the desk to Bertie.

HARDINGE :      You are on air at 6.

Bertie takes the speech from him.

HARDINGE :      I have timed it to... just under nine minutes. The wording is fully approved. The Prime Minister will be joining you for the broadcast...

Bertie leafs through the speech pages.

HARDINGE :      ...which will go out live across the nation, the Empire and to our Armed Forces.

BERTIE :      Get Logue here immediately.

He hands the paperwork to the equerry. He nods, exits. Bertie is left contemplating the speech. Nervous as hell.

**INT. LIONEL'S CAR - DAY**
Laurie drives Lionel. Through the passenger window, Lionel sees some barrage balloons over the buildings.

LAURIE :      (O.S.) Oh, there's the barrage balloons.

LIONEL :      (O.S.) Yes.

**EXT. STREET - DAY**
Lionel peers up into the sky through the passenger window.

로리가 라디오 옆에 선다. 라이널은 아래를 쳐다보고 로리를 본다.

**내부. 버킹엄 궁정, 버티의 서재 - 낮**
방 건너편에 버티가 책상에 앉아 있다. 시종무관이 그 옆에 있다.

하 딩 :　(목소리) 폐하, 연설문이 마무리 되었습니다.

왕의 개인 비서인 하딩이 그들에게 성큼 걸어온다. 책상 주위를 걸어 버티에게 와서 그는 연설문을 내민다.

하 딩 :　연설 중계는 6시 입니다.

버티는 그에게서 연설문을 받는다.

하 딩 :　연설 시간은 9분이 조금 못되고 내용은 신중히 검토되었습니다. 수상께서도 중계에 참석할 예정입니다.

버티는 연설문 페이지를 넘긴다.

하 딩 :　…연설은 대영제국 전체와 군부대에 중계가 됩니다.
버 티 :　지금 당장 로그를 불러오시오.

그는 서류를 시종무관에게 준다. 그가 고개를 끄덕이고 나간다. 버티는 연설문을 곰곰 생각하며 남아 있다. 매우 초조하다.

**내부. 라이널의 자동차 - 낮**
로리가 라이널을 태워준다. 조수석 창문을 통해 라이널은 건물 위로 방공 기구들을 본다.

로 리 :　(목소리) 아, 적기 방어용 기구예요.
라이널 :　(목소리) 그렇구나.

**외부. 거리 - 낮**
라이널이 조수석 창문을 통해 하늘을 엿본다.

- **wording**
  말씨, 어법, 표현, 용어
  the words that are used in a piece of writing or speech, especially when they have been carefully chosen

- **leaf**
  책 등의 페이지를 빨리 넘기다
  to quickly turn over the pages of a book, etc. without reading them or looking at them carefully

- **contemplate**
  곰곰 생각하다
  to think about whether you should do something, or how you should do something

- **barrage balloon**
  방공(조색) 기구

- **barrage**
  연발 사격, 탄막집중 포화
  the continuous firing of a large number of guns in a particular direction, especially to protect soldiers while they are attacking or moving towards the enemy

> **Nervous as hell.**
> 구어체인 as hell은 '매우, 지독하게'의 뜻으로 보통 부정적인 의미를 강조하기 위한 표현이며 as all hell로도 쓴다. 물론 예문은 Bertie is nervous as hell. 이 준 표현이다. 역시 구어체인 like hell도 강조 표현인데 '맹렬히, 악착스럽게, 지독하게'의 뜻이다.
> · She's skinny as hell. 그 여자 지독하게 말랐다.

# Nervous as hell.
매우 초조하다.

| LIONEL : | They got them up there quickly. |
|---|---|
| LAURIE : | Yeah. |

Along the busy street, Lionel's car travels towards. They glance around. An air raid siren is heard.
INT - (Lionel's P.O.V.) Pedestrians hurry, shouting.
EXT - Through the passenger window Laurie turns, looks at Lionel.

| LAURIE : | Shall we pull over and find a shelter? |
|---|---|
| LIONEL : | No, no. Go straight there. We'll be all right. |

Lionel's car travels towards. Assorted shouts. Across the street pedestrians hurry to the sandbagged building entrance.

**MILITARY POLICEMAN 1 :** This way, sir.

**MILITARY POLICEMAN 2 :** Into the underground.

**EXT. THE MALL - DAY**
Lionel's car travels to reveal an army officer standing by a sentry-box. He steps to Lionel's car as it pulls up.

**INT. LIONEL'S CAR - DAY**
The passenger window lowers.

**ARMY OFFICER :** Yes, sir?

EXT – Through open passenger window Lionel hands paperwork towards.

| LIONEL : | Lionel Logue. Major Hartley is expecting me. This is my son Laurie. |
|---|---|

The army officer looks through it.

**EXT. BUCKINGHAM PALACE,** QUADRANGLE **- DAY**
Lionel's car enters.

라이널 : 빨리도 띄웠네.
로 리 : 그러게요.

붐비는 거리를 따라 라이널의 차가 달린다. 그들은 주위를 살핀다. 공습 경보가 들린다.
내부 - (라이널의 시점) 보행자들이 소리치며 서두른다.
외부 - 조수석 창문을 통해 로리가 몸을 돌려 라이오넬을 본다.

로 리 : 차 세우고 대피소로 갈까요?
라이널 : 아니, 그냥 가자. 괜찮을 거야.

라이널의 자동차가 달려나간다. 짜맞추어진 외침. 거리 저편으로 보행자들이 급히 모래부대가 쌓인 건물 입구로 달려간다.

군경찰 1 : 이쪽입니다.
군경찰 2 : 지하로 가십시오.

외부. 몰 - 낮
라이널의 차가 달리면서 위병소 옆에 서 있는 군 장교가 보인다. 그는 차가 멈추자 라이널의 자동차에 다가선다.

내부. 라이널의 자동차 - 낮
조수석 창문이 내려간다.

군장교 : 어떻게 오셨죠?

외부 - 열린 창문을 통해 라이널이 서류를 내민다.

라이널 : 라이널 로그입니다. 하틀리 소령을 뵈러 왔습니다. 여기는 제 아들 로리구요.

군장교는 그것을 훑어본다.

외부. 버킹검 궁전, 안뜰 - 낮
라이널의 차가 들어온다.

■ raid
습격, 공습, 기습
a short surprise attack on an enemy by soldiers, ships or aircraft

■ assorted
다채로운, 여러 종류의
of various different sorts

■ sentry-box
위병소, 초소, 보초막
a small shelter for a sentry to stand in

■ paperwork
서류 사무, 문서 업무

■ quadrangle
안뜰, 안뜰을 둘러싼 건물
an open square area that has buildings all around it, especially in a school or college

Shall we pull over and find a shelter?

pull over는 '(차를) 길가에 붙이다, 길가에 세우다' (to make a driver or vehicle move to the side of the road)의 뜻으로 pull up(차를 세우다, 멈추다) (to stop a vehicle)과는 뜻이 다르다. Shelter는 '피난처, 방공호, 대피소'를 뜻한다.

## Shall we pull over and find a shelter?
차 세우고 대피소를 찾을까요?

**INT/EXT. BUCKINGHAM PALACE, PORTICO/ENTRANCE - DAY**
Hardinge walks through the busy entrance doorway clutching a speech. Lionel's car pulls up in the portico.

**LIONEL :** (O.S.) Thank you, Laurie.

**LAURIE :** (O.S.) Good luck, Dad.

Lionel removes his hat as he walks around the car towards. He hurries up the stairs — Hardinge steps to him, hands the speech to him.

**HARDINGE :** The King's Speech. The King's Speech.

**LIONEL :** Thank you, sir.

They walk through the doorway towards.

**HARDINGE :** We have about forty minutes to the broadcast.

They walk to the stairs.

**INT. BUCKINGHAM PALACE, COAT ROOM - DAY**
A footman helps Lionel off with his coat.

**LIONEL :** Thank you very much. (pause) Thank you.

The footman hands the speech to him.

**INT. BUCKINGHAM PALACE, BERTIE'S STUDY - DAY**
Lionel clutching a pencil behind his back walks around.

**BERTIE :** (O.S.) (reads) There may be dark days ahead...

Bertie dressed in his naval uniform is rehearsing. Lionel steps towards.

**BERTIE :** (reads, stammering badly) ...and...

**LIONEL :** Try again.

**내부/외부. 버킹엄 궁전, 주랑 현관/입구 – 낮**
하딩이 연설문을 쥔 채 붐비는 입구 현관을 통해 걸어온다. 라이널의 차가 주랑 현관에 선다.

라이널: (목소리) 고맙다, 로리.
로 리: (목소리) 행운을 빌어요, 아버지.

라이널은 차 주위를 걸어가면서 모자를 벗는다. 그가 급히 층계를 올라가는데 하딩이 그에게 다가와 연설문을 그에게 건넨다.

하 딩: 국왕 폐하의 연설문입니다.
라이널: 고맙습니다.

그들은 현관을 통해 걸어간다.

하 딩: 방송까지 40분 정도 여유가 있습니다.

그들은 층계로 걸어간다.

**내부. 버킹엄 궁전, 의상예치실 – 낮**
하인이 라이널이 코트를 벗는 것을 도와준다.

라이널: 감사합니다. (잠시) 고마워요.

하인이 연설문을 그에게 건넨다.

**내부. 버킹엄 궁전, 버티의 서재 – 낮**
라이널이 등 뒤로 펜을 쥐고 서성거린다.

버 티: (목소리) (읽는다) 고난의 시간이 닥칠지도 모릅니다….

해군 제복을 입고 있는 버티가 연습 중이다. 라이널이 나선다.

버 티: (몹시 더듬거리며 읽는다) …그리고…
라이널: 다시 해보세요.

■ **portico**
주랑 현관
a roof that is supported by columns, especially one that forms the entrance to a large building

■ **coat room**
외투류(휴대품) 예치실
a room where coats and other articles can be left temporarily; cloakroom; checkroom

---

Good luck, Dad.

원래 I wish you good luck. Good luck to you.(행운이 있기를, 행운을 빕니다)가 줄어든 표현이다. 이 외에도 Best of wishes, I wish you the best of luck! I wish you all the best! Break a leg! I'll keep my fingers crossed for you, Lucky you! God be with you. 등 상황에 따라 다양한 표현들이 있다.

---

## Good luck, Dad.
행운을 빌어요, 아버지.

09. England Is at War with Germany

Bertie looks down at the speech, lowers it.

**BERTIE :** (recites) There may be dark days ahead, and...

**LIONEL :** Turn the hesitations into pauses and say to yourself "God save the King".

Bertie looks down at the speech.

**BERTIE :** I say that continuously, but apparently no-one's listening.

**LIONEL :** Long pauses are good. They add solemnity to great occasions

**BERTIE :** Then I'm the solemnest king who ever lived. You know -- if I'm a, a king where's my power? Can I, can I form a Government? Can I, can I... levy a tax? Declare a, a war? No. And yet I'm the seat of all authority. Why? Because... the nation believes that when I... I speak, I speak for them. But I can't speak.

**LIONEL :** Yeah.

**BERTIE :** But I can't speak.

Lionel glances at this watch as he walks to him.

**LIONEL :** Let's take it all again from the top. "In this grave hour."

He places his hand on Bertie's shoulder. Bertie looks down at his speech, clears his throat. He breathes heavily as Lionel stares at him. Bertie takes a deep breath.

버티는 연설문을 내려다보고는 그것을 내린다.

버 티: (암송한다) 고난의 시간이 닥칠지도 모릅니다…. 그리고
라이널: 머뭇거릴 때 쉬어간다고 생각하세요. 신이 돕고 있다는 걸 떠올리면서…

버티가 연설문을 내려다본다.

버 티: 계속 쉬어가면 결국 아무도 안 들을 거요.
라이널: 길게 쉬어가는 건 좋은 겁니다. 연설이 엄숙하게 느껴지죠.
버 티: 그렇다면 내가 역사상 가장 엄숙한 왕이 되겠군. 라이널, 난 왕이긴 하지만 나에게 권력은 없소. 내가 정부를 구…구성하고 세금을 징수하고 전쟁을 선포할 수 있는 것 같소? 전혀 아니오! 그런데도 국왕의 존재는 중요하오. 그 이유는 국민들이 국왕의 연설을 경청하기 때문이오. 그런데 난 연설을 못하니…
라이널: 그래요.
버 티: 그런데 난 연설을 못하니.

라이널이 그에게 걸어가며 시계를 본다.

라이널: 처음부터 다시 해봐요. "우리 앞에 놓인 이 암울한…"

그는 버티의 어깨에 손을 놓는다. 버티는 연설문을 내려다보고는 목을 가다듬는다. 라이널이 응시하자 그는 크게 호흡을 한다. 버티는 깊게 호흡을 한다.

- **solemnity**
  엄숙, 점잔 뺌, 장중
  the quality of being solemn

- **occasion**
  특별한 일, 행사, 제전, 의식
  a particular time when something happens; a special event, ceremony or celebration

- **levy**
  (세금, 기부금 등을) 징수하다, 거두다, 부과하다
  to use official authority to demand and collect a payment, tax, etc

Let's take it again from the top.
top은 페이지나 지도 등의 '상부, 상단, 상란, 첫부분'을 의미한다. 지금 연습하는 것이 연설문이므로 from the top을 쓴 것이다. take에는 '(행동 등을) 취하다, (주의력을) 발휘하다, 연주하다, 노래하다' 등의 뜻이 있다. Let's take it again.(다시 합시다)은 흔히 사용되는 표현이다.

## Let's take it again from the top.
처음부터 다시 합시다.

09. England Is at War with Germany

BERTIE : (reads) In this grave hour ...Fuck, fuck, fuck. (reads) Perhaps the most fateful in our history. Bugger, shit, shit. (reads – sings) I send to every household of my...

Bertie glances down, gestures with the speech. He stammers.

BERTIE : You see, 'P' is always difficult, even, even when I'm singing.

LIONEL : Bounce on to it. "A peoples."

Bertie steps aside.

BERTIE : (reads) A people. A people. Household of my... a... peoples, both at home and overseas.

Lionel looks at Bertie, gestures with the pencil.

LIONEL : Beautiful.

BERTIE : This message... (to himself) Doodah... (sings) Spoken with the same depth of feeling... (to himself) Doo- dah day...

He waves his arms around.

BERTIE : ...for each one of you as if I were able to... (shouts) Shit, fuck, bugger... cross your threshold and speak to you...

Lionel steps towards, gestures.

버 티 : (읽는다) 우리 앞에 놓인 이 암울한 시간이… 젠장 젠장 젠장… (읽는다) 어쩌면 우리 역사에서 가장 중요한 시기가 될지도 모릅니다… 젠장 젠장 젠장. (읽는다) 저는 오늘 이 땅과 해외에 있는 모든 국…

버티가 아래를 보며 연설문으로 손짓을 한다. 그는 더듬거린다.

버 티 : 'P' 발음이 항상 어렵소. 노래를 불러도 자꾸 걸리니…
라이널 : 반사적으로 말해봐요, "어 – 국민들에게"

버티가 옆으로 선다.

버 티 : (읽는다) 어 – 국민들에게. 어 – 국민들에게 각 가정과 해외에서 듣고 계신 어 – 국민들에게…

라이널이 버티를 보면서 연필로 손짓을 한다.

라이널 : …잘 했어요.
버 티 : 저의 메시지를 전하기 위해 (혼잣말로) 어 쩌구… (노래한다) 이 자리에 섰습니다 (혼잣말로) 저쩌구…

그는 팔을 젓는다.

버 티 : …여러분의 가정을… (소리친다) 젠장, 젠장, 젠장… 모두 방문하여 한 명 한 명에게 직접…

라이널이 나서며 손짓을 한다.

■ **household**
가구, 세대, 가족
all the people living together in a house

■ **bounce**
반사하다, 펄쩍 뛰다, 튀다
to move quickly away from a surface it has just hit or you make it do this

■ **threshold**
문지방, 입구
the floor or ground at the bottom of a doorway, considered as the entrance to a building or room

**as if I were able to…**
as if나 as though는 '마치 ~인 것처럼'의 뜻으로 뒤에 이어지는 부분에서는 가정법 형식을 취하지만 구어체에서는 직설법 형식을 취하는 경우도 있다.
· He talks as if he were an old man.
  그는 마치 노인처럼 말을 한다.
· It looks as if it's going to rain.
  비가 올 것 같다.

### as if I were able to…
마치 ~할 수 있는 것처럼…

LIONEL :  In your head now. "I have a right to be bloody well heard."

BERTIE :  (eyes closed) Bloody well heard, bloody well heard, bloody well heard, bloody well heard bloody well heard myself!

Lionel steps back, nods.

LIONEL :  (gestures) Now waltz. Move. Get continuous movement.

Bertie dances.

BERTIE :  (sings) For the second time in the lives of most of us we are at...

He jams and comes to a halt. The doors open to reveal Elizabeth.

LIONEL :  "We are", take a pause.
BERTIE :  Lionel, I can't do this.
LIONEL :  Bertie, you can do it.

Elizabeth moves to close the doors.
Lionel steps to him – they look down at the speech.

LIONEL :  Have a look at the last paragraph.
ELIZABETH :  Bertie. It's time.

They turn, look at Elizabeth. She looks down at her watch.

라이널 : 편하게 말해봐요. "젠장 이야기하고 싶은…"
버 티 : (눈을 감은 채) 젠장 이야기하고 싶은, 젠장 이야기하고 싶은, 젠장 이야기하고 싶은 심정입니다!

라이널이 뒤로 물러서며 고개를 끄덕인다.

라이널 : (손짓을 한다) 이번엔 왈츠~ 계속 움직여요~

버티가 춤을 춘다.

버 티 : (노래한다) 국민 여러분 중 많은 분들이 두 번째 전쟁의 시련…

그는 움직이지 않게 되어 멈춘다. 문이 열리고 엘리자베스가 나타난다.

라이널 : "우리는"에서 쉬어가는 순간이라고 했죠.
버 티 : 라이널, 못하겠소.
라이널 : 버티, 할 수 있어요.

엘리자베스가 움직여 문을 닫는다. 라이널이 그에게 다가서 그들은 연설문을 내려다본다.

라이널 : 마지막 문단 보세요.
엘리자베스 : 버티, 시간 됐어요.

그들은 돌아서 엘리자베스를 본다. 그녀는 시계를 내려다본다.

■ **waltz**
왈츠를 추다, 수월하게 통과하다, 덩실덩실 춤추다
to dance a waltz

■ **jam**
(기계의 운전 부분에 무엇이 끼어) 움직이지 않게 되다
to become unable to move or work; to make something do this

■ **pause**
잠깐 멈춤, 중지, 중단, 중간 휴식
a period of time during which somebody stops talking or stops what they are doing

■ **take a pause**
잠깐 쉬다, 중단하다, 휴지하다
(= make a pause)

---

**He jams and comes to a halt.**

halt는 '중지, 멈춤, 휴지, 정지'(an act of stopping the movement or progress of somebody/something)의 뜻이다. 보통 '동작동사 + to a halt'의 형식으로 써서 '~해서 멈추다'의 뜻이 된다. come to a halt = make a halt(멈추다) bring ~ to a halt(멈추게 하다, 정지시키다) grind to a halt(자동차 등이 끽 소리를 내며 멈춰서다) = screech to a halt

---

**He jams and comes to a halt.**
그는 움직이지 못하게 되자 멈춘다.

09. England Is at War with Germany

**INT. BUCKINGHAM PALACE, STATEROOM - DAY**
The doors open to reveal Bertie. Lionel and Elizabeth behind him. A nanny bends, takes Lilibet's hand. They walk towards. Through the doorway to reveal Cosmo Lang, Chamberlain, Churchill and officials are in attendance. A corgi sits. They look towards, bow their heads as Bertie and Elizabeth pass. The corgi barks as they approach.

**BERTIE :**     Archbishop.

Bertie offers his hand to Cosmo Lang. They shake hands.

**COSMO LANG :**     Your Majesty.

He looks at Bertie, raises his eyebrows.

**COSMO LANG :**     A great moment, sir.

Bertie turns, looks at Chamberlain. The corgi barks.

**BERTIE :**     Prime Minister.
**CHAMBERLAIN :**     Your Majesty.

Chamberlain and Bertie shake hands.

**BERTIE :**     Nice to see you... again so soon.

He stammers. Elizabeth looks at Lionel.

**BERTIE :**     Good of you to be here. I'm sure you have a... a rather busy day.
**CHAMBERLAIN :**     I can only hope we have no more interruptions from those damn sirens, sir.

Bertie glances around, nods.

### 내부. 버킹엄 궁전, 의전실 - 낮

문이 열리고 버티가 나타나고, 그 뒤에 라이널 그리고 엘리자베스가 보인다. 보모가 허리를 숙이며 릴리벳의 손을 잡는다. 그들은 걸어 나온다. 문간을 통해 코스모 랭, 챔버린, 처칠 그리고 관리들이 시중들고 있다. 코기견이 앉아 있다. 그들은 앞을 보며 버티와 엘리자베스가 지나갈 때 머리를 숙인다. 코기견이 짖는다.

버 티: 대주교.

버티는 코스모 랭에게 손을 내민다. 그들은 악수한다.

코스모 랭: 국왕폐하.

그는 버티를 보며 눈썹을 올린다.

코스모 랭: 중요한 순간입니다, 폐하.

버티가 몸을 돌려 챔버린을 본다. 코기견이 짖는다.

버 티: 수상.
챔버린: 국왕폐하.

챔버린과 버티가 악수를 한다.

버 티: 이렇게 빨리 다… 다시 만나게 되어 기쁘오.

그는 더듬는다. 엘리자베스가 라이널을 바라본다.

버 티: 이렇게 다들 와주어 고맙소. 다들 바쁠 텐데.
챔버린: 연설 중에는 제발 싸이렌이 울리지 않기를 바랍니다, 폐하.

버티는 주위를 둘러보며 고개를 끄덕인다.

■ **stateroom**
(궁중의) 큰 홀, 의전실, (배나 기차의) 특등실, 전용실
a private room on a large ship; a room used by important government members, members of a royal family, etc. on formal occasions

**Nice to see you again so soon.**
물론 It's nice to see you again so soon.이 준 표현이다. 예전에 만났던 사람을 다시 만났을 때의 인사말이며 서로 초면일 경우의 인사말인 Nice to meet you.와 구별된다. Pleasure to see you again so soon. Nice 대신 good, happy, glad 등을 써서 Glad to see you again so soon. 등으로 표현하기도 한다.

## Nice to see you again so soon.
이렇게 빨리 다시 만나게 돼서 기쁘군요.

09. England Is at War with Germany

**BERTIE :** Or the wretched dogs. (smiles)

He shakes hands with Churchill.

**BERTIE :** Congra... congratulations. First Lord of the Admiralty

**CHURCHILL :** Your Majesty.

Bertie looks towards.

**BERTIE :** The long... walk.

He walks towards, Churchill walks with him. Lionel follows.

**CHURCHILL :** Good luck, sir. I, too, dread this apparatus.

They continue through the doorway towards.

**CHURCHILL :** Had a speech impediment myself, you know.

Lionel, Elizabeth and others follow them.

**BERTIE :** I didn't.

**CHURCHILL :** Family secret. Tongue-tied. An operation was considered to be too dangerous. (drawls) I eventually made an asset of it.

They look at each other, smile. Lionel checks his watch. Bertie chuckles.

**BERTIE :** Thank you, Mr Churchill.

**CHURCHILL :** Sir.

As they stop, Elizabeth steps towards, takes Bertie's hand.

버 티: 질색인 개들도 안 짖어야 할 텐데. (미소를 짓는다)

그는 처칠과 악수를 한다.

버 티: 해… 해군 장관이 된 걸 축하하오.
처 칠: 감사합니다.

버티는 앞을 본다.

버 티: 긴 길이 되겠군요.

그는 걸어가고 처칠이 같이 걷는다. 라이널이 뒤를 따른다.

처 칠: 행운을 빕니다, 폐하. 저도 이런 기계를 두려워합니다.

그들은 문간을 통해 나아간다.

처 칠: 발음 장애가 있었지요.

라이널, 엘리자베스 그리고 다른 사람들이 그들을 뒤따른다.

버 티: 몰랐소.
처 칠: 제 혀가 짧죠. 가족들만 압니다. 당시 수술은 위험해서 할 수가 없었죠. (느리게 말한다) 그래도 결국은 연설을 잘 할 수 있게 되었습니다.

그들은 서로 바라보고는 웃는다. 라이널이 시계를 본다. 버티가 싱글싱글 웃는다.

버 티: 고맙소, 처칠 장관.
처 칠: 잘 하십시오, 전하.

그들이 멈추자 엘리자베스가 나서서 버티의 손을 잡는다.

■ **admiralty**
해군 본부(건물)
the government department controlling the navy

■ **First Lord of the Admiralty**
해군 대신, 해군 본부 위원회 수석 위원

■ **dread**
무서워하다, 두려워하다 꺼리다
to be very afraid of something; to fear that something bad is going to happen

■ **impediment**
장애, 지장, (특히) 언어 장애
a physical problem that makes it difficult to speak normally

■ **asset**
이점, 장점, 강점, 자산
a person or thing that is valuable or useful to somebody/something

**An operation was considered to be too dangerous.**
They(We) considered an operation (to be) too dangerous.가 수동형으로 표현된 문장이다. consider는 목적어 다음에 목적 보어로서 to be ~를 쓰거나 to be를 생략하고 쓰거나 that 절을 써서 표현할 수 있다. 즉 They considered that an operation was too dangerous.로 쓸 수 있다.

**An operation was considered to be too dangerous.**
수술은 위험하다고 생각되었죠.

09. England Is at War with Germany

**ELIZABETH :** (softly) Darling.

Churchill turns, walks past Lionel.

**BERTIE :** How long, Logue?

**LIONEL :** Just under three minutes.

Lionel steps towards as footmen close the doors. They walk towards and a footman pushes open the secret door.
(Bertie's P.O.V.) Through the doorway to reveal technicians standing by the equipment. A tumble of cables stretch through the rooms. Bertie stops, stares, walks towards. Elizabeth and Lionel follow. The technicians turn, bow their heads as he passes. At the door to the broadcasting booth he is met by the BBC's Wood.

**BERTIE :** Mr Wood.

They shake hands.

**WOOD :** Good luck, Your Majesty.

Bertie walks towards.

**ELIZABETH :** (softly) Mr Wood.

엘리자베스 :　(조용히) 여보…

처칠은 돌아서서 라이널을 지나쳐 걷는다.

버　티 :　　얼마나 남았소, 로그?
라이널 :　　3분 조금 못 남았습니다.

하인들이 문을 닫자 라이널이 나선다. 그들은 걸어가자 하인이 사람 눈에 띄지 않는 문을 밀어 연다.
(버티의 시점) 문간을 통해 방송기사들이 장비 옆에 서 있는 모습이 보인다. 많은 케이블들이 혼란스럽게 방들에 뻗쳐져 있다. 버티는 서서 응시하며 걸어간다. 엘리자베스와 라이널이 뒤를 따른다. 버티가 지나갈 때 기사들이 돌아서며 머리를 숙인다. 방송실로 가는 문 앞에서 그는 BBC의 우드씨의 영접을 받는다.

버　티 :　　우드씨.

그들은 악수를 한다.

우　드 :　　행운을 빕니다, 폐하.

버티는 앞으로 걸어간다.

엘리자베스 :　(조용히) 우드씨.

■ technician
기사, 기술자
a person whose job is keeping a particular type of equipment or machinery in good condition

# Key Expressions

### 288 Your greatest test is yet to come.

폐하의 가장 큰 시련이 곧 닥칠 겁니다.

yet은 '(미래를 예측하여) 이윽고, 언젠가는, 이제부터(앞으로)'의 뜻이다. 'be to +부정사'에는 예정, 의무, 명령, 가능, 운명의 뜻이 있다.

- We are to have lunch at the airport.
  공항에서 점심을 먹을 예정이다.
- The worst was yet to come.  최악의 사태가 기다리고 있었다.

### 290 You are on air at 6.  연설 중계는 6시입니다.

on air나 on the air는 '방송 중인, 전파 방송되는'(broadcasting on television or radio)의 뜻이다. 물론 off (the) air는 그 반대의 뜻으로 '방송되지(하지) 않는'(not broadcasting on television or radio)의 의미이다.

- We will be back on air tomorrow morning at 7.
  내일 아침 7시에 (방송에) 돌아올 겁니다.

### 290 Oh, there's the barrage balloons.  적기 방어용 기구가 떴네요.

문법상 'there + be + 주어' 구문에서는 be 동사는 주어의 수와 일치하는데 구어체에서는 there is ~가 고정된 형식처럼 간주되기 때문에 주어가 복수형이라도 원어민들은 그냥 there is ~를 쓸 때가 많다. 물론 문법적으로 맞는 것은 아니므로 영작을 할 때 이런 구문을 모방하지 않는 것이 좋다. 따라서 상기 문장은 there're the barrage balloons.가 옳다. 또 주어로는 불특정한 것(a)이 오는 것이 보통이지만 예문처럼 특정한 것(the)이 오는 경우도 있는데 새로운 화제로서 말을 꺼낼 때 쓴다.

- There's ten people outside!  밖에 10 사람이 있어!

### 294 A footman helps Lionel off with his coat.
하인이 라이널이 코트를 벗는 것을 도와준다.

help는 '거들어서 ~하게 하다, 도와서 ~ 시키다'의 뜻으로 'help + 사람 + on(off) + with + 옷'의 구문을 취한다. 따라서 She helps me off / on with m overcoat.는 She helps me put on/take off my overcoat. (그녀는 내 외투를 입혀 주었다/벗겨 주었다)의 뜻이 된다.

· Let me help you off with your coat. 코트를 벗겨 드릴게요.

### 296 I'm the solemnest king who ever lived.
그렇다면 내가 역사상 가장 엄숙한 왕이 되겠군.

ever는 비교급이나 최상급 뒤에서 그 말을 강조하여 '지금까지, 여지껏, 이제까지'의 뜻이다. 따라서 뒤에 따르는 문장은 보통 현재완료형이 올 때가 많다.

· He is the best student I've ever taught.
그는 내가 가르친 학생 중에서 가장 우수한 학생이다.

하지만 현재완료형의 have가 생략되고 과거형만이 쓰이기도 한다.

· This cup of tea, Timothy, is one of the best drinks that I ever had.
티모시, 이 차는 내가 마셔본 것 중에 가장 좋은 거야.

### 306 Just under three minutes. 3분 조금 못 남았습니다.

전치사 under가 시간, 수량, 나이, 가격 등을 나타낼 경우 '~ 미만인'(less than, younger than)의 뜻이 된다.

· We've been here just under a week. 여기에 온 지 일주일이 좀 못됩니다.

Bertie walks towards.

## Chapter 10

# George VI Becomes a Symbol of Resistance
### 조지 6세 저항의 상징이 되다

마침내 왕의 연설(킹스 스피치)이 시작된다. 물론 그 앞에는 마치 친구처럼 속삭이고 배우처럼 호흡을 이끄는 라이널이 있다. 왕이 한마디 한마디 국민을 설득하며 훌륭한 연설을 마치자 영연방은 온통 흥분의 도가니가 된다. 결국 버티는 영국 국왕으로서 버킹검 궁 발코니에 서서 온 국민의 찬사와 환영을 받는데… 물론 평민 라이널은 기사 작위를 받는다.

## Chapter 10
조지 6세 저항의 상징이 되다

# George VI Becomes a Symbol of Resistance

**INT. BUCKINGHAM PALACE, BROADCASTING BOOTH - DAY**
Bertie, Elizabeth, Lionel walk in. As a podium for the speech an old school desk has been propped on wooden blocks. The dreaded BBC microphone.

| | |
|---|---|
| **BERTIE :** | You've redecorated, Logue. |
| **LIONEL :** | I made it cosy. |

Bertie turns, steps to the desk – Lionel turns, slides open the window to get the air circulating.

**LIONEL :**   Some fresh air.

Elizabeth helps Bertie off with his jacket.

**ELIZABETH :**   There you are, darling.

Bertie stares at the microphone, takes deep breath. He spreads the fingers of one hand, touches the apparatus with the little finger, thumb to chin.

**내부. 버킹엄 궁전, 방송실 - 낮**

버티, 엘리자베스, 라이널이 걸어 들어온다. 연설을 위한 연단으로 낡은 학교 책상이 나무 각재 위에 올려져 있다. 가공할 BBC 마이크가 있다.

버 티: 공간을 꾸민 것 같군, 로그.

라이널: 아늑한 느낌이 들도록 했습니다.

버티가 돌아서 책상으로 간다. 라이널은 돌아서서 창문을 밀어 연다.

라이널: 신선한 공기가 필요하겠죠.

엘리자베스는 버티가 재킷을 벗는 것을 돕는다.

엘리자베스: 이리 주세요, 여보.

버티는 마이크를 응시하고 심호흡을 한다. 그는 한 손 손가락들을 펴서 새끼 손가락으로는 장치를, 엄지는 턱을 대본다.

■ **prop**
버팀목을 대다. 받치다. 버티다
to support an object by leaning it against something, or putting something under it etc.; to support a person in the same way

■ **block**
받침, 각재
a tall building that contains flats or offices; buildings that form part of a school, hospital, etc. which are used for a particular purpose

■ **cosy**
편안한, 기분 좋은, 아늑한
(= cozy) warm, comfortable and safe, especially because of being small or enclosed

BERTIE :   I'm a thistle sifter. I've a sieve of sifted thistles and a sieve of unsifted thistles.

He is practicing his speech exercises, closes his eyes

BERTIE :   A sieve of sifted thistles and a sieve of unsifted thistles. (clears throat) Because I'm...

Bertie holds his hand between his chin and the microphone. Elizabeth enters from behind him. Her hand on his shoulder.

ELIZABETH :   (whispers) Bertie. Darling. Make sure it's not switched on.

BERTIE :   ...a thistle-sifter.

He breathes heavily.

LIONEL :   Remember the red light will blink four times then I've asked them to turn it off. Cos we don't want that evil eye staring at you all the way through.

Bertie nods, looks down. Lionel and Bertie stand at either side of the desk. Elizabeth behind, a strained countenance

WOOD :   (O.S.) One minute, sir.

Elizabeth steps to Bertie, places her hands on his cheeks.

ELIZABETH :   (softly) I'm sure you'll be splendid.

She kisses him, smiles.

버 티 : 앞집 팥죽은 붉은 팥 풋팥죽이고 뒷집 콩죽은 해콩단콩 콩죽이고 우리 집 깨죽은 검은깨 깨죽이다.

그는 연설 연습을 하며 눈을 감는다.

버 티 : 앞집 팥죽은 붉은 팥 풋팥죽이고 뒷집 콩죽은 해콩단콩 콩죽이고 우리 집 깨죽은 검은깨 깨죽이다. (목을 가다듬는다) 왜냐면 난…

버티는 턱과 마이크 사이에 손을 든다. 엘리자베스가 그 뒤로 들어온다. 손을 그의 어깨 위에 놓는다.

엘리자베스 : (속삭인다) 여보, 마이크 전원 꺼져있는지 확인해보세요.

버 티 : …앞집 팥죽은.

그는 크게 호흡한다.

라이널 : 빨간 불이 네 번 깜박이고 나면 꺼달라고 요청했습니다. 연설하시는 동안 악마의 눈처럼 노려보면 안 좋을 것 같아서요.

버티가 고개를 끄덕이며 내려다본다. 라이널과 버티는 책상 양쪽에 선다. 엘리자베스는 뒤쪽에 있다. 긴장한 표정.

우 드 : (목소리) 1분 전입니다, 폐하.

엘리자베스가 버티에게 다가서며 손을 그의 양볼에 댄다.

엘리자베스 : (부드럽게) 멋지게 해낼 거에요.

그녀는 그에게 키스하고는 웃는다.

■ blink
(등불, 별 등이) 명멸하다, 깜박거리다 to shine with an unsteady light; to flash on and off

**Make sure it's not switched on.**
make sure는 하나의 동사형으로 취급되어 뒤에 목적어로 절을 취할 수 있다. 단어나 구가 올 때에는 make sure of를 쓴다. It's not switched on은 it's switched off와 같은 표현으로 switch on은 turn on, switch off는 turn off와 같이 '(스위치를) 켜다, (스위치를) 끄다'의 뜻이다.

**Make sure it's not switched on.**
전원이 꺼져있는지 확인해 보세요.

10. George VI Becomes a Symbol of Resistance

(Bertie's P.O.V.) He looks down the marked-up speech. First line reads. 'In this grave hour, perhaps...' Bertie looks down, looks towards...

**WOOD :** (thru doorway) Forty seconds, sir.

Bertie looks down as he moves to close the door.

**BERTIE :** Logue.

Lionel turns, looks at Bertie.

**BERTIE :** However this turns out... I don't know how to thank you – for what you've done.

Lionel glances down, raises his eyebrows.

**LIONEL :** Knighthood?

**WOOD :** (O.S.) Twenty seconds.

Bertie looks at the microphone, breathes deeply.

**LIONEL :** Forget everything else and just say it to me.

Bertie looks towards, takes deep breath.

**LIONEL :** (O.S.) Say it to me as a friend.

Bertie looks towards, looks down as red light reflects on him. Lionel 'counts down' as red light flashes – He looks at Bertie, points at him. Bertie clears his throat. Through the microphone – Bertie looks down, looks towards.
(Bertie's P.O.V.) Lionel - looks towards - mouths – opens his arms for Bertie to begin.
STATEROOMS – Elizabeth, Lilibet (seated) – Chamberlain and Churchill seated behind. Elizabeth closes her eyes. Wood seated at the equipment wearing headphones.

# KING'S SPEECH

(버티의 시점) 그는 표시를 한 연설문을 내려다본다. 첫 째 줄에는 "우리 앞에 놓인 이 암울한 시간이…"라고 적혀 있다. 버티는 아래를 보고 앞쪽을 본다.

우 드 : (문간에서) 40초 전입니다, 폐하.

버티는 그가 움직여 문을 닫을 때 아래를 바라본다.

버 티 : 로그.

라이널이 돌아서서 버티를 본다.

버 티 : 어찌되었든, 그 동안 나를 치료해줘서 고맙소. 뭐라고 감사해야 할지 모르겠소.

라이널이 아래를 보고 눈썹을 올린다.

라이널 : 작위는 어떤가요?
우 드 : (목소리) 20초 전입니다.

버티는 마이크를 바라보고 깊게 숨을 쉰다.

라이널 : 전부 잊어버리세요. 그냥 저한테 이야기하는 겁니다.

버티는 전면을 보며 심호흡을 한다.

라이널 : (목소리) 저한테 이야기하는 거예요, 친구한테…

버티는 전면을 보고 빨간 불빛이 그에게 비치자 아래를 내려다 본다. 라이널은 빨간 불이 반짝이자 초읽기를 한다. 그는 버티를 보며 그에게 지시를 한다. 버티는 헛기침을 한다. 마이크를 통해 버티가 아래를 보고 앞을 본다.
(버티의 시점) 라이널이 전면을 보며 입을 움직이며 버티가 시작하도록 팔을 편다.
의전실 – 엘리자베스, 릴리벳이 앉아 잇고 챔버린과 처칠이 뒤에 앉아 있다. 엘리자베스는 눈을 감는다. 우드는 헤드폰을 착용한 채 장비 앞에 앉아 있다.

■ **grave**
심각한, 중대한, 중요한
(of situations, feelings, etc.) very serious and important; giving you a reason to feel worried

■ **knighthood**
기사작위, 기사의 신분
the rank or title of a knight

■ **reflect**
반사하다, 반영하다
to show the image of somebody/something on the surface of something such as a mirror, water or glass;    to throw back light, heat, sound, etc. from a surface

■ **count down**
초읽기를 하다, 카운트다운하다
to think about a future event with pleasure or excitement and count the minutes, days, etc. until it happens

however this turns out…
turn out는 '결국 ~임이 드러나다, (결과) ~이 되다'(To be found to be, as after experience or trial)의 뜻으로 뒤에 to be~의 형태로 보어를 취할 수 있다.
· as it turned out 드러난 바, 밝혀진 바
· The rookie turned out to be the team's best hitter. 그 신인은 팀내 최고 타자임이 드러났다.
· It may turn out to be true.
  그것이 진실로 들어 나기도 한다.

## however this turns out…
이 일이 어떻게 되든…

10. George VI Becomes a Symbol of Resistance

BROADCASTING BOOTH – Lionel stares at Bertie. Bertie closes his eyes. The tension is more than palpable.

BERTIE :          (into mic) In this grave... (opens eyes) ...hour...

Lionel looks at Bertie, mouths. His confidence is contagious

BERTIE :          (into mic) ...perhaps the most fateful ...

STATEROOMS – Elizabeth reacts, opens her eyes.

BERTIE :          (thru radio) ...in our history...

BROADCASTING BOOTH – Bertie glances down at the speech.

BERTIE :          (into mic) ...I send ...to every household of my...

Lionel (eyes closed) gestures.

BERTIE :          (into mic) ...a peoples...

STATEROOMS – through the doorway and past nanny, Elizabeth seated between Margaret Rose and Lilibet.

BERTIE :          (thru radio) ...both at home...

**INT. BBC BROADCASTING HOUSE, CONTROL ROOM - DAY**
A technician passes wearing headphones.

BERTIE :          (thru radio) ...and overseas...

A technician stands at the control desk, adjusts headphones.
BROADCASTING BOOTH – Lionel looks at Bertie, gestures. Bertie closes his eyes.

BERTIE :          (into mic) ...this message...

방송실 - 라이널이 버티를 응시한다. 버티는 눈을 감는다. 긴장감이 넘쳐 흐른다.

버 티: (마이크에다) 우리 앞에 놓인… (눈을 뜬다) …
이 암울한 시간이…

라이널이 버티를 보며 입을 움직인다. 그의 믿음이 전염된다.

버 티: (마이크에다) …가장 중요한 시기가 될 지도 모릅니다….

의전실 - 엘리자베스가 반응을 하며 눈을 뜬다.

버 티: (라디오를 통해) …어쩌면 우리 역사에서…

방송실 - 버티가 연설문을 내려다본다.

버 티: (마이크에다) …저는 오늘…

라이널이 눈을 감은 채 손짓을 한다.

버 티: (마이크에다) …어—국민들에게…

의전실 - 문간을 통해 그리고 보모를 지나, 엘리자베스가 마가렛 로즈와 릴리벳 사이에 앉아 있다.

버 티: (라디오를 통해) …이 땅과…

내부. BBC 방송국, 조정실 - 낮
기사 한 사람이 헤드폰을 쓴 채 지나간다.

버 티: …해외에 계신…

기사가 조정실 책상에 서서 헤드폰을 조정한다.
방송실 - 라이널이 버티를 보고 손짓을 한다. 버티는 눈을 감는다.

버 티: (마이크에다) …저의 메시지를…

■ **palpable**
명백한, 손으로 만질 수 있는
that is easily noticed by the mind or the senses

The tension is more than palpable.
more than은 강조하는 표현으로 '~하고도 남음이 있다, ~이상으로, ~뿐만 아니라'(to a greater degree than something else; to a greater degree than usual)의 뜻으로 뒤에는 형용사, 부사 등 여러 가지 품사가 올 수 있다.
The tension is quite(very) palpable. 보다도 뜻이 강한 편이다.

### The tension is more than palpable.
긴장이 아주 명백하다.

10. George VI Becomes a Symbol of Resistance

**INT. PUB - DAY**
Customers seated around tables. They look at the radio on the mantelpiece.

BERTIE :          (thru radio) ...spoken with the same depth of feeling...

A man clutching a cigarette looks down.

BERTIE :          (thru radio) ...for each one of you... as if I were able to cross your threshold and speak to you...

His cadence is slow and measured, not flawless.
BROADCASTING BOOTH – Bertie (eyes closed).

BERTIE :          (into mic) ...myself. For the second time in the lives of most of us... we are at...

Lionel (eyes closed) – mouths "fuck, fuck, fuck" – gestures.

BERTIE :          (into mic) ...at war.

Lionel nods, mouths.

BERTIE :          (into mic) Over and over again... we have tried to find...

Lionel (eyes closed) – mouths, gestures. Bertie glances down.

BERTIE :          (into mic) ...a peaceful way out...

Lionel gestures.

BERTIE :          (into mic) ...of the differences **between ourselves...**

**내부. 술집 – 낮**
손님들이 테이블 주위에 앉아 있다. 그들은 벽난로 앞장식 위에 있는 라디오를 바라본다.

버 티 :　　(라디오를 통해) …진심으로 전하기 위해 이 자리에 섰습니다.

담배를 쥔 한 남자가 내려다본다.

버 티 :　　(라디오를 통해) …여러분의 가정을 모두 방문하여 한 명 한 명에게 직접 이야기하고 싶은 심정입니다….

그의 율동적 흐름은 느리고 신중하며 흠이 없지는 않다.
방송실 – 버티가 눈을 감고 있다.

버 티 :　　(마이크에다) …국민 여러분 중 많은 분들이 두 번째 전쟁의 시련을…

라이널 (눈을 감은 채) "씨발, 씨발, 씨발"을 입 모양으로 나타내며 손짓을 한다.

버 티 :　　(마이크에다) …겪고 계십니다.

라이널이 고개를 끄덕이며 입을 움직인다.

버 티 :　　(마이크에다) 우리 정부는 끊임없이… 노력해 왔습니다.

라이널이 눈을 감은 채 입을 놀리고 손짓을 한다. 버티는 아래를 바라본다.

버 티 :　　(마이크에다) …평화적으로 해결하기 위해…

라이널이 손짓을 한다.

버 티 :　　(마이크에다) …적국과의 갈등을…

■ **mantelpiece**
맨틀피스(벽난로 앞면 주위의 장식적 구조 전체), 벽난로 앞장식
*a shelf above a fireplace*

■ **cadence**
(목소리) 억양, 율동적인 흐름, 리듬
*the rise and fall of the voice in speaking*

■ **measured**
신중한, 정확히 잰, 정연한
*slow and careful; controlled*

> **Over and over again, we have tried to find a peaceful way out of the differences.**
>
> find a way out of ~는 '(가까스로) ~에서 나오다, 탈출하다, 빠져 나갈 길을 찾다'의 뜻이다. over and over again은 over and over, many times, repeatedly(몇 번이고, 반복해서)의 뜻이다.
> · Find a way out of this room.
>   이 방에서 나갈 길을 찾아라.

## Over and over again, we have tried to find a peaceful way out of the differences.
끊임없이 우리는 갈등을 해결하기 위해 노력해 왔다.

## 10. George VI Becomes a Symbol of Resistance

STATEROOMS – Wood and technicians seated.

BERTIE :         (thru radio) ...and those... who are now our...

Wood reaches for the equipment.
BROADCASTING BOOTH – Lionel gestures.

BERTIE :         (into mic) ...enemies.

Lionel gestures.

### INT. LIONEL'S NEW APARTMENT, LIVING ROOM - DAY
Myrtle, Valentine seated on the sofa. She smiles, clutches his hand.

BERTIE :         (thru radio) But it has been... in vain.

BROADCASTING BOOTH – Bertie looks down.

BERTIE :         (into mic) We have been forced into a conflict...

### INT. MIDLAND FACTORY, SHOP FLOOR - DAY
Workers gathered around radio.

BERTIE :         (thru radio) ...for we are called to meet the challenge of a principle... which, if it were to prevail...

### INT. BUCKINGHAM PALACE, SERVANTS' QUARTERS - DAY
Servants seated and standing around radio on the table.

BERTIE :         (thru radio) ...would be fatal to any civilised order... in the world.

### INT. HOUSES OF PARLIAMENT, LOUNGE - DAY
Ministers seated and standing listen to radio.

의전실 – 우드와 기사들이 앉아 있다.

버 티 :　(라디오를 통해) …그러나 그자들은… 지금 우리의….

우드가 장비로 손을 뻗는다.
방송실 – 라이널이 손짓을 한다.

버 티 :　(마이크에다) 적들은.

라이널이 손짓을 한다.

내부. 라이널의 새 아파트, 거실 – 낮
머틀, 발렌타인이 소파에 앉아 있다. 그녀는 그의 손을 잡고 미소를 짓는다.

버 티 :　(라디오를 통해) 하지만 그 노력은… 허사였습니다.

방송실 – 버티가 아래를 내려다본다.

버 티 :　(마이크에다) 우리는 전쟁 상태에 이르렀습니다….

내부. 미드랜드 공장, 작업장 – 낮
직공들이 라디오 주위에 모여 있다.

버 티 :　(라디오를 통해) 지금 우리에게 주어진 소명은…. 세력에 맞서는 것입니다.

내부. 버킹엄 궁전, 하인들 처소 – 낮
하인들이 테이블 위에 있는 라디오 주위에 앉거나 서 있다.

버 티 :　(라디오를 통해) …전 세계의 문명을 위협하려는…

내부. 의회 라운지 – 낮
장관들이 라디오를 들으며 앉아 있거나 서 있다.

■ vain
헛된, 무익한, 헛수고의
that does not produce the result you want; useless

■ in vain
헛되이, 공연히, 함부로
without success

■ quarters
처소, 주거, 숙소
rooms that are provided for soldiers, servants, etc. to live in

■ fatal
치명적인, 불행을 초래하는, 결정적인
causing or ending in death; causing disaster or failure

We are called to meet the challenge of a principle.

meet the challenge는 rise to the challenge와 같은 표현으로 '난국(시련)에 잘 대처하다, 임기응변으로 처리하다'의 뜻이다. principle은 '원리, 신념, 주의, 신조, 원칙'의 뜻이다.
· Schools must meet the challenge of new technology. 학교는 새 기술의 도전에 잘 대처해야만 한다.

## We are called to meet the challenge of a principle.
우리는 원칙의 도전에 대처해야 합니다.

## 10. George VI Becomes a Symbol of Resistance

**BERTIE :** (thru radio) Such a principle...

BROADCASTING BOOTH — Bertie clutching the speech as Lionel gestures

**BERTIE :** (into mic) ...stripped of all disguise... is surely the mere... (stammers) ...primitive doctrine that might...

Lionel looks at Bertie, gestures.

**BERTIE :** (into mic) ...is right.

**INT. DAVID/WALLIS'S VILLA, LIVING ROOM, SOUTH OF FRANCE - DAY**
Wallis and David seated on the sofa — Radio on the table by them.

**BERTIE :** (thru radio) For the sake of all that we ourselves hold dear... it is unthinkable...

**INT. BUCKINGHAM PALACE, BROADCASTING BOOTH - DAY**
Bertie looks down.

**BERTIE :** (into mic) ...that we should refuse to meet... the challenge.

Lionel states at Bertie.

**EXT. BUCKINGHAM PALACE - DAY**
Past loudspeakers and up across ornate gates — a man clinging to the gate.

**BERTIE :** (thru speakers) It is to this high purpose... that I now call...

Crowds gathered behind gates.

**BERTIE :** (thru speakers) ...my people at home and my peoples across...

버 티: (라디오를 통해) 그들은 자신들의 정책을…

방송실 – 버티는 라이널이 손짓을 하는데 연설문을 쥐고 있다.

버 티: (마이크에다) …그럴 듯하게 선전하고 있으나 그 실체는… (더듬거린다) …한낱 미개하고 야만적인 정치 논리에…

라이널이 버티를 보며 손짓을 한다.

버 티: (마이크에다) …불과합니다.

내부. 데이빗/월리스 별장, 거실, 프랑스 남부 – 낮
월리스와 데이빗이 소파에 앉아 있다. 그들 옆 테이블에 라디오가 놓여 있다.

버 티: (라디오를 통해) 우리는 사랑하는 모든 것들을 지키기 위해 힘을 모아…

내부. 버킹엄 궁전, 방송실 – 낮
버티가 아래를 바라본다.

버 티: (마이크에다) …지금의 시련을 극복해야 합니다.

라이널이 버티를 응시한다.

외부. 버킹엄 궁전 – 낮
확성기를 지나 잘 꾸민 문 저편에 한 남자가 문에 붙어 있다.

버 티: (확성기를 통해) 오늘의 연설은 바로 그 점을 강조하기 위한 것입니다…

군중들이 문 뒤에 모여 있다.

버 티: (확성기를 통해) …이 땅의 모든 국민 여러분… 멀리 해외에서 듣고 계신 국민 여러분…

■ disguise
거짓 행동, 변장, 가장, 구실
a thing that you wear or use to change your appearance so that people do not recognize you

■ doctrine
주의, 원칙, 공식 정책, 교의
a belief or set of beliefs held and taught by a Church, a political party, etc; a statement of government policy

■ loudspeaker
확성기
a piece of equipment, especially part of a radio, cassette player, etc., that changes electrical signals into sound; a similar piece of equipment used in public places for announcing things, playing music, etc

For the sake of all that we ourselves hold dear…

hold ~ dear는 '~을 소중히 여기다, 귀엽게 여기다'의 뜻이다. 여기서 목적어는 all이다. for the sake of는 '~을 위하여, 위한' (in order to get or keep something)의 뜻으로 for one's sake와 같다.

· For the sake of his health, he does not take an elevator. 건강을 위해서 그는 엘리베이터를 타지 않는다.

## For the sake of all that we ourselves hold dear…
우리는 사랑하는 모든 것들을 지키기 위해서…

10. George VI Becomes a Symbol of Resistance

**INT. CLARENCE HOUSE, QUEEN MARY'S LIVING ROOM - DAY**
Queen Mary seated in the armchair.

BERTIE : (thru radio) ...the seas, who will make... our cause their own. I ask them...

BROADCASTING BOOTH.

BERTIE : (into mic) ...to stand calm... and firm and united...

**EXT. WOODS - DAY**
Soldiers and officers gathered around the rear of an army truck.

BERTIE : (thru radio) ...in this time of trial. The task will be hard. There may be dark days ahead... and war...

STATEROOMS – Cosmo Lang, Chamberlain (seated) – look down.

BERTIE : (thru radio) ...can no longer be confined...

Churchill (seated) stares towards.

BERTIE : (thru radio) ...to the battlefield. But we can only do the right...

BROADCASTING BOOTH.

BERTIE : (into mic) ...as we see the right... and reverently commit our cause... to God. If one and all we keep...

Bertie looks down, glances at the microphone.

KING'S SPEECH

내부. 메리 여왕 저택, 거실 - 낮
메리 여왕이 안락의자에 앉아 있다.

버 티: (라디오를 통해) …마음을 모아 주십시오.

방송실

버 티: (마이크에다) …침착하면서도 결연한 자세로 다 함께…

외부. 숲 - 낮
군인들과 장교들이 군 트럭 뒤쪽에 모여 있다.

버 티: (라디오를 통해) …고난을 헤쳐나갑시다. 힘든 시간이 될 것입니다. 어두운 날들이 오래 지속될 수도 있습니다….

의전실 - 코스모 랭, 챔버린이 앉아서 아래를 바라본다.

버 티: (라디오를 통해) …전쟁은 이제 더 이상… 국한된 문제가 아닙니다.

처칠이 앉은 채 전면을 응시한다.

버 티: (라디오를 통해) …최전선의 전투에… 우리 모두가 옳고 그름을 인식하고…

방송실.

버 티: (마이크에다) …옳은 길로 나가야 합니다. 또한 우리의 바램이 이루어질 수 있도록 기도해야 합니다….

버티는 아래를 보며 마이크를 쳐다본다.

- **Clarance House**
  런던의 영국 왕실 저택, 클래런스 하우스

- **confine**
  한정하다, 가두다, 제한하다
  to keep somebody/something inside the limits of a particular activity, subject, area, etc.

- **reverently**
  겸손하게, 경건하게
  reverent = showing great respect and admiration

- **commit**
  위탁하다, 맡기다, 떠맡다, 헌신하다
  to promise sincerely that you will definitely do something, keep to an agreement or arrangement, etc; to be completely loyal to one person, organization, etc. or give all your time and effort to your work, an activity, etc

> I ask them to stand calm and firm and united in this time of trial.
>
> trial은 '시련, 고난, 어려운 상황'(an experience or a person that causes difficulties for somebody)의 뜻으로 in this time of trial은 in this hour of need와 같다. stand는 보어나 부사구와 같이 쓰여 '(어떤 상태, 관계, 입장에) 있다'의 뜻이다. 뒤에 calm, firm, united가 보어로 쓰였다.

**I ask them to stand calm and firm and united in this time of trial.**
침착하고 결연하며 단결하여 고난을 헤쳐나갈 것을 요구합니다.

10. George VI Becomes a Symbol of Resistance

BERTIE :  (into mic) ...resolutely faithful to it... then, with God's help.... we shall... prevail.

Bertie, in his quiet way is totally in command, and utterly magnificent.
STATEROOMS – Elizabeth (eyes closed), Lilibet clutching hands – Elizabeth sighs deeply. She glances at Lilibet, smiles.

**INT. BBC BROADCASTING HOUSE, CONTROL ROOM - DAY**
All the technicians break in to spontaneous applause.
BROADCASTING BOOTH – Lionel stares at Bertie. Elated faces.

LIONEL :  (softly) It was very good, Bertie.

Bertie exhales. Lionel slides the window closed as Bertie picks up his jacket, puts it on.

LIONEL :  You still stammered on the 'W'.

He glances down, grins.

BERTIE :  Well, I had to throw in a few -- so they knew it was me.

Bertie smiles. Lionel chuckles. The door opens to reveal Wood. Bertie walks through the doorway.

WOOD :  Congratulations, Your Majesty.

Bertie and Wood shake hands. Applause.

WOOD :  A true broadcaster.
BERTIE :  Thank you, Mr Wood.

All the technicians clap.

1ST TECHNICIAN :  Congratulations, Your Majesty.

버 티: (마이크에다) …우리 모두가 굳은 결의를 가지고 신념을 잃지 않는다면 신의 은총으로 이 전쟁에서 승리할 것입니다.

버티는 조용히 아주 거침이 없어 매우 멋지다.
의전실 - 엘리자베스는 눈을 감고 잇고 릴리벳은 손을 잡고 있다. 엘리자베스가 깊게 한숨을 쉰다. 그녀는 미소지으면서 릴리벳을 바라본다. 고양된 얼굴들.

내부, BBC 방송국, 조정실 - 낮
모든 기사들이 자연적으로 박수를 친다.
방송실 - 라이널이 버티를 응시한다.

라이널: (조용히) 아주 잘 했어요, 버티.

버티는 숨을 내쉰다. 라이널은 버티가 재킷을 집어 입을 때 창문을 밀어 닫는다.

라이널: 여전히 이중모음에서는 더듬는 거 알죠?

그는 시선을 내리며 희쭉 웃는다.

버 티: 연설하는 사람이 나라는 걸 알려주려고 일부러 그랬소.

버티는 미소한다. 라이널은 웃는다. 문이 열리고 우드가 나타난다. 버티는 문간으로 걸어간다.

우 드: 축하드립니다, 폐하.

버티와 우드가 악수를 한다. 갈채.

우 드: 멋진 연설이었습니다.
버 티: 고맙소, 우드씨.

기사들 모두가 박수를 보낸다.

기사 1: 축하드립니다, 폐하.

■ resolutely
굳게, 의연하게, 단호하게

■ spontaneous
자발적인, 자연적인, 임의의
often doing things without planning to, because they suddenly want to do them; happening naturally, without being made to happen

Bertie, in his quiet way is totally in command.
comman는 '명령, 지휘, 지배력, (언어의) 구사능력, 마음대로 쓰기' 등의 뜻으로 be in command는 '마음대로 하다, 지휘하다, (언어의) 구사능력이 뛰어나다, 지배하다' 등의 뜻이다. 여기서는 연설을 막힘 없이 잘 해낸다는 이야기이다. in his quiet way는 '차분하게, 조용히' 행동하는 분위기를 표현한다. totally는 '아주, 전적으로'의 뜻이다.

**Bertie, in his quiet way is totally in command.**
버티는 조용한 태도로 아주 거침이 없다.

10. George VI Becomes a Symbol of Resistance

**2ND TECHNICIAN:** Sir.

Bertie walks towards followed by Lionel.

**3RD TECHNICIAN:** (O.S.) Congratulations, Your Majesty.

**BERTIE:** (mumbles) Thank you.

**INT. BUCKINGHAM PALACE, BERTIE'S STUDY - DAY**
Bertie walks to the desk, sits. A photographer and an assistant wait. Bertie lifts papers from the desk.

**BERTIE:** Ready.

He has his official photograph taken. The assistant lowers flashgun.

**BERTIE:** Good?
**PHOTOGRAPHER:** Perfect, sir.

He sits back as Lionel steps towards. Bertie sighs.

**LIONEL:** Your first wartime speech. Congratulations.
**BERTIE:** Expect I shall have to... do a great deal more.

He turns, looks at Lionel, feeling a lump in his throat

**BERTIE:** Thank you, Logue.

Lionel smiles, nods. Lionel steps back. Bertie stands.

**BERTIE:** Well done.

He takes Lionel's hand – places his hand on Lionel's shoulder.

**BERTIE:** My friend.

KING'S SPEECH

기사 2 :    폐하.

버티는 앞으로 걸어가고 라이널이 뒤따른다.

기사 3 :    (목소리) 축하드립니다, 폐하.
버 티 :    (중얼거린다) 고맙소.

내부. 버킹엄 궁전, 버티의 서재 - 낮
버티가 책상으로 걸어가 앉는다. 사진사와 조수가 기다린다. 버티는 책상에서 서류를 집어 든다.

버 티 :    준비됐소.

그는 공식사진을 찍는다. 조수가 카메라 섬광장치를 내린다.

버 티 :    잘 나왔소?
사진사 :    완벽합니다, 폐하.

그가 뒤로 젖히며 앉자 라이널이 앞으로 나선다. 버티는 한숨을 쉰다.

라이널 :    전시상황에서의 첫 연설을 잘 마치셨네요. 축하드립니다.
버 티 :    앞으로 엄청나게 많이 하겠군.

그가 돌아서 가슴이 뭉클해지면서 라이널을 본다.

버 티 :    고맙소, 로그.

라이널이 미소지으며 고개를 끄덕인다. 라이널이 뒤로 물러서고 버티가 일어선다.

버 티 :    수고했소.

그는 라이널의 손을 잡고 그의 어깨 위에 자기 손을 놓는다.

버 티 :    친구.

■ flashgun
(사진) 플래쉬건(카메라의 섬광장치)
a piece of equipment that holds and operates a bright light that is used to take photographs indoors or when it is dark

He has his official photograph taken.

take는 '(사진을) 찍다'란 타동사로 본인이 카메라를 들고 사진을 찍을 때에는 take a picture(photograph)가 되고 자신의 모습이 담긴 사진이 찍히는 경우에는 have(get) one's picture(photograph) taken을 쓴다. 즉 다른 사람이 자신의 얼굴이나 모습을 찍어주는 것이기 때문이다.

· First you need to get your picture taken. 먼저 네 사진을 찍어야 한다.

He has his official photograph taken.
그는 공식 사진을 찍는다.

Lionel looks at him, nods.

**LIONEL :**  Thank you -- Your Majesty.

Bertie stares at Lionel, nods. The door opens.
Elizabeth stops in the doorway, looks towards. Bertie smiles, walks to her. She steps towards, stops in front of him. Bertie sighs.

**ELIZABETH :**  (softly) emotional I knew you'd be good.

She smiles – reaches for him. They kiss – he smiles as she leans back.

**ELIZABETH :**  Thank you -- Lionel.

Bertie turns, looks towards, smiles. Lionel stares, smiles.

**BERTIE :**  Onwards.

He walks around her.

**OFFICIAL 1 :**  (O.S.) Congratulations, sir.
**OFFICIAL 2 :**  (O.S.) Well done, sir.

Bertie walks through the doorway towards.

**CHURCHILL :**  (O.S.) Couldn't have said it better myself, sir.

the ultimate Churchillian compliment. Lang next

**COSMO LANG :**  Your Majesty, I am speechless.

He looks at Bertie, raises his eyes. Churchill smiles – Chamberlain behind him.

**CHAMBERLAIN :**  Congratulations, sir.

라이널은 그를 보고 고개를 끄덕인다.

라 이 널 : 감사합니다, 국왕폐하.

버티는 라이널을 보고 고개를 끄덕인다. 문이 열린다.
엘리자베스가 문간에 서서 앞을 본다. 버티는 미소를 지으며 그녀에게 다가간다. 그녀가 다가가 그 앞에 선다. 버티는 한숨을 쉰다.

엘리자베스 : (조용히) 감정적으로 잘 해낼 줄 알았어요.

그녀는 미소를 짓고 그에게 손을 내민다. 그들은 키스한다. 그는 그녀가 몸을 빼자 미소를 짓는다.

엘리자베스 : 고마워요, 라이널.

버티는 돌아서서 앞을 보며 미소 짓는다. 라이널이 응시하며 미소 짓는다.

버 티 : 이제 나가봅시다.

그는 그녀 옆을 지나간다.

관 리 1 : (목소리) 축하드립니다, 폐하.
관 리 2 : (목소리) 훌륭하셨습니다, 폐하.

버티는 출입구를 통해 걸어나간다.

처 칠 : (목소리) 저보다 더 멋지게 하실 뻔 했네요, 폐하.

아주 처칠다운 찬사다. 랭이 그 다음이다.

코스모 랭 : 국왕폐하, 할 말을 잊었습니다.

그는 버티를 보며 눈썹을 올린다. 처칠이 미소짓고 챔벌린은 그 뒤에 있다.

챔벌린 : 축하드립니다, 폐하.

■ onward
전방으로, 앞으로
forward

KING'S SPEECH

Your Majesty, I'm speechless.
speechless는 '(충격 등으로) 말문이 막힌, 아연한, 말을 못하는, 아주 형언할 수 없는'(not able to speak, especially because you are extremely angry or surprised)의 뜻이다. 물론 be dumbfounded, be struck dumb로 표현할 수도 있다. I'm stuck speechless.라고도 한다.

## Your Majesty, I'm speechless.
폐하, 할 말을 잊었습니다.

## 10. George VI Becomes a Symbol of Resistance

**BERTIE :** Gentlemen.

They step aside as Bertie walks towards, smiles.

**OFFICIAL :** (O.S.) Congratulations, Your Majesty.

Lilibet – Margaret Rose and nannies behind – steps towards.

**BERTIE :** So how was papa, Elizabeth?

He lifts her in his arms – hugs her close –puts her down, clutches her hands. Lilibet chuckles.

**LILIBET :** Halting at first, but you got much better, Papa.

Bertie looks down at Lilibet, smiles. He places his hands around her head.

**BERTIE :** Well, bless you.

She smiles as he kisses her forehead.

**BERTIE :** And how about you, Margaret?

He lifts her, watched by nannies.

**MARGARET ROSE :** You were just splendid, Papa.
**BERTIE :** Of course I was.

He kisses her cheek. Elizabeth looks at them.

**BERTIE :** (O.S.) Are we all ready?

She walks towards. Bertie readies himself to step out.

버 티 :    여러분 고맙소.

그들은 버티가 미소를 지으며 걸어가자 옆으로 비켜 선다.

관 리 :    (목소리) 축하드립니다, 폐하.

릴리벳이 앞으로 나서는데 마가렛 로즈와 보모들이 그 뒤에 있다.

버 티 :    그래 아빠 어땠니, 엘리자베스?

그는 그녀를 들어올려 껴안고 내려놓으며 손을 꼭 쥔다. 릴리벳은 웃는다.

릴리벳 :    처음엔 아슬아슬했지만 훨씬 많이 좋아지셨어요, 아빠.

버티는 릴리벳을 내려다보며 웃는다. 그는 그녀 머리에 손을 놓는다.

버 티 :    고맙구나.

그가 이마에 키스할 때 그녀는 미소를 짓는다.

버 티 :    넌 어떻게 들었니, 마가렛?

그는 그녀를 들어 올리는데 보모들이 본다.

마가렛 로즈 :    완전 멋졌어요, 아빠.
버 티 :    그렇지?

그는 그녀의 볼에 키스를 한다. 엘리자베스가 그들을 본다.

버 티 :    (목소리) 다 준비됐지?

그녀가 앞으로 걷는다. 버티는 나갈준비를 한다.

- **halting**
  (말을) 더듬는, 더듬거리는
  stopping and starting often, especially because you are not certain or are not very confident

- **splendid**
  훌륭한, 멋진, 눈부신, 장한
  excellent; very good; very impressive; very beautiful

Bertie readies himself to step out.

Bertie gets(is) ready to step out.와 같은 표현이다. Ready를 동사로 써서 'ready oneself for +명사', 'ready oneself to + 동사원형'은 '~할 준비를 하다'의 뜻이다. They readied themselves for journey. (그들은 여행 준비를 했다) = They were ready for journey. step out은 '(집, 방을) 나오다, 나가다, 서두르다'의 뜻이다.

## Bertie readies himself to step out.

버티는 나갈 준비를 한다.

10. George VI Becomes a Symbol of Resistance

ELIZABETH :   (O.S.) Come on, girls.

Bertie readies himself to step out on to the balcony; waiting crowds are glimpsed through the windows. Across the room, Bertie's eyes meet Lionel's. A brief nod. A moment of recognition. He smiles, straightens his jacket.
Bertie leads them through the doorway on to the balcony. Cheer thru crowd. The King, his queen and their children wave to the crowds, receiving their adulation and love.

### EXT. BUCKINGHAM PALACE, BALCONY - DAY
Elizabeth between Bertie, Margaret Rose and Lilibet – they wave. Bertie looks towards, waves, receives their approbation.

### INT. BUCKINGHAM PALACE - DAY
Lionel stares towards.
CAPTION: King George VI made Lionel Logue a Commander of the Royal Victorian Order in 1944. This high honour from a grateful King made Lionel part of the only order of chivalry that specifically rewards acts of personal service to the Monarch. Lionel was with the King for every wartime speech. Through his broadcasts, George VI became a symbol of national resistance. Lionel and Bertie remained friends for the rest of their lives.

엘리자베스 : (목소리) 얘들아, 어서 가자.

버티는 발코니로 걸어나갈 준비를 한다. 기다리는 군중들이 창문을 통해서 얼핏 보인다. 방 건너편으로 버티의 눈이 라이널의 눈과 마주친다. 짧은 고개의 끄덕임. 서로 알아주는 순간이다. 그는 미소지으며 재킷을 편다.
버티는 그들을 끌고 문간을 통해서 발코니로 나아간다. 군중으로부터 함성이 터져나온다. 왕, 여왕 그리고 그들의 아이들이 군중에게 손을 흔들며 찬사와 사랑을 받는다.

### 외부. 버킹엄 궁전, 발코니 - 낮
버티와, 마가렛 로즈 그리고 릴리벳 사이에 엘리자베스가 서 있다. 그들 모두 손을 흔든다. 버티는 앞을 보고 손을 흔들며 그들의 시인을 받는다.

### 내부. 버킹엄 궁전 - 낮
라이널이 앞쪽을 응시한다.
자막: 1944년 조지 6세는 라이널 로그를 로열 빅토리아 훈장 위원회의 대표로 임명했다. 또한 군주에게 개인적으로 봉사한 점을 높이 평가하여 기사 훈장을 수여했다. 라이널은 전시 중에 있었던 국왕의 모든 연설에 참여했으며 조지 6세는 방송 연설을 통해 저항의 상징이 되었다. 라이널과 버티는 평생 친구로 남았다.

- **glimpse**
  흘끗 보다
  to see somebody/something for a moment, but not very clearly

- **adulation**
  아첨, 알랑거림
  admiration and praise, especially when this is greater than is necessary

- **approbation**
  칭찬, 찬성, 시인, 허가
  approval or agreement

- **order**
  훈장, 훈위
  a group of people who have been given a special honour by a queen, king, president, etc.

- **chivalry**
  기사도(정신) the religious and moral system of behaviour which the perfect knight was expected to follow

# Key Expressions

### 318 I don't know how to thank you. 뭐라고 감사해야 할지 모르겠소.

I don't know how I should thank you.의 뜻으로 I don't know how to thank you enough.라고도 한다. I can't thank you enough. I can't thank you too much. How can I ever thank you? How can I ever repay you? I wouldn't know how to repay you. 등도 유사한 표현이다.

- Well, Tom. I can't thank you enough. I really appreciate the ride.
  톰, 어떻게 감사해야 할지 모르겠어. 태워줘서 정말 고마워.

### 324 if it were to prevail... 만일 그것이 압도한다면…

가정법 구문 중 were to ~는 가정법 미래의 일종으로 순수한 가정을 뜻하며 실현의 가능성이 희박함을 나타낸다. should 보다는 불확실함을 나타내는 의미가 강하다.

- Even if the sun were to rise in the west, I would never change my mind.
  태양이 서쪽에서 뜬다고 해도 난 마음을 바꾸지 않겠다.

### 326 It is to this high purpose... that I now call.

오늘의 연설은 바로 그 점을 강조하기 위한 것입니다.

It~ that~ 강조구문으로 부사구인 to this high purpose를 강조한다. 즉 it is, that을 지우게 되면 부사구인 to this purpose가 강조되어 문두에 쓰인 구문이나 마찬가지다. to this purpose는 '이런 취지로'의 뜻으로 'to this end', 'to this intent', 'to this objective', 'to this target' 등에서처럼 something that one hopes or intends to accomplish의 의미를 포함한다.

- It is not until one gets ill that one knows how valuable health is.
  사람은 병이 들고 나서야 비로소 건강이 얼마나 귀중한가를 안다.

### 332 **Well done.** 잘하셨어요.

구어체에서 흔히 사용되는 표현으로 "잘했다, 용하다, 훌륭하다"(performed with skill and efficiency)의 뜻이다. 이와 유사한 표현으로는 Good job. You did a good job. Good for you. Attaboy. That's the boy. Bravo. Way to go. 등 여러 형태가 있다. 물론 요리에서 '고기가 잘 익은, 충분히 요리된'(thoroughly cooked: said esp. of meat)의 뜻으로도 쓰인다.

### 334 **Couldn't have said it better myself, sir.**
저보다 더 멋지게 하실 뻔 했네요, 폐하.

could는 조건절의 내용을 언외에 함축한 주절만의 문장에 쓰여 완곡적으로 '~할 수 있을 텐데, ~하고 싶을 정도이다, ~하는 것이나 마찬가지다'의 표현이 된다. 물론 could have +p. p는 '~할 수 있었을 텐데, ~하고 싶을 정도였다, ~하는 것이나 마찬가지였다'등의 뜻이 된다. 예문을 직역하면 "저 자신은 더 잘 말할 수 없었을 겁니다"가 된다. 즉 I couldn't have said it better than you.의 의미이다.

### 336 **Well, bless you.** 고맙구나.

Bless you!는 "그대에게 신의 가호가 있기를! 신의 은총이 있기를! 대단히 감사합니다! 저런, 아 가엾어라! 축복합니다!" 등 상황에 따라 뜻이 다양한 표현이다. May God bless you! God bless you!가 준 표현이다. 미국에서는 상대방이 재채기를 하면 어김없이 Bless you.라고 말하고 당사자는 Thank you.라고 한다.

· She told us, "God bless you," and headed for the subway.
그녀는 "신의 은총이 있기를."이라고 말하고는 지하철역으로 향했다.

Elizabeth between Bertie, Margaret Rose and Lilibet – they wave.

영화속 이야기

STAND STAND
BY THE BY THE
KING KING
GOD SAVE THE KING
GOD SAVE OUR KING

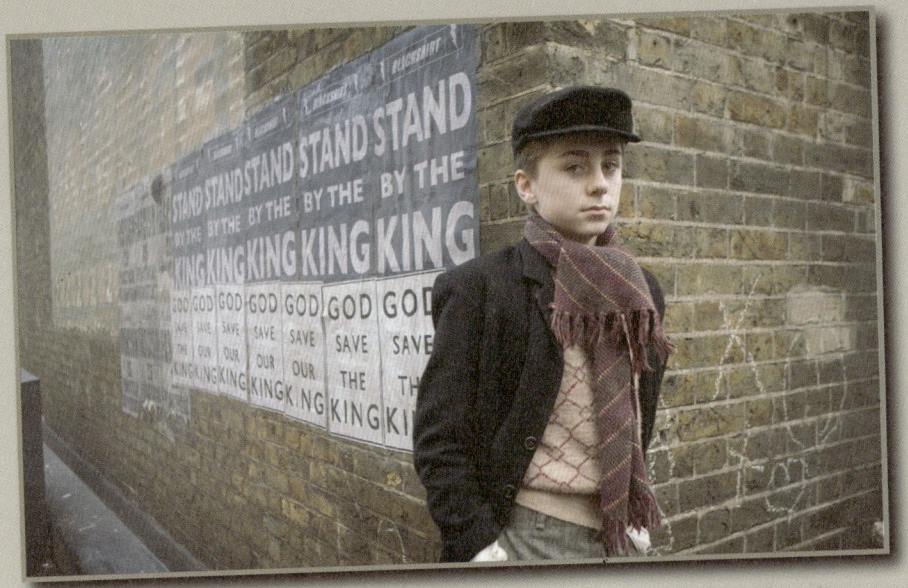

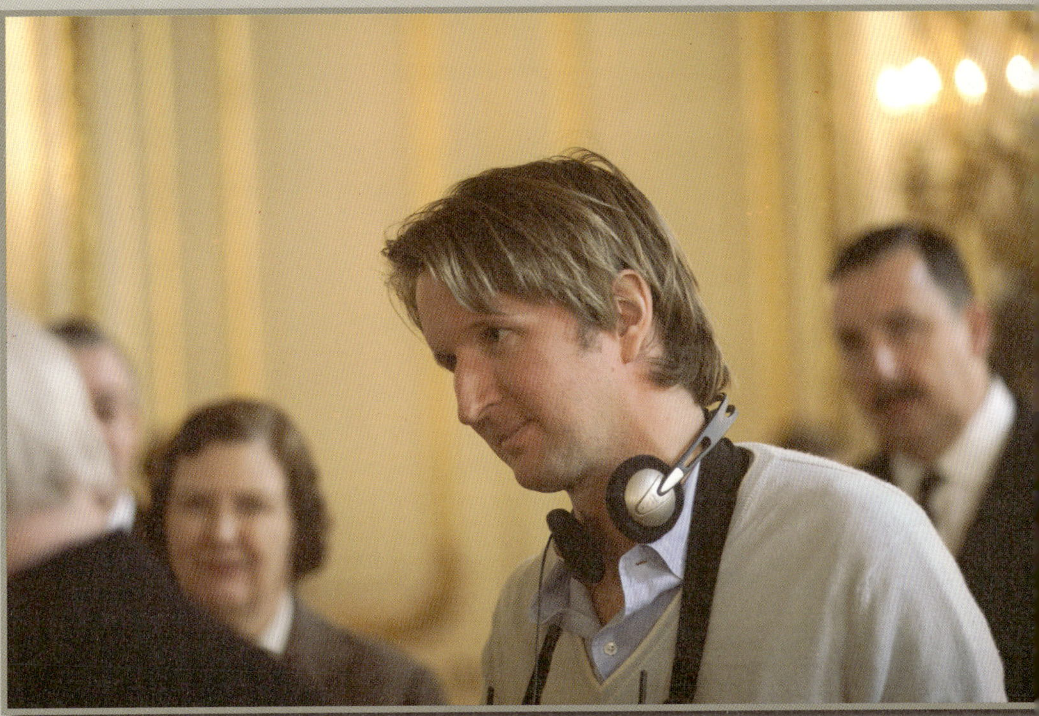

영화속 이야기

영화속 이야기

영화속 이야기